休闲活动
策划与管理案例分析

牟红 杨梅 ◎ 主编

中国物资出版社

图书在版编目（CIP）数据

休闲活动策划与管理案例分析／牟红，杨梅主编．—北京：中国物资出版社，
2011.10（2017.2 重印）

ISBN 978－7－5047－3927－8

Ⅰ.①休… Ⅱ.①牟…②杨… Ⅲ.①闲暇社会学—案例—分析 Ⅳ.①C913.3

中国版本图书馆 CIP 数据核字（2011）第 149214 号

策划编辑	葛晓雯	**责任印制**	方朋远
责任编辑	葛晓雯	**责任校对**	孙会香 杨小静

出版发行	中国物资出版社		
社　　址	北京市丰台区南四环西路 188 号 5 区 20 楼	**邮政编码**	100070
电　　话	010－52227588 转 2048/2028（发行部）	010－52227588 转 307（总编室）	
	010－68589540（读者服务部）	010－52227588 转 305（质检部）	
网　　址	http：//www.cfpress.com.cn		
经　　销	新华书店		
印　　刷	北京京都六环印刷厂		
书　　号	ISBN 978－7－5047－3927－8/C·0128		
开　　本	710mm×1000mm　1/16		
印　　张	20.5	**版　　次**	2011 年 10 月第 1 版
字　　数	357 千字	**印　　次**	2017 年 2 月第 2 次印刷
印　　数	3001—4000 册	**定　　价**	40.00 元

内容介绍

《休闲活动策划与管理案例分析》是《休闲活动策划与管理》的配套使用教材，主要分为七章：第一章，旅游企业活动策划；第二章，节事活动策划；第三章，养生休闲活动；第四章，休闲体育活动；第五章，文化休闲活动；第六章，休闲活动策划案例；第七章，辅助材料。第一、二章是活动实战策划；第三、四、五章是各类休闲活动的材料汇集；第六、七章是根据教材内容编写的实际案例，包括与教材各章内容相关的资料。

"休闲活动策划与管理"是旅游管理专业的一门基础应用课，案例教学对本门课程来说尤为重要，本书是与主教材配套的教学指导书。读者在使用本辅导教材时可以理论联系实际，提高独立思考、独立分析问题和解决问题的能力。本书为教学第一线的教师提供了有价值的教学参考，同时也为广大学生学好本课程提供了学习指导。编写本学习指导书的目的，是帮助学生开阔视野、加深思考，全面掌握和理解景区开发与管理的基本知识、基本理论和基本管理技能，提高学习质量，并增强应用能力。

本书与"休闲活动策划与管理"课程内容对应，是旅游管理专业的一门专业扩展课，也是休闲专业的专业课程。本书主要面向休闲管理、会展管理和旅游管理专业学生，同时，也可作为休闲行业、会展行业和旅游行业从业人员、研究人员了解及研究休闲活动策划与管理的参考用书。

本学习指导书的特点：

（1）全书紧扣教材内容，给出了学习的思路和方法，并提供了背景材料，丰富了读者的学习视野，有助于培养和提高读者的学习兴趣。

（2）案例突出重点，难易适中，理论与实际相结合。

（3）本书安排了与教材内容相关的背景知识、案例和案例分析，以丰富教材内容，并为读者提供一个更加广阔的学习思考平台。本书内容丰富，取材广泛，论述有力，分析透彻。

前 言

我国文化传统中蕴涵着丰富的休闲内容,休闲消费是一个相对较新的经济事物。当前,在消费休闲化与休闲社会化、市场化的全球发展趋势下,"休闲"行业是一个经济产值巨大的、具有良好发展前景的行业,需要大量的专业技术人才。

康体、休闲与旅游(Recreation and Tourism)在北美、欧洲许多著名大学中一直以来是一个重要的专业,目前美国与加拿大共有 213 所大学设有"康体、休闲与旅游"专业,英国有 80 所大学设有该专业。该专业的就业渠道非常广阔,主要分布在国家公园、景区、国家森林公园、高尔夫球俱乐部、体育馆、政府及非营利组织中。我国台湾共有 47 个院校设康体、休闲与旅游相关系科,名称各异,如休闲事业管理系、休闲与游憩管理系、休闲运动管理系、休闲运动保健系、休闲管理学系、健康与休闲运动学系、运动与休闲系、休闲事业经营系等。其主要就业渠道包括六类:①游憩活动规划人员、旅游活动规划人员、旅游市场营销人员、休闲游憩文字工作者;②游憩资源管理人员,旅游业领队、导游,休闲农场从业人员,民宿业者,旅游业个人工作室经营者;③体能健康管理、休闲俱乐部与健身中心从业人员,有氧运动及体适能指导员,健身教练,健康管理咨询人员;④度假村健身俱乐部从业人员、休闲运动产业从业人员、养身健康从业人员、SPA 芳疗师;⑤潜水游泳教练、水上救生员;⑥文史工作室从业人员、导览顾问公司专业人员、生态环境解说员、国家公园解说员、休闲产业人员等。

随着社会的发展,人们对生活质量要求越来越高,必然需要相应的专业人才对休闲活动进行策划、指导与组织。如温泉疗养、野外探险、公园及景区游乐活动、青少年文体活动、老年康体活动、高尔夫等,这些活动的组织、策划、设计都需要大量的专业人才。休闲行业的发展,必然带来休闲专业的发展,休闲专业人才具有良好的就业前景。

1

中国旅游研究院副院长戴斌说："我们需要的是一种自觉的、积极的休闲，政府和业界应该携起手来，为全面休闲时代的到来做好思想、资源、产品、管理各个方面的准备"。本书正是为休闲时代的到来而准备的。

编写分工：第一、二、六、七章由牟红编写；第三、四、五章由杨梅编写；全书由牟红总体策划、主审和总纂。丁钢、毛小兰、惠红、邓姣、谢晶、石忠义、韩朝阳参加编写。

本书汇集了近年来休闲活动策划与管理专家的众多成果，我们对书中被引用其成果的专家表示感谢。另外，还要特别感谢重庆旅游节事活动的业界新锐实践者马培凌先生、刘小红女士、陶轶先生、王再宏先生和旅游休闲学界刘聪副教授、张兆福博士、刘明会副教授、陈乃哲副教授、张勤女士，本书在撰写过程中得到了他们的鼎力相助，我们借用了他们的智慧、他们的思想，站在他们的肩膀之上，从而使本书有了宽广的视野。

牟　红

2011 年 4 月

目　录

第一章　旅游企业活动策划

　　本章对旅游企业活动策划的概念、特征、类型、功能等做了概括阐述，探析旅游企业活动策划的一般流程；对目前我国旅游企业活动状况做了概述。在此基础上，本章重点是以案例为主，分析旅游企业活动策划的方法和技巧，从案例中学习旅游企业开发策划的思维启迪、思想理念、操作模式，使学生学会总结值得学习借鉴的成功经验。

核心概念（关键术语）

　　旅游企业活动　旅游企业活动策划　旅游企业活动特征

第一节　旅游企业活动策划概述

　　旅游企业活动策划与人类社会的历史一样，古老而久远。随着市场竞争的加剧，生存、发展的需要，策划这门科学和艺术已在现代饭店业被逐渐应用。例如，创建新饭店的系统策划、新饭店开业策划、创建星级饭店活动策划、经营不理想的老饭店想要扭转局面的策划；日常经营过程中，利用资源创造饭店经营热点，吸引人气，增加收入的经营策划、营销策划、美食节策划、圣诞节策划；以及各种各样专题性的经营和管理策划，等等。

　　近年来，随着一批旅游企业活动的成功举办，旅游企业活动策划成为经营管理者广泛提及的一个名词。不少饭店对举办旅游企业活动趋之若鹜，积极创办自己的活动，希望通过对旅游企业活动的成功策划，展示企业自身文化、获取更大利益、促进饭店的发展，研究适合于饭店活动策划的思路、模式，无疑是促其实现饭店自身价值的重要举措。

一、旅游企业活动策划概念

旅游企业活动策划是指旅游企业主办的活动，包括饭店、景区、旅行社等旅游企业进行的活动，本章主要以饭店和景区为例论述旅游企业活动策划。

(一) 饭店与饭店活动策划

"饭店" 是一个使用广泛的词语，根据最新修订的《饭店星级的划分与品定》国家标准中对旅游饭店的界定，旅游饭店是指能够以夜为时间单位向旅游顾客提供配有餐饮及相关服务的住宿设施，按不同习惯它也被称为宾馆、饭店、旅馆、旅社、宾舍、度假村、俱乐部等。

饭店活动策划是策划主体为达到活动目的，在调查、分析有关材料的基础上，遵循一定的程序，对饭店活动进行系统全面的构思和谋划，制订和选择合理可行的执行方案，将这些方案付诸实践，并根据活动目标要求和环境变化对方案进行持续完善的一种创造过程。[①] 饭店活动策划，指饭店活动策划者为实现饭店组织的目标，通过对饭店市场和饭店环境等的调查、分析和论证，创造性地设计和策划饭店活动方案，谋划对策，然后付诸实施以求获得饭店最优经济效益和社会效益的运筹过程。简言之，饭店活动策划就是对某一饭店活动进行谋划和构思的一个运筹过程。

(二) 景区与景区活动策划

通常所指的景区，就是旅游景区。在英语中，旅游景区通常是用 Visitor Attractions、Tourist Attractions 或 Attractions 等词。

[①] 游上，郭松林. 饭店活动策划与管理 [M]. 北京：旅游教育出版社，2008.

（1）长久性的游览目的地。（苏格兰旅游委员会）

（2）经县级以上行政管理部门批准设立，有统一管理机构，范围明确，具有参观、游览、度假、康乐、求知等功能，并提供相应服务设施的独立单位。（中华人民共和国国家标准）

（3）能够使旅游者产生旅游动机，并追求旅游动机实现的各种空间要素的总和。（魏小安）

旅游者：景区的吸引对象。追求：选定、决策、出游的综合过程。

实现：消费活动、生产活动，两者结合越紧密，实现的现实性越强；两者结合得越圆满，实现的满意度越高。

空间：地域的概念，还包括：经济空间、文化空间、心理空间，是一个大、中尺度的概念。

要素：吸引因素，包括：物质、非物质，有形、无形，环境。

景区活动策划是策划主体为达到一定目标，根据饭店、景区市场、区位、资源、财力等条件，通过一定的途径和方法，进行构思、设计，制订和选择切实可行的景区活动方案，增强景区竞争力、提高景区效益的创造性的思维活动。

把为景区旅游发展创造潜力作为景区主题活动管理的重要体现目标之一，是十分必要的。成功的主题策划，不仅对一个旅游景区的发展极其重要，而且能够使该景区对游人产生强大的吸引力，促进旅游发展。

二、旅游企业活动特征

我们把旅游企业活动的特征归纳为八个方面：

（1）经济性。提高旅游企业的经济效益，增强旅游企业的竞争力是旅游企业活动的主要目的。从当前旅游企业活动在旅游企业经营管理中的作为来看，旅游企业活动不仅经济意义显著，而且经济潜力巨大。

（2）文化性。活动所包含的文化因素，使每一个活动都拥有自己独特的内在品质和个性。这也是活动策划重要的富有创造性的推动力。每一个企业在举办活动的同时，也在传播旅游企业本身的文化。

（3）经常性。旅游企业是一个集多种产品与服务功能于一体的企业，为宾客提供多种多样的服务，活动类型多样、举办频率高。如传统节日庆祝活动、餐饮美食节、学术研讨会、发布会、艺术展、室内高尔夫球赛、结婚典礼等。

（4）参与性。客户、员工等的广泛参与是旅游企业活动蓬勃发展的基础，也是旅游企业活动保持持久生命力的源泉。脱离了参与性这个根本导向，旅游企业活动将成为无源之水、无本之木。

（5）创新性。创新是旅游企业活动之魂。对每个旅游企业活动而言，只有在活动理念、活动内容、运作机制等方面不断推陈出新，才能保持吸引力和生命力。否则，必将渐渐失去其生存发展的根本动力。

（6）可持续性。旅游企业活动作为一种经济、文化活动，只有做到可持续发展，才能做到继承与创新。实践证明，凡是具有特色的旅游企业活动，都将持续发展作为推动企业活动出规模、创特色、打品牌的重要举措，并且从空间上、效益上增强旅游企业活动的可持续发展能力。

（7）地方性。民族的才是特色的。观察国内成功的主题活动，无一不把地方特色视为自己的个性和魅力所在。

（8）休闲性。旅游企业活动作为人们现代生活休闲的重要内容，决定着不断满足人们生活质量的提高和日益增长的对休闲生活的需求，必将是旅游企业活动的一个重要目标。

三、旅游企业活动策划类型

我国旅游企业活动种类繁多，形态各异，通常有以下几种分类方法：按活动的规模和重要性分类，可分为大型活动、标志型活动、重要型活动、中小型活动；按活动内容分类，可分为餐饮美食型、娱乐艺术型、会议和展览型、康体休闲型、家庭活动型；按活动产生的属性分类，可分为传统节日型、现代庆典型、造节活动型；按活动主题的目的和性质分类，可分为营销主导型、传播主导型、混合型。

借鉴国内学者对旅游企业活动基本类型的分类方法，本书以旅游企业活动主题的目的和性质分类方法为例，对旅游企业活动策划的基本类型进行讨论。

（一）营销主导型旅游企业活动策划

营销主导型活动策划，指其旅游企业活动以赢利销售为主，品牌宣传为辅而展开的主题策划。如一些旅游企业在情人节推出的"豪华套房＋双人套餐"的促销活动、周末早午香槟套餐等,旅游企业在实现经济目的的同时兼顾品牌宣传。

旅游企业活动策划案是相对于市场策划案而言的,严格地说它从属于市场策划案,它们之间互相联系,相辅相成,都从属于企业的整体市场营销思想和模式,只有在此前提下做出的市场策划案和旅游企业活动策划案才是具有整体性和延续性的广告行为,也只有这样,才能够使旅游企业的顾客感受到一个统一的品牌文化内涵,而旅游企业活动策划案也只有遵从整体市场策划案的思路,才能够使旅游企业保持稳定的市场销售额。

(二) 传播主导型旅游企业活动策划

传播主导型旅游企业活动策划是指活动以品牌宣传为主,销售赢利为辅的旅游企业活动策划。如旅游企业在刚开业和周年庆时推出的系列活动大部分是以提高品牌和旅游企业知名度为主的,吸引目标消费者的关注同时兼顾经济收益。再如旅游企业举办的各项针对公益事业的公关活动,这类活动则是牺牲一定经济利益以树立旅游企业在社会中的良好形象。

(三) 混合型旅游企业活动策划

混合型旅游企业活动策划是上述两种类型的融合,既做营销又搞传播。如旅游企业邀请明星参加旅游企业的夜总会的节目表演,既可以增加夜总会门票及旅游企业其他产品的销售收入,又可以借助名人效应,得到媒体的关注,很好地为旅游企业做宣传推广。

四、旅游企业活动策划功能

策划是为达到预定目标或解决面临问题而预先拟订行动方案的一种活动,是具有现实功用的。旅游企业活动的主要功能为以下五个方面,如图 1－1 所示。

(一) 主动竞争、突出优势

成功的旅游企业活动能在竞争中占据主动地位,突出自身的优势,特

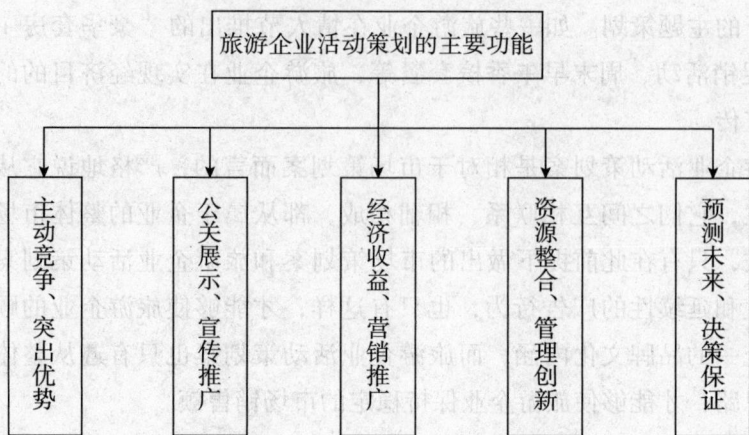

图1-1　旅游企业活动策划的主要功能

别是在旅游企业的营销推广与公关活动中，旅游企业活动是强有力的竞争手段。

（二）公关展示、宣传推广

活动策划在当今广告形势下具有以下五点优势：第一，活动策划具有大众传播性；第二，活动策划具有深层阐释功能；第三，活动策划具备公关职能；第四，活动策划的经济性优势；第五，活动策划具有延时性①。通过旅游企业活动可以维系良好的公关关系，如在举办公益活动时邀请社区代表、顾客、员工、旅游企业业主和政府的相关人员参加，加强彼此的交流和沟通，树立良好的社会形象。可通过旅游企业活动加强与媒体的联系，吸引媒体的关注，这也是一种很好的宣传推广。

（三）经济收益、营销推广

旅游企业经营是以赢利为主要目的，旅游企业活动中很大一部分就是营销推广活动，广义上讲，任何一次旅游企业活动都可以归于营销。在旅游企业活动期间旅游企业向顾客提供具有很高性价比的产品或产品组合以吸引顾客的消费，从而增加产品的销售，获得经济上的收益。从另一个角度看，旅游企业活动本身能产生的直接效益和间接效益。

---

① 赵波，张倩．广告宣传与活动策划的关系［J］．理论学习，2006，9（30）．

（四）资源整合、管理创新

旅游企业活动往往通过有效的人力、物力、财力的重新整合，打破旅游企业各部门的本位小团体的阻隔，淡化旅游企业的部门界限，促进旅游企业内部的和谐，也使得分散在各个部门的资源通过活动方案连接在一起，展示一个团体的活动整体。旅游企业活动促进了旅游企业管理项目改革。欧洲许多国家的三、四星级中档旅游企业经营理念由中档服务、中档食宿向低档服务、高档食宿转变。相应的是旅游企业以前的如客房部、餐饮部等服务部门定编人员大量缩减，取而代之的是一支精干的"万能工"队伍，部门职能管理高度淡化，并按服务项目重新组织[1]。

（五）预测未来、决策保证

策划总是与目标联系在一起，它是相对于未来要做的事而言的。策划是预先决定做什么，何时做，如何做，谁来做。因此，旅游企业活动策划也具有了对旅游企业未来经营管理的一种预测功能，以及对旅游企业经营战略的"投石问路"的决策保证功能。旅游企业业主和管理者可以对旅游企业的经营战略决策进行分解，以活动为载体，通过活动试探市场需求，为决策提供各种经过论证的备选方案。而且，旅游企业活动策划过程本身也可以通过前期调查、中期的运营管理、后期管理与评估中获取前沿动态、竞争者状况、顾客满意度等信息，为旅游企业经营者的决策提供依据和保证。

第二节　旅游企业活动策划程序

一、旅游企业活动策划要素

由于旅游企业活动策划的类型丰富，需求往往不同，其基本要素也不尽相同。旅游企业活动策划一般由策划者、策划目标、策划对象、策划方案这四个基本要素构成。策划者是旅游企业活动策划和旅游企业活动策划系统的

---

[1]　游上，郭松林. 饭店活动策划与管理［M］. 北京：旅游教育出版社，2008.

创造主体，在旅游企业活动策划几个要素中居首要位置；策划目标是旅游企业活动策划的动力和指南，目的在于要明确"策划什么"、"策划到什么程度"、"取得什么样的策划效果"等问题；策划对象，可以是旅游企业组织，也可以是一个部门，或者一个产品，一件事情；策划方案是策划思想的一种物化，但因策划活动的角度不同，策划水平和标准不一，策划方案会风格各异。策划是一项复杂的系统工程，并不是几个要素的简单堆积，因此，在策划活动中协调和优化整合相关要素显得十分重要。

旅游企业活动策划一般包括以下七个主体：

（一）客户

客户是旅游企业活动策划的核心要素之一，是旅游企业活动策划是否成功的最重要评价标准，同时也是旅游企业活动收入的主要来源。旅游企业活动策划中应积极地创造条件，为客户提供更好的服务和更高的收益，增强客户对旅游企业活动策划的满意度。

（二）旅游企业管理者

旅游企业管理者是旅游企业经营管理决策的重要提供者和执行者，对旅游企业活动策划具有建议权、评估权。

（三）活动策划团队

活动策划团队是旅游企业活动策划的直接创造者和执行者，活动策划团队一般包括活动策划小组和活动执行组织。活动策划团队资源分配的合理性和活动策划团队成员的素质高低往往决定了旅游企业活动策划的质量。

（四）旅游企业业主

旅游企业业主是旅游企业活动策划的最大利益相关者，掌握了对旅游企业活动策划的否决权。

（五）媒体

旅游企业活动策划常常通过媒体的宣传来提高旅游企业活动的知名度、美誉度和影响力。媒体是大型活动策划不可或缺的组成部分。

（六）供应商

这里的供应商包括物流企业、音像舞台设计公司、运输公司等。并不是每一次活动都会涉及这些公司，对供应商的选择主要取决于活动的需要。

（七）政府部门和行业协会

政府部门和行业协会主要包括工商、税务、卫生、旅游、公安等。旅游企业活动策划应明确利益相关者，并积极主动地获取他们的支持。

二、旅游企业活动策划流程

本书结合一些国内学者对企业营销策划程序的总结和对旅游企业活动策划的一些研究成果，将旅游企业活动策划的基本工作流程概括为十个步骤：①明确活动策划问题；②成立活动策划小组；③调查与分析；④STP 策划；⑤拟订初步方案；⑥可行性分析；⑦筛选最优策划方案；⑧撰写策划书；⑨现场实施方案；⑩效果评估与总结。如图 1-2 所示。

旅游企业活动策划是策划主体为达到活动目的，在调查、分析有关材料的基础上，遵循一定的程序，对旅游企业活动进行系统全面的构思和谋划，制订和选择合理可行的执行方案付诸实践，并根据活动目标要求和环境变化对方案进行持续完善的一种创造过程。因此，它始终是动态的、变化的，需要根据实践和效果评估与总结的情况不断完善和创新。同时，旅游企业活动策划是一个特殊的系统，是一个涉及众多领域、部门的有机整体，旅游企业活动所包括的各项单项活动和具体工作安排必须井然有序、按部就班。

三、旅游企业活动策划文案写作

（一）旅游企业活动策划书的内容

旅游企业活动策划书的基本内容通常包括五个方面，概括为"5W"，"5W"既旅游企业活动策划者必须反复探讨的内容：

（1）Why—— 策划的目的及内容概要，为什么要举办这次活动？策划者

```
                        ┌─────────────────────┐
                        │   明确活动策划问题    │◄──────────────┐
                        └─────────────────────┘               │
              ┌──────────────┬──────────────┐                 │
     ┌────────▼─────┐  ┌─────▼─────┐  ┌──────▼──────┐          │
     │  了解策划动机 │  │ 明确重点  │  │  明确主题   │          │
     └──────────────┘  └───────────┘  └─────────────┘          │
                        ┌─────────────────────┐               │
                        │   成立活动策划小组    │               │
                        └─────────────────────┘               │
                        ┌─────────────────────┐               │
                        │     调查与分析       │               │
                        └─────────────────────┘               │
     ┌──────────────┬──────────────┬──────────────┐           │
 ┌───▼────────┐ ┌───▼──────────┐ ┌─▼──────────┐              │
 │ 外部环境分析 │ │ 内部环境分析  │ │  SWOT分析  │              │
 └────────────┘ └──────────────┘ └────────────┘              │
                   ┌───────────────────────────┐             │
                   │         STP策划            │             │
                   │ 市场细分、目标市场选择、市场定位 │             │
                   └───────────────────────────┘             │
                        ┌─────────────────────┐              │
                        │     拟订初步方案      │              │
                        └─────────────────────┘              │
 ┌──────┬──────┬──────┬──────┬────────┬────────┬────────┬────────┐
活动名称  时间   地点   规模   工作流程  场景布置  媒体策略  经费预算
                        ┌─────────────────────┐   ┌──────────┐  │
                        │   筛选最优策划方案    │◄──│ 可行性分析 │◄─┤
                        └─────────────────────┘   └──────────┘  │
                        ┌─────────────────────┐               │
                        │     撰写策划书        │               │
                        └─────────────────────┘               │
                        ┌─────────────────────┐               │
                        │     现场实施方案      │               │
                        └─────────────────────┘               │
                        ┌─────────────────────┐               │
                        │    效果评估与总结     │───────────────┘
                        └─────────────────────┘
```

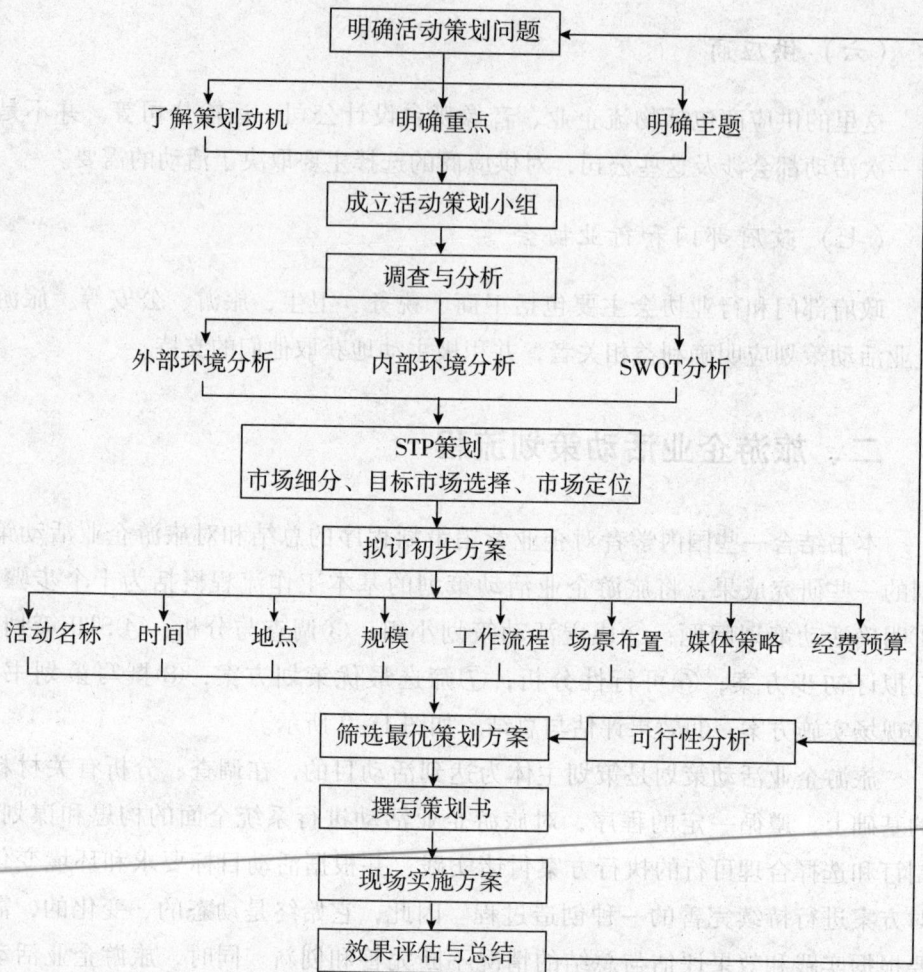

图 1-2　旅游企业活动策划基本流程

必须有充分理由证实这次活动举办的重要性、可行性。

（2）Who—— 策划者的姓名或部门，活动的利益关系人是谁？策划者要充分考虑利益关系人的态度与所作的承诺，明确这项活动是为谁举办的。这里的利益关系人通常包括：宾客、旅游企业管理者、旅游企业业主、旅游企业员工等。

（3）When—— 策划完成的时间，策划活动的时间进度表，活动应在什么时间举行？策划者有足够的时间来研究和制订活动计划吗？时间安排适合观众与参加者的需要吗？如果是户外活动，考虑到可能的气候条件吗？如果举办的时间不适合，就需要对活动计划方案重新考虑，或调整举办日期，或简化举办程序。

（4）Where——活动在哪里举办？场所的选择必须考虑组织活动的需要、参与者的舒适程度、交通的便利性与成本、对生态环境与文化遗产的影响等。

（5）What——策划的内容及详细说明，策划的预算和计划（人、财、物），确定什么样的活动内容或活动产品？策划在满足内部组织要求的同时还要满足宾客对活动的需要、欲求、期望和追求必须与活动的 Why、Who、When、Where 保持协同。

（二）旅游企业活动策划的基本结构

由于旅游企业活动策划的类型多，规模、层次差异大，没有统一的格式，而且策划书的写作涵盖了其他策划书文案的一般写作要求和技巧，本书不做过多的讨论，策划书的主要结构包括：封面、前言、目录、宗旨、策划书文本、结束语、附录。

四、旅游企业活动的后期管理与评估

旅游企业活动结束后，必须做一个效果评估总结，这也是策划部门一次活动策划流程的最后一部分。策划部门应该形成一套比较客观的活动策划效果衡量工具与标准，对每次策划带来的经济效益和社会效益做前后比较。

评价一个成功的活动策划的标准有三个：第一，是否能引发目标消费者的强烈关注？第二，是否和产品、服务密切相关？第三，是否是本行业的原创性活动策划？[①]

【阅读材料】

我国景区活动的现状

20世纪90年代以来，国内许多地方尤其是东部沿海发达城市，在继承和

---

① 陈诗. 活动策划四两拨千斤［J］. 中国西部科技，2006，2（83）.

发展传统的民族景区活动的基础之上，依托区域资源优势、文化优势和经济优势，掀起了举办现代景区活动的热潮，伴随着我国现代化建设的快速推进，景区活动在经济社会发展中的地位和作用日渐提升，景区活动开始在变化中求发展，在发展中求创新，在创新中求生存，步入了一个活跃的创新发展期。但是，目前一些景区由于缺乏科学、合理、创新的策划，致使景区活动的发展脱离了预期轨道。

一、主要问题

（1）主题雷同。许多景区活动在主题选择上存在着雷同现象，未能体现出主题特色化原则的要求。目前国内以茶文化为主题的景区活动有几十个，重庆国际茶文化节、日照茶博会暨茶文化节、安溪茶文化节、蒙顶山茶文化节、思茅地区茶文化旅游节、湖北国际茶文化节，等等。这种节庆主题雷同的现象是导致景区活动生命短暂、效益不好、难以维持的重要原因之一。

（2）内容雷同。有些景区活动在内容上实行拿来主义，甚至开幕式的演员阵容几乎都相同，使参节厂商和游客参加一个便知其他，影响了景区活动的吸引力和竞争力。

（3）形式雷同。现在许多景区活动都遵循着这样一个活动安排模式：逢节必有演出，而且认为只要开幕式、闭幕式演出成功，活动就成功了一半。实践证明，这种形式是不可取的。

（4）目光短浅。没有从长远发展的要求考虑和制定主题活动的发展规划，精力和财力只注重主题活动的本身运作，疲于应付甚至流于形式，致使景区活动年复一年在同一水平上重复，难以产生根本性的转变和提升。

二、对策

（1）保证特色，拒绝雷同。景区活动策划的主要目的是要把充分反映其自身特色的整体形象提炼出来，并通过有效的手段传播给目标受众。充分了解举办地文脉、地脉根据市场需求，科学设计具有鲜明特色和吸引力的节庆形象，形象宣传口号具有鲜明观点，保证特色。

（2）找准内涵层次定位。景区主题策划存在着两个极端：一个极端是定位太高，价格昂贵，非一般参节者所能买得起；另一个极端是定位太低，呈现给参节者的多是一些初级产品，质量较差，难以满足参加活动者对文化品位、纪念意义、收藏价值等方面的需求。这两个极端引发了节庆产品开发高低档两极分化的突出问题，而大多数参节者真正感兴趣、愿购买的特色鲜明、有一定档次、经济实惠的节庆产品却被忽视，难以满足各个层次、各个群体的需求。

（3）全面综合策划。策划专业人才和举办地政府应从本地经济发展实际出发，站在可持续发展的高度，尽可能寻求景区活动与其他产业相互促进发展的结合点和共赢点，以此推介具有地方特色的旅游资源和旅游产品，塑造城市整体形象。主题活动产品的策划成败，不仅直接影响着景区活动的收益，而且制约着节庆产业链条的构建和拉长。对此，主办方应把它作为一个重要课题去研究，从更高的起点上进行破题、改进和创新。上档次、出特色、塑品牌，逐步做大做强节庆产业，推动主题活动经济持续健康发展。

第三节　案例选

【案例一】

《鸡冠洞的故事》——景区活动策划的指导方针[①]

数千年的封建禁锢，让自古以来一辈又一辈华夏儿女"想说爱你，却不容易！"数千年的道德观念，无情地把新时期一代又一代热血青年火辣辣的情爱埋葬！挣破枷锁、勇追时尚、燃烧激情、挑战极限，成为二十一世纪的时代最强音！

金秋十月，河南鸡冠洞景区洞外红叶竞秀，洞内天琴飘乐，在这"金秋送爽，丹桂飘香"的季节里，鸡冠洞景区热忱为"天下有情人"构筑挥洒激情、放飞梦想的舞台，隆重举办"一吻千年"热吻大赛。

在首届热吻大赛举行之后，有不少朋友表示未能参加大赛而遗憾，更有不少人写信或打电话或通过网络询问第二届热吻大赛举办的时间，远居西藏

---

① 胡森．哲理故事中的旅游营销策划感悟，2008．

的一对 72 岁的老夫妇，不远千里到鸡冠洞，向景区负责人表示参加第二届热吻大赛的强烈愿望。为让更多时尚人群演绎心中的真情，让人间真爱更加永恒，鸡冠洞景区特在"十·一"黄金周期间举办第二届"一吻千年"热吻大赛。据鸡冠洞大赛负责人介绍，第二届"一吻千年"热吻大赛较前届在规则上有较大的变化，同时也扩大了受奖范围，只要选手在一定的时间内按规定完成动作，便可获取不同时长的不同奖励，另外，比赛时间从 1 月 1 日至 7 日，连续 7 天也便于让更多的人参与。

交广传媒旅游策划机构的启示：

一个优秀的景区活动营销，必须具备"动之以情、晓之以理、攻之以心、诱之以利"的十六字策划方针。

"动之以情"就是在一个景区活动营销策划中，要想充分吸引社会大众的注意和参与，就必须注入"情感"因素，以情动人。这就是为什么交广传媒旅游策划机构的"一块钱旅游事件"会在中国旅游营销界脍炙人口，并广受社会大众青睐，最主要的原因是交广机构在活动中注入了情感因素，倡导相应政府降低旅游门槛的号召。

"晓之以理"就是告诉至少一个足以打动旅游者心动和参与的理由。为什么洛阳新安龙潭峡会在 2006 年红遍河南？就是因为龙潭峡六个不解之谜一波一波的宣传攻势给了旅游者充分的消费理由。

俗话说，攻城为下，攻心为上。要让旅游者去你的景区消费，你就必须攻心。所以，"攻之以心"就像"谈恋爱"一样，让对方彻底失去心理防线，心甘情愿地接受，这就要求我们必须针对不同产品或者品牌的目标受众对症下药，让他们彻底被征服。

比如鸡冠洞景区在全国首次推出接吻大赛，直击青年男女目标市场，迎合了 80 后新一代消费群体敢秀、爱秀的特征，赢得了市场、赢得了爱。

"诱之以利"，没有利益驱使的景区活动是不完美的，尤其是对以促销为目的的景区活动，必须以足够的利益促使更多的人参与，但一定要做到适可而止，这是很难掌握的一个度。

【案例二】

《世界小姐的故事》——旅游景区活动策划的技巧[①]

参加 2007 国际旅游小姐冠军总决赛的 18 名佳丽回到郑州，为 7 月 31 日晚上的冠军总决赛做准备。昨天上午，记者在郑东新区国际会展中心见到了正在集训的佳丽们。一提起刚结束的河南郑州、开封、南阳、洛阳、安阳 5 市巡游，佳丽们个个情绪激昂。

7 月 20 日，18 名佳丽正式开始了河南 5 市的巡游之旅。在首站郑州，郑州市政府举行了盛大的入城仪式。黄河边、炎黄二帝像下，佳丽们在美丽宣言板上签名宣誓，要在全球宣传郑州、宣传河南。

在巩义康百万庄园，佳丽们融入当地葡萄节中，摘葡萄、吃葡萄，秀中国古装、坐花轿，古老厚重的中原文化让佳丽们兴奋不已。

7 月 22 日，佳丽们来到少林寺，名扬海内外的少林功夫，让佳丽们大开眼界，纷纷缠着武僧们学两手。

7 月 23 日，佳丽们来到开封，参观了清明上河园、龙亭、包公府等景区。当天下午，佳丽们赶往南阳——这里不仅有三国名相诸葛亮，还有令人心旷神怡的森林氧吧和鹳河漂流。

7 月 25 日，佳丽们抵达洛阳，龙门石窟、白马寺、关林、新区、洛浦公园，繁华的九朝古都让佳丽们梦回唐朝。

7 月 27 日，佳丽们到了巡游的最后一站——安阳。佳丽们迫不及待地进入殷墟的地下博物馆参观展品。

作为巡游的重要主题，佳丽们还在新郑举行了"最佳晚装小姐大赛"，在南阳西峡举行了"最佳比基尼小姐大赛"，在洛阳举行了"最佳热舞皇后大赛"，在安阳举行了"最佳美丽才艺小姐大赛"。河南给佳丽以美的感受，佳丽也给巡游城市带来了视觉盛宴。

交广传媒旅游策划营销机构的启示：

节假日改革方案的一个显著特点就是"小节不断"，这就要求我们的旅游经理人具有快速反应部队一般的高素质。同时，品牌概念、系列活动必须定

---

① 胡森. 故事中的旅游营销策划感悟，2008.

位准确，像郭德刚的"非著名相声艺术家"一样迅速出位。

（1）活动策划主题性

外在主题——顺应国际旅游市场的需求，顺应国家旅游局推出的主题中国旅游年口号；内在主题——专指该旅游景区的特质风貌和品牌形象；随机主题——社会流行话题的把握能力。

（2）活动策划可复制性

由于旅游业内人员素质参差不齐，景区应编制策划营销实用操作手册。交广传媒旅游策划营销机构于 2005 年策划的"河南第一场人工降雪"方案被省内某景区高调采用，但其未采用的一个方法论——同时也是我们交广团队的精髓——那就是"旅游策划傻瓜操作手册"论。

交广传媒旅游策划营销机构认为，好的策划是为客户创造财富的，而不是高雅的"座谈"，以此观之，如果景区接下来同时派出各路人马搞"南阳第一场人工降雪"、"洛阳第一场人工降雪"、"开封第一场人工降雪"，这样的策划来得实际且具有可操作性。

【案例三】

重庆云阳大南三峡景区活动设计①

一、大南三峡多选择障谷漂流主题活动设计

（1）产品形象：挑战长滩河，长江三峡第一长漂。

（2）景区范围：云阳三峡支流大南三峡众多峡谷，黄陵峡—龙门峡—老鸦峡—大石笋峡—大龙缸为专业漂流探险河段，大龙缸—藏龙峡—火山峡—龙窟峡为大众漂流探险河段。

（3）功能定位：漂流与观赏"双向互动"旅游区。

（4）市场前景：以重庆主城区、国内客源为依托，大力拓展国际客源。

（5）规划背景如下：

①长滩河在景区内流程为 49 千米，落差 323 米，险滩多、急流多、峡谷

---

① 重庆工学院课题组，杨梅执笔．2008.

多，河水仿佛长龙在幽深的峡谷穿行。在峡谷地区，水流激荡，水声轰鸣，给人以险象环生的感觉。同时长滩河还具有长距离漂流的条件，具备开发成为中国最长漂流河流的可能。

②探险旅游区别于观光旅游、度假旅游等常规旅游项目的主要特征在于它的旅游生态环境和文化环境的原始自然性。自然系统对人类的功能是服务，包括提供观光、休闲、清新空气和水，激发人类创造力和灵感等服务，因此，维护这一系统的完整和健康是人类获得更多自然服务的前提。规划必须把整个长滩河流域作为一个有机的系统对待，其生态功能、休闲度假功能都应在整体上进行衡量和维护，优化整体生态功能和经济效益。对景区的开发也应保证在不留人工痕迹的情况下进行，既要保证景区的自然完整性和神秘性，又要保证景区的安全性和可游玩性。

（6）活动内容如下：

● 旅游项目一：中国云阳大南三峡国际漂流节

活动范围：云阳三峡支流长滩河黄陵峡—龙门峡—老鸦峡—玉龙峡—大石笋峡—大龙缸段

产品形象：水上 F1，勇闯长滩河

◎ 设计思路

每年举行一届，邀请国内外专业漂流探险队参加，借鉴"世界一级方程式汽车赛"即 F1 模式，参加比赛的选手全世界只有几十人，但支撑它的是一个庞大的观看比赛的全球"车迷"——具有高忠诚嗜好的消费群。设置沿线的观赏点，形成水上 F1 的壮观景象和轰动效应。

◎ 设计要点

①水上 F1 赛道：以大龙缸为赛道起点，分为 5 个分赛道，即黄陵峡—龙门峡—老鸦峡—玉龙峡—大石笋峡。按照专业探险标准建造（就像"世界一级方程式汽车赛"的赛道），在原生态地貌烘托下，以多种探险的组合优势和探险方式精致设计。

②比赛方式：借鉴"世界一级方程式汽车赛"即 F1 模式，设分赛道和总冠军（个人和团队），每赛段举行颁奖仪式，赛段冠军队穿黄色领漂衫。每赛段颁奖仪式都有歌舞表演，形成参赛队员与观赛游客的互动狂欢。

③漂流大本营：选择清水镇、歧山草场、盖下坝、堰平镇及故陵镇为漂流大本营，供参赛队作赛前集训，赛中休整，赛后休闲的场所，以及观赛游

客的休闲度假地。各大本营在公共场所设置大屏幕，滚动播出赛况和明星队员及参赛队介绍。

◎ 建设内容

①硬件建设：修建大龙缸至河马六社的马道；在河马六社长滩河边修建起漂点；在故陵镇修建终漂点。

②软件建设：绘制长滩河漂流探险河道地图；配备漂流探险设施；训练漂流探险先导和救援人员。

◎ 建议性项目

向万州潭獐峡、湖北省境内延伸漂流河段，形成跨区域漂流。

● 旅游项目二：中国云阳三峡纤夫行

活动范围：云阳三峡支流长滩河黄陵峡—故陵镇段，以及耀灵镇龙窟峡段

产品形象：哥哥岸上走，纤夫的呐喊

◎ 设计思路

三峡纤夫文化观光与体验。长滩河黄陵峡—故陵镇段形成漂流队闯滩，岸边纤夫川江号子助威、造势；耀灵镇龙窟峡段大众情调漂流，妹妹坐船头，哥哥岸上走。

◎ 设计要点

①纤夫道打造"走万壑纤夫道，体纤夫苦与险"，再现纤夫的艰辛苦难，向人们展现三峡的历史，用烘托和强化的方式展现纤夫石，并形成景观。

②修建纤夫民屋和纤夫饮食馆，再现纤夫生活环境。供参观和游客吃住休息。

③三峡纤夫风情休闲街，串联几个码头，在休闲街里各种有关纤夫或是码头文化的纪念品，如纤夫所穿的草鞋、烟斗等，游客动手做草鞋。

④川江号子音乐文化活动。第一，确定三峡是川江号子音乐之源，长江是川江号子音乐之河。第二，确定三峡是川江号子表演之地，在三峡寻找五六个适合引入川江号子表演的景区，争取让这门艺术与现实中的旅游结合起来，得到再现和传承的另一个舞台。第三，三峡本身就是一首川江号子，三峡的音乐灵动是独具魅力的。

川江号子主题舞台艺术活动，以三峡民族文化为主线，将山水巧妙串联，通过实景演出演绎三峡秀色，挖掘民族风情的文化亮点。以撑篙号子、竖桡

号子、起帆号子、拉纤号子、闯滩号子和下滩号子等数十种类别和数以千计曲目的川江水系音乐文化为表演和游客参与的主要内容，以声响、气势、规模为特色，成为三峡旅游精品项目。

川江号子创新和改造借鉴重庆川剧院舞台艺术精品——川剧"金子"的操作方式，将川江号子和西南民族歌舞中最动听的音乐、最优美的舞蹈，进行深加工。通过实景演绎三峡秀色，挖掘汉民族风情的文化亮点，从节目编排、表演艺术方面全面提升，从更新思维模式和市场观念出发，按精品工程进行艺术加工，精品化开发，建造天然舞台，以气势磅礴、规模宏大为特色，成为三峡精品项目的又一孵化器。

● 旅游项目三：中国云阳南三峡大众漂流节

活动范围：云阳三峡支流藏龙峡—火山峡—龙窟峡段

产品形象：水上闲情，情调漂流

◎ 设计思路

利用藏龙峡—火山峡—龙窟峡段，位于泥溪乡的龙窟峡、位于云峰乡的藏龙峡和位于耀灵乡附近的火山峡构成，三峡山水相通，形成一个小三角。峡中之溪清幽曲折、忽缓忽急，沿溪漂流有惊无险，其乐无穷；峡底仰望，飞瀑流泉、山川秀丽，沿溪漂流，风光无限，美不胜收。适合开展大众性漂流，以大众休闲为导向，以绿色生态环境为基础，通过整体开发突出其休闲娱乐度假功能，体现其文化性、参与性、娱乐性和新奇性。

◎ 设计要点

①藏龙峡飞龙在天——绝壁攀岩：利用藏龙峡盘龙卧虎之势造就了一个气势磅礴的大峡谷，以及自然形成的龙喉龙脐龙头龙舌龙眼。沿河谷还有龙脊、龙爪、龙蛋、龙头、龙嘴状岩石，在漂流的同时进行绝壁攀岩。

②火山峡地质遗迹游：火山峡两岸赤褐色峭壁孤高万仞，削如城垣，在微风吹过时，似燃烧跳动的火焰山。峡区里奇峰累累，异石连连，美不胜收，有"二马守峡"等景点。

③龙窟峡情调漂流：龙窟峡山川秀丽，气候宜人，原始生态环境完整，集森林、幽峡、深潭、瀑布、溶洞、溪流和珍稀动物于一地。其间的水、雾、山、生物各具特色，旅游资源多样，引人入胜。

● 旅游项目四：长滩河漂流周末休闲度假

活动范围：云阳云峰乡盖下坝，堰平镇、故陵镇、耀灵镇

产品形象：岸上人家，悠然自得

◎ 设计思路

利用刘家坝豁然开阔的视野、河中的船筏、岸边的农舍、春花夏绿秋黄的田野和原生的乡土文化气息，把该区开发成为田园景光观光、农家乐度假和漂流中转站。利用堰平镇、故陵镇、耀灵镇、乡场镇的交通条件和基础设施优势，以及与奉节颜市镇的特殊关系，将刘家坝建设成为景区的接待中心和漂流管理中心。

◎ 建设内容

①盖下坝度假区：

a. 刘家坝长滩河河堤地带，建立漂流接待服务和服务设施。

b. 在河堤旁高地建设可登高望远的观景亭。

c. 规范田园风情区。对刘家坝的农田、农舍、道路进行美化，完善田园风情。

d. 建设草坪休闲区。加强对未开垦的草坝一带的管理，供植物与草坝休闲。

e. 建设刘家坝度假村。主要功能为提供中、高档生活服务与娱乐服务。

②堰平镇、故陵镇、耀灵镇旅游接待中心：

修建旅游商品一条街和住宿、餐饮等配套设施。

◎ 建议性项目

①开通刘家坝至堰平场客运木船。

②开通黄岭峡至云阳县城旅游客运班船。

二、大龙缸洞穴探险主题产品设计

（1）产品形象：鬼斧神工凿大龙缸，惊世骇俗大安洞。

（2）景区范围：云阳大龙缸、龙洞、大安洞。

（3）功能定位：科学考察、探险猎奇、体育健身、绝壁攀崖、生态旅游特色游。

（4）市场前景：以重庆主城区、国内客源为主，大力吸引国际客源。

（5）规划背景：

大龙缸是世界最大的岩溶大竖井，其状为一罕见的环形天坑，形似水缸，大龙缸口椭圆形，口下有一约 7 米的天然条石平伸入内，宽约尺余，可于此看到坑内特异景物。龙洞与大龙缸相距不到半公里，是一大型石灰岩溶洞。分前后两厅，前厅呈圆形，面积4800多平方米，高40多米，后厅呈五边形，面积比前厅更大，洞内遍布纯白的钟乳石，形态万千，幻化无穷。大安洞是已知全国最长最高的溶洞之一，其最大特点是洞中套洞，景中生景，千变万化，千奇百怪，步入大安洞犹如进入绝妙的原始艺术殿堂。大龙缸以"险"、"绝"吸引游客，开展专业探险和科考旅游，把大龙缸打造成自然奇观精品旅游地、地质地貌观光科考旅游地和吸引力大、观赏性强的"极品"观光旅游产品。

（6）活动内容如下：

● 旅游项目一：大龙缸探险旅游

活动范围：云阳大龙缸

产品形象：水上F1，勇闯长滩河

◎ 设计思路

大龙缸旅游建设性项目应该紧紧围绕绝壁猎奇、体验惊险为中心进行设计，尽量保持大龙缸的原生性，以提供惊险刺激的体验为核心功能。把大龙缸打造成自然奇观精品旅游地、地质地貌观光科考旅游地。把大龙缸打造成吸引力大、观赏性强，具有强大吸引力的"极品"观光旅游产品。

◎ 设计要点

①空中飞人——高空秋千自由落体。

②命悬一线——"缸"顶蹦极。

③严格控制在大龙缸景区的服务设施建设，服务设施主要集中在景区外围，保持其原始生态性，以满足游客自然奇观猎奇的心理。

④建设好相关的安全配套设施。

◎ 建设内容

①建设攀登培训中心。在现停车场处建服务用房和人工攀岩壁，以此培训游客攀登大龙缸的技巧和安全用具使用方法。

②修建连接培训中心与大龙缸间的栈道。

③大龙缸缸沿游览步道加固、并修建安全铁链。

④在大龙缸与月亮洞之间小山修建观景平台和安全铁链。

⑤在连接大龙缸与月亮洞之间石壁小路修建安全铁链。

⑥在大龙缸与月亮洞之间小山内侧修建在大山山顶的攀岩石窝和安全

铁链。

⑦在观景平台修建安全铁链。

⑧修建月亮洞出口处经大山至培训中心山顶马路，游客骑马返回培训中心。

◎ 建议性项目

①修建大龙缸缸沿至缸底环缸栈道。

②打通大龙缸缸底出洞口，使其与大石笋景点形成环线。

③修建连接大石笋两岸的索桥。

● 旅游项目二：大安洞科考探险

活动范围：云阳大安洞

产品形象：溶洞探秘，奇妙大观

◎ 设计思路

大安洞溶洞规模属中型，洞内有多处大厅，阴河水流潺潺，钟乳石形态奇特，有"定海神针"、"千佛观音"等。重庆的溶洞景观太多了，大安洞如果按常规的"彩灯"加"传说"来开发，就没有多少吸引力，一定要在特色上下工夫。因此大安洞按古寨科考探险方向进行开发，特别是针对学生修学和大众科普市场。

◎ 建设内容

①硬件建设：完善洞口古寨；修复洞口大厅的房屋，使其具备食宿功能。

②软件建设：绘制大安洞探险地图；配备洞穴探险设施；训练洞穴探险向导。

◎ 建议性项目

①修建大安洞至花地坡旅游索道。

②修建大安洞灯光工程。

三、清水乡土家风情体验主题产品设计

（1）产品形象：唱支土家山歌给您听。

（2）景区范围：云阳清水乡。

（3）功能定位：土家风情体验休闲度假区，原生态山寨度假。

（4）市场前景：以重庆主城区、国内客源为主。

（5）规划背景：遵循"立足原生，开发潜力；走出传统，另类土家"，从当地人民的切身利益出发，开发其独具一格的"土家原生态文化"的旅游产品。利用清水土家族自治乡地名和当地土家族风俗习惯，在坡地上修建土墙原木青瓦的土家建筑，保留着奉祭白虎、住吊脚楼、渴油茶汤、唱土家山歌、跳摆手舞等古朴的民风民俗和丰富多彩的民族文化。工作人员以土家特有的风俗欢迎宾客，游客在这里穿上土家族服饰，品尝土家族风味，围着篝火跳土家族摆手舞。从歧耀山草场至清水乡途中经过的十八座山峰，即"十八罗汉"则作为整个规划区的承接点，在"十八罗汉"的引领下由险入闲。

（6）活动内容如下：

● 旅游项目一：土家族女儿节

◎ 建设内容

①硬件建设：在清水半边街新建土家风情园，建筑面积 4000 平方米，采用土家族民居的建筑风格，运用建筑符号突出土家文化特征，主要用于展示土家风俗，游客在园里可亲身体验土家的各种风俗活动。

②软件建设：对哭嫁歌、跳丧舞、巴人舞、打联响以及独特的劳作方式进行挖掘、整理、展现、表演，供游人鉴赏。

◎ 建议性项目

与重庆酉阳、湖北利川区域联合，共同打造土家族风情旅游线。

● 旅游项目二：龙虎寨古寨体验

◎ 设计思路

利用老寨子山三面陡崖，地势险要的特殊地势，全面恢复寨门和寨墙，并在原居住区重新建设以石头为材料的大型古堡建筑物，重现旧时川东古寨风貌，使其成为体验土司生活、古军寨守屯的场所；同时，利用这里特殊的地势优势，构建景区第一观景平台，使其成为景区观景的好地方。老寨子建筑要高峻、坚固，可使用未经打磨的大块石头和原木作为建筑材料。进入寨子的道路要有一定险趣，寨门可设置吊桥，体现土司山寨风貌。

◎ 建设内容

①古寨城墙、城门恢复工程。

②新建大型古堡建筑物。

③仿制古代大炮等古兵器，使景点具备古兵器博物馆功能。

④完善古堡的生活功能，使其具备观赏、食宿条件，成为古堡度假村。

⑤进寨子道路要修建，要有一定险趣，寨门设置吊桥，体现土司山寨风貌。

◎ 建议性项目

①修建古堡至天生佛栈道。

②修建古堡至大石笋栈道。

③修建古堡至河马六社长滩河漂流起点旅游索道。

四、歧耀山高山草场、森林度假主题产品设计

（1）产品形象：草场疾驰，风之子。

（2）景区范围：云阳歧耀山高山草场。

（3）功能定位：高山度假、森林草场游乐，弥补大南三峡峡谷群漂流淡季的四季产品。

（4）市场前景：以重庆主城区、国内客源为主。

（5）规划背景：根据旅游资源的地域组合结构、类型结构、开发利用方向，可分为草原度假区、高山草原康体运动区、森林洗肺区。整个景区应以中国古代园林建筑和川东山寨建筑作为基本格调，人工建筑物融于自然之中。建筑体量控制在3层以下，服务娱乐区的建筑以依山布置为宜。本景区主要依托风光宜人的景色，依据市场空间开发定位，针对不同经济收入、年龄、素质的游客设置旅游项目，既考虑大众旅游项目，又设置一定的特色旅游项目。

（6）活动内容如下：

• 旅游项目一：高山山寨草原度假

◎ 设计思路

突出高山草原的自然和人文景观，增设草上、高山游乐项目，注重建筑景观、草原人文风情的营造，把整个旅游区营造成民族风格的高山草原度假区。

◎ 建设内容

①山寨式高山度假村建设。

②中心烧烤娱乐场建设：集中安排一个区域供游客野炊，并在区域周边种有蔬菜，供游客自己采用，周围设有食物和用品供应基地。游客围坐在一堆堆篝火旁，可歌可舞，伴随着动听的歌声和开怀的笑语。人们不仅能品尝到风味独特的野餐，还可领略到异域风情，感受浪漫，享受清凉。

③帐篷露营区建设：野营。入夜游人可进野营设施休息，有五彩缤纷的情侣帐篷，有能够移动的小三角情侣木屋、大三角木屋，以及正宗的蒙古包。

④小木屋区建设。

⑤夏季游客接待区建设。

⑥夜间游乐活动与中心服务区建设：设有卡拉 OK 厅、舞厅和相应的娱乐场所，增添游客夜晚的情趣。

⑦综合接待区：景区内设有专门的棋牌室、模拟高尔夫球场、台球室、保龄球馆、游戏厅、美发厅、桑拿按摩房，供不同消费档次的游客享用。游客还可在商店购买到琳琅满目的旅游商品，满足了旅游者的"食、住、行、游、娱、购"的各种要求。

◎ 建议性项目

与湖北利川草场整合成高山草场休闲度假区，做大做强。

● 旅游项目二：高山草原康体运动

◎ 设计思路

突出高山草原康体运动、及顶远眺等游览项目，开展丰富的高山与草原游乐项目。

◎ 建设内容

①山地自行车山地摩托车运动基地建设。

②滑雪和草地活动区建设。

③主题气球带建设。

④风筝放飞区建设。

⑤射箭场建设。

⑥足球游玩场建设。

⑦环山马车道建设。

⑧高山观景亭建设。

⑨滑翔伞放飞运动区建设。

⑩跑马活动区建设。

⑪动力伞运动区建设。

⑫骑士俱乐部区建设。

◎ 建议性项目

①直升机机场建设。

②标准滑雪和草场建设。

③拓展训练场建设。

④风力发电区建设。

- 旅游项目三：高山森林洗肺

◎ 设计思路

突出高山森林运动、休闲等康体运动特色，开展丰富的森林游乐项目。

◎ 建设内容

①步行道、山地自行车道建设。

②知青点建设。

③吊床区建设。

④森林小木屋区建设。

⑤山顶观光亭建设。

⑥环山马车道建设。

⑦森林浴建设。

◎ 建议性项目

①森林古堡建设。

②爱情植树林建设。

【案例四】

重庆红色旅游总体策划方案①

——红岩精神永存天宇，激情重庆放飞记忆

前　言

重庆是闻名中外的红色旅游目的地，至今还保存革命旧居旧址多处。红岩联线已具有相当大的规模，主要包括红岩革命纪念馆、白公馆、渣滓洞等。但是，红色旅游点给人的感觉是"中国革命历史博物馆"的地区展览，千篇一律，千人一面，静态有余，动感不足，缺乏实景地厚重的历史感、独特的

---

① 重庆工学院课题组，杨梅执笔.2009.

亲切感和"姹紫嫣红"的美感。重庆红色旅游区旅游产品类型单一，基本上以传统的观光型旅游产品为主，度假旅游产品、会议旅游和其他的专项旅游产品发展都比较缓慢。在单一的观光旅游产品类别下，以博物馆静态景观陈列的方式来表现红色旅游的现象比较普遍，缺乏多样化的旅游产品项目和内容，缺乏旅游精品和旅游名品。可以说，重庆的红色旅游是典型的"文物旅游"，没有形成"文化旅游"，更没有开发出"体验旅游"。重庆在全国红色旅游中，具有"龙头"的地位与作用，如果与"激情"、"英雄"、"军工"等主题整合，加上情境化，创意化，"红色激情"将呼之欲出。

一、第一部分：整体策划

（1）名称：红色激情（重庆 1949 解放碑密码）。

（2）时间：2009. 9 ~ 2010. 1. 30。

（3）地点：全市范围、红岩联线、解放碑、红崖洞、重庆抗战遗址、红岩村、重庆抗战遗址。

（4）组织机构：如下。

主办单位：重庆市九龙坡区人民政府、重庆市旅游局

承办单位：重庆市九龙坡区旅游局、红岩联线

策划单位：重庆工学院旅游管理系

策划执行：重庆市某文化传播有限公司

媒体支持：略

（5）主题：红色激情　记忆重庆。

（6）创意：结合共和国成立 60 周年、重庆解放 60 周年、抗战胜利 64 周年、国共合作新纪元等，创新、延伸重庆"红色旅游"内涵，使红色旅游动态化、剧情化。利用国共两条线的系列庆祝活动，使红色旅游影响扩大化、形式创意化。

（7）形式：把一般的红色文物陈列展示，即"文物旅游"转变为以红色年代的生活体验为核心的"文化旅游"，形成以情境化为基础的参与式、体验式旅游模式，真正达到"游中学、学中游"，寓教于游、润心无声的境界，在红色情境中感悟生活，休闲游乐。

（8）内容：详见后文。

二、第二部分：红色旅游连点成线记忆重庆点燃激情系列活动

责任单位：红岩联线，如表 1 - 1。

表 1 - 1　　　　　　　　　记忆重庆点燃激情系列活动表

活动名称	活动时间	策划要点	活动地址
2009 海峡两岸文化旅游交流周	2009.9.21 ~ 2009.9.29	展览、展演、报告、书刊	重庆广播电视塔
抗战时期舞台剧展播	2009.9.21 ~ 2009.9.29	爱国主义教育 + 演艺	红崖洞
解放碑下——庆国庆抗战遗址游	2009.9.15 ~ 2010.1.7	抗日老战士穿着往日的军装，佩戴勋章，在昔日的战旗下参加庆典	重庆抗战遗址
海峡两岸反法西斯战争研讨会	2009.9.3	在红岩论坛以及在其他红色论坛上开展	红岩村
我们共同的记忆——台湾友人、台湾老兵、两岸史学家游重庆	2009.9.15 ~ 2010.1.7	邀请台湾的国民党、亲民党、新党，邀请当年驾机空战的美国飞行员，以及支援过抗战的国际友人，来重庆参加纪念庆典	重庆抗战遗址
英雄重庆红色旅游	2009.9.15 ~ 2010.1.7	百家旅行社推重庆	重庆沙坪坝
激情燃烧的岁月（记忆三线建设、军工旅游线路）	2009.9.16 ~ 2010.1.30	利用红色联线，挖掘整理史料，展示书刊画册、影像资料，运用红岩丛书、影音在线，在各大军工厂进行展播	重庆各大军工厂
火红的年代	2010.1.15 ~ 2010.1.30	通过网络、短信、征文等形式来阐述关于重庆精神的重庆密码，开展大型网络讨论会。最后提炼关键词进行推广。利用媒体讲述新时代的重庆如何演绎抗战时的英雄气概	大渝网

（1）主题：飘动红色、增添激情；两岸共唱、红歌更红。

（2）时间：2009.9 ~ 2010.1.30。

（3）地点：红岩陈列馆、红岩魂广场、红岩魂陈列馆、渣滓洞监狱旧址、白公馆监狱旧址、松林坡旧址、中美合作所梅园旧址、红炉厂旧址、中美合作所气象台旧址、中美合作所狼犬室、新华日报营业部旧址、桂园旧址、曾家岩50号旧址、中共中央南方局暨八路军办事处旧址。

（4）目的：使红色旅游从静到动、从古板到鲜活、从观光到参与体验的系列转变，全面提升红色旅游产品的品位与档次。

（5）内容：如下。

①开发动态红色旅游产品。组织设计"原汁原味、有惊无险、苦中有乐、先苦后甜"的红色旅游产品，穿红军服、唱红军歌、吃红军饭、走红军路。利用声、光、电等高科技手段，配合开发射击、攀爬、野战等体验型项目，构建红色旅游目的地体验参与项目体系。让红色旅游活起来，遵从让游客从被动观光到主动参与体验的创新发展模式（如革命生活体验参与互动活动、大型场景剧或大型场景歌舞、大型模拟实战表演等）。

具体操作：模仿湖南卫视"奥运向前冲"赛道，在每一个环节上以抗战时著名战役名字命名，并以战役时间顺序安排赛道名称，（如淞沪会战、平型关战役、台儿庄战役、百团大战等）参与者必须先了解每次战役的大概情况，每过一关，都会有一个关于该战役的问答题，回答对了才能继续前进。

赛道每一星期更换设计，由易至难，活动时间覆盖整个都市旅游节。把选手在游戏中的表现制作成视频，上传到大渝网及各大视频网站，广泛传播，扩大影响，在大渝网开辟官方投票，每周或每月为得票数高的选手，或者对观众印象特别深刻的选手颁发荣誉称号，如最具战斗精神选手，最具人气选手等，这样既能避免给参与者的生活造成太多影响，也能增强选手的参与感。口号：我战斗，我快乐（战斗向前冲）。

②红歌嘹亮，两岸共唱抗战时期革命歌曲。抗战时期，国共双方都有为人传唱的革命歌曲，如八路军内的《大刀进行曲》、国民党军内的《歌八百壮士》。正是这些歌曲鼓舞了全国人民抗战的热情，最终使抗战取得胜利，歌曲不仅激励着下一代人，更能唤起人们的回忆。所以，这是一个真情流露的活动。

具体操作：

地点：红岩魂广场；时间：2009年9月20日（星期天）；在红岩魂广场

举行红歌合唱，由两支合唱方队轮流演唱抗战时期八路军和国民党军内抗战歌曲。（邀请重庆市《夕阳红》老年合唱团）（重庆南岸区珊瑚实验小学萤火虫童声合唱团）

以台湾老兵来重庆共唱红歌为噱头吸引广大群众参与此次活动。邀请几名重庆本地青年歌手和红歌比赛优秀歌手参加。可由现场观众点歌，达到很好的互动效果。

现场请老兵讲抗战故事，最后由他们领唱原来所属军队的革命歌曲，合唱团后续跟上，达到激情澎湃的效果。

【案例五】

重庆华岩荷花美丽节总体策划方案[①]
—— 荷花为媒，百美为介，荷香华岩，莲动重庆

一、总纲

前　言

荷花，在我国古代称芙蕖，又名莲花、芙蓉、玉环、水芙蓉、水芝、藕花等。荷花原产于印度，素有"花中君子"和"花中美人"之称。荷花是圣洁、祥和、宁静、太平、善美的象征。荷花根盘而枝、花、叶并茂，象征世代绵延，家道昌盛，人们能不爱？古往今来，人们用荷花那"出淤泥而不染，濯清涟而不妖"的高尚品质赞赏君子，以育人、以言志。在荷花吐芳之际，人们相约观荷已成风俗。

全国各地荷花节众多，其中北京颐和园荷花节、武汉东湖荷花节、杭州西湖荷花节、白洋淀荷花节、东莞桥头镇荷花节等颇具知名度。有亮点才有市场，重庆华岩荷花节只有做出特色与风格，才能塑造自己响亮的品牌，从众多的荷花节会中脱颖而出。正如成都三圣花乡第二届荷花节暨荷塘月色创意市集，大胆地将创意市集这种城市先锋艺术展和乡村旅游结合起来，其亮

---

① 重庆工学院课题组，执笔杨梅. 2009.

点在于"创意下乡"，这在全国尚属首次，即所谓"人无我有，人有我优，人优我特"。

对比中国八大荷花观赏地，我们认为华岩荷花美丽节最大的优势是依托川东名刹，被誉为巴山灵境的华岩寺，庄严佛寺是圣洁荷花、靓丽荷花的绝佳背景，而内外兼修的荷花仙子（凌波仙子）是美的化身、荷花品质的人性化延伸，深厚的佛教文化也为荷花美丽节充实了内容。此时的荷花已不仅仅是荷花本身，而是已在佛教文化与美丽文化的渲染下被赋予了人性的美。正所谓，华岩灵境，荷花盛宴；青荷盖绿，百美披（争）红。

（一）节会主题

华岩灵境，荷花盛宴；青荷盖绿，百美披（争）红

口号语：荷花为媒，百美为介，荷香华岩，莲动重庆

（二）节会目标

以荷花文化、美丽文化为主题，将重庆华岩荷花美丽节办成有规模有创意、具有浓郁人文景观和植物景观的盛宴，并以花为媒弘扬社会主义城乡和谐文化，以百美为介来宣扬重庆美女内外兼修的品质，丰富市民生活，让美女从任人评头论足的花瓶形象，转变成为和谐社会的建设者形象，并作为城市的美丽符号和文化品牌向全国推广，真正走向世界。

（三）节会时间

2009 年 5 月 28 日或 6 月 27 日（农历五月初五，端午节）（2009 年是闰年，有两个端午节）~8 月 14 日

说明：荷花是喜温、喜光、喜肥的水生植物。生长期最适温度为 20℃ ~30℃。在强光下生长发育快，开花早。在长江流域荷花一般 3 月下旬至 4 月上旬萌发，4 月下旬或 5 月上旬孕蕾，6~8 月为盛花期。2009 年 5 月 28 日即农历五月初五，是端午节，休假三日，可利用节庆拉动人气。荷花节 8 月 15 日（周六）结束。

8 月 14 日是农历六月二十四日，荷花生日，举办闭幕式。

（四）节会地点

重庆市九龙坡区华岩风景区

（五）组织机构

主办单位：重庆市九龙坡区人民政府、重庆市旅游局、重庆报业集团

承办单位：重庆市九龙坡区旅游局

重庆市九龙坡区华岩镇人民政府

重庆市九龙坡区华岩风景区管委会

策划单位：重庆工学院旅游管理系

策划执行：重庆市某文化传播有限公司

※ 通过公开向社会招标，确定执行公司。此举也是荷花节前期营销策略之一，招标活动经媒体广泛报道，必然引起公众对荷花节的关注。

※ 通过合同，明确执行公司与重庆市九龙坡区旅游局、华岩寺风景区管委会之间的具体分工和责权利关系。

媒体支持：重庆日报集团所属九报一网、重庆广电集团所属九台一网一报、重庆时报、新华社重庆分社等媒体

（六）活动内容

首届重庆·华岩荷花美丽节活动分为三大部分：

1. 华岩荷花展

2.《重庆百美图》——美丽 ing

3. 荷花美丽节游展项目

二、华岩荷花展

责任单位：华岩风景区管委会

（一）荷花育种

（1）时间：2009 年 3～4 月。

（2）地点：华岩湖及周边七步荷花池。

（3）品种：各类荷花及睡莲，要求花形美，花色艳。

（二）盆栽花器

荷花是花、叶俱美的观赏植物。荷花对生长环境有着极强的适应能力，不仅能在大小湖泊、池塘中吐红摇翠，甚至在很小的盆碗中亦能风姿绰约，装点人间。盆栽和池栽相结合的布置手法，提高了盆荷的观赏价值，在园林水景和园林小品中经常出现。

（1）要求：古朴的陶制花盆、粗犷的缸式花盆及仿瓷花瓶（用于华岩寺殿堂供奉香花，并在第十三届重庆都市旅游节节会期间的各个主题活动中使用荷花盆景来点缀），造型多样，花器上要有第十三届重庆旅游节——华岩寺荷花美丽节铭刻，以及荷花美丽节会徽。

（2）数量：各类花器共计 8000，其中陶制花盆 6000，缸式花盆 1500，仿瓷花瓶 500，宝莲灯若干。每届荷花节花器可重复利用，展会结束后可集中摆放于华岩风景区，成为一道独特的风景。

（3）制作荷花水石盆景。荷花水石盆景是荷花盆栽与水石盆景的有机结合，既体现山石的刚毅挺拔，又显示荷花的娇艳妩媚。荷花盆景可选用珊瑚石、砂积石、斧劈石、英石等山石作材料。

（4）时间：2009 年 5 月初必须全部完成。

（三）布展区域及要求（见表 1-2 所示）

表 1-2　　　　　　　　　　　布展区域及要求

布展区域	布展要求
华岩湖	• 种植耐深水品种，为避免品种混乱，可划分若干小区，每区一个品种。这种大面积种植，长势旺盛时，可呈现壮美景观 • 早熟、晚熟品种比例适当，要时时处处有花可赏 • 湖域遍布荷花，但要留出船道，供游客乘船观荷 • 湖岸近水区域要在荷花簇拥中搭建水中演出舞台
七步荷花池	• 各池选择不同品种和花色，形成七个主题荷花池，比如五色睡莲池等 • 各池通过步道观赏荷花和拍摄留影
华岩风景区大门、主要入口及景区内道路	• 大门中央摆放防渗膜围合的小池，种植王莲，四周分散摆放缸式花盆，花形美，颜色亮，震撼美景 • 大门充气门，横幅、会徽等 • 户外大屏幕，滚动播出风景区内荷花美景和游人赏荷动态（类似大型体育赛事） • 主要入口摆放缸式花盆，花形美，颜色亮 • 景区内道路沿线主要摆放陶制花盆，间插缸式花盆 • 悬挂或摆放木质标牌，上书咏荷诗作 • 制作宝莲灯，置于寺内主要通道。
华岩寺	• 殿堂院落摆放荷花，数量要适当 • 殿堂香案摆放荷花瓷瓶 • 寺庙宣传栏张贴佛教文化、荷花与美丽文化主题图片、文字

布展区域	布展要求
解放碑、杨家坪步行街、三峡广场、南坪步行街等主城各区域中心	主要摆放缸式花盆，间插陶制花盆，吸引外区游客，扩大影响
九龙坡其他旅游景区及相关协作单位	• 九龙坡区　渝中区　沙坪坝　南岸区　江北区　渝北区　巴南区　北碚区　大渡口其他旅游点及相关协作单位适当摆放荷花造势 • 江北机场、朝天门码头和各高速公路路口也适当摆放 • 吸引外地游客，扩大影响

华岩风景区曾出资对华岩湖清淤除污，荷花其实是天然的工业三废水污染水域的"过滤器"。由于荷花根能吸收水中的汞、铅、苯酚等有毒物质，还能过滤水中的微生物，是难得的水体净化的植物材料，可帮助污染水域恢复食物链结构，促使水域生态系统逐步实现良性循环。

华岩荷花展中的景点布置命名参考：

荷塘名称：青荷盖绿、千娇照水、百美映月、宝莲池、香荷池、佛莲池、戏荷池、寿莲池、喜莲池、采莲池。

道路名称：沉香路、浮香路、凌波路、青莲路、碧荷路、缘荷路、佛莲路。

亭子名称：爱荷亭、戏荷亭、碧荷亭、品荷亭、雨荷亭、香荷亭。

门院名称：佛莲门、香荷园、百美戏荷园、福莲门、喜莲门。

三、华岩荷花美丽节开幕式及《重庆百美图》——美丽 ing 计划

责任单位：重庆市九龙坡区旅游局、华岩风景区管委会、重庆市某文化传播有限公司

（一）开幕式

【时间】：2009 年 5 月 28 日（星期四）或 6 月 27 日（星期六）上午 10：00～11：30

【地点】：华岩风景区北大门

【舞台布景】：如下

主景：北大门广场中心，以王莲和缸式花盆构景

背景：华岩寺僧侣仪仗队（静态，突出首届重庆华岩荷花美丽节特色，由于宗教原因，不过分渲染）

荷花仙子方阵（动态，由重庆艺校学生组成，身着荷花装，手持荷花等道具，配合开幕仪式）

其他：配以各色灯光和音响打造会场氛围

（二）开幕仪式程序

【9：40】车队抵达景区北大门处，领导和来宾下车后，由数名装扮成荷花仙子的礼仪引导员（手持荷花）引领领导进入主席台。

【13：00】现场主持人（九龙坡区区长或旅游局长）上场，主持内容如下：

（1）简要介绍"首届重庆华岩荷花美丽节"。3分钟

（2）介绍主席台领导、来宾。2分钟

（3）重庆市有关领导致词。5分钟

（4）《重庆百美图》——美丽 ing 计划启动仪式。5分钟

追光灯、面光灯、电脑灯；组字礼花、信号弹、烟雾、彩条齐放；彩旗、荧光棒舞动，锣鼓敲起。户外大屏幕，滚动播出风景区内荷花美景和重庆各行各业中的已有成就的美女精英和兢兢业业、普通自然的美女（建议采用快慢结合的播放速度，一个镜头是披红盖绿的荷花，一个镜头是婀娜多姿的重庆美女。）

（三）《重庆百美图》——美丽 ing

（1）目的：为2009年第十三届重庆都市旅游节造势，荷花美丽节开幕式同时也是《重庆百美图》——美丽 ing 计划启动仪式。由参选企业向组委会推荐三名参赛者（第十三届重庆都市旅游节合作赞助企业可推荐五名）

（2）合作单位：《重庆渝报》，《新女报》，搜美网。各大专院校团委、学生会。《重庆渝报》曾有评选各高校校花和校草的经验。

（3）策划方案：

名称：《重庆百美图》——美丽 ing

活动宗旨：以人文美建设和谐社会；以劳动美发展城乡统筹；以原生美升级城市魅力；以内涵美刷新美丽经济

活动主题：重庆美·中国美·世界美

主题口号：华岩荷文化，百美传天下

评选范围：美丽女状元；校园美丽女状元；企业美丽女状元；乡镇美丽女状元；公务美丽女状元等

评选方式：根据几大板块，由参选企业向组委会推荐3名参赛者（第十三届重庆都市旅游节合作赞助企业可推荐5名）

评选程序：

• 2009年5～6月底宣传造势：5月28日华岩荷花美丽节开幕式上启动《重庆百美图》——美丽ing计划。与《重庆渝报》、《新女报》、搜美网联办，在各大高校、各大企业、政府机关宣传造势，吸引既靓丽又有职业技能的美女踊跃报名参加。评选标准：圣洁、美丽、内涵、技能。

• 2009年7～8月初赛：以各大高校为分赛场，进行初赛，每校决出50名选手进入复赛。联络各大媒体报道。

• 2009年8月14日复赛，并作为华岩荷花美丽节闭幕式。请有关部门领导和各大媒体参加。

• 2009年9月15日决赛，复赛决出150名选手进入第十三届重庆都市旅游节开幕式后续活动中的决赛。决赛之前可对150名选手进行形体、知识等相关培训，培训及相关宣传报道可参照"超级女声"模式。参赛者根据参赛要求，将着力表现劳动美、生活美、工作美，由组委会安排的摄影师深入企业，将150名复赛参赛者的三美状态摄入镜头，然后利用公共场所的站牌广告、大型商场、各大影楼等发布参赛者的相关影像资料，并通过短信投票和网络点击及电视和平面媒体，进行决赛前的宣传造势，最终决赛安排在企业的现场大舞台，以参赛选手的业务技能、生活状态等现场表现，最终评选重庆百美。

（四）文艺演出（在《重庆百美图》——美丽ing复赛过程中穿插）

内容：以反映荷花文化的文艺演出为主，渲染气氛，展示首届重庆华岩荷花美丽节地域文化特色。

（1）咏荷诗朗诵（串联演出，并有伴舞）。

（2）莲花雅乐演出（重庆艺校）。

（3）中国北韵佛曲欣赏（华岩寺）。

（4）荷花仙子方阵舞蹈表演（重庆艺校）。

台上、台下互动。演出结束后观众进入荷花美丽节会场赏荷及观看游展项目。

四、华岩荷花美丽节游展项目

责任单位：重庆市某文化传播有限公司、重庆市九龙坡区旅游局、华岩风景区管委会

荷花节只是一个由头，成功的大型文化活动，能够催生出几何级数倍增的综合效应，既宣扬了节庆的核心价值理念，提升形象，同时拉抬人气，促进销售。因此，华岩荷花美丽节将把举办大型文化活动作为景区发展、打造旅游品牌的"核子武器"。可以说，本届华岩荷花美丽节，将观赏性、文化性、趣味性、互动性熔为一炉，从时间到空间，从视觉到触觉，为中外游客提供一次荷花盛宴。

（一）荷花仙境项目（共十大类）

6月的华岩湖风景宜人，秀色可餐，层层叠叠的荷花仿佛铺到天边，初出水面的荷花在重叠的荷叶之间或举或藏，或开或闭，自然天成，野趣丛生。正所谓"接天莲叶无穷碧，华岩荷花别样情"。

主题：接天莲叶无穷碧，华岩荷花别样情

时间：荷花美丽节期间白天

类别：共十大类

1. 花开见佛（华岩风景区露天金佛处）

佛教认为荷花虽生于污泥，却非常纯洁，象征着纯净无染、清纯自在和吉祥如意。莲花代表美，古印度王子罗摩和王后悉多都长有一双美丽的"莲花眼"。莲花代表力量，印度勇士威猛无比，便说是"像金荷花一般"。莲花代表神异，如来经过处，脚印皆现莲花纹。莲花代表吉祥，所以"菩萨入大慈室，一切兵仗化为莲花"。莲花代表光明，所以"千叶莲花金色宝光，光明彻照，如日初升"。总之，一切美好理想的东西都可用荷花表示。佛法庄严神妙，而莲花软而净，大而香，所以"莲花台，严净香妙可坐"。踏进寺庙，低眉微笑的菩萨跏趺于莲花座上；救苦救难的观音脚踩莲花，对着大千火宅洒下甘霖。

要点：荷花是佛教圣花，荷花簇拥金佛，庄严圣洁。

在僧人上殿功课时刻，华岩僧人从佛殿迁至露天金佛广场，在荷花丛中结跏趺坐，诵经修持。在华岩寺守八关斋戒的香客也可跟随诵经修持。

花开见佛项目不需刻意渲染，但一经推出必将成为华岩荷花节经典场景。

状若在伦敦人们在皇家卫队换岗时间，排队等候，争相一睹古老仪式。

2. 佛心禅韵

中国北韵佛曲欣赏（华岩寺）。

3. 佛莲天下

道坚法师开讲《妙法莲花经》（华岩寺般若讲堂），一般在双休日和节假日。

大乘佛教天台宗的根本经典名为《妙法莲华经》，莲华，即妙法。花代表接引众生的法门。佛陀讲经，要人行菩萨道，度自己，也要度众生，让人人成佛。莲花努力开花不只是为了开花，而是开花才能显出莲子。一片片的莲花瓣，正如佛陀以很多方便法门接引众生，通过不同法门，人们得显出藏在其中的佛性，进而成佛。

4. 净土世界—莲花

《大正藏》经典说，莲花有四德，一香、二净、三柔软、四可爱。世间花卉先开花后结实，莲花则在开花同时，结实的莲蓬已具。明朝详述各种植物的书籍《群芳谱》就特别强调莲花"华实齐生"的特质。莲花因此被佛家视为能同时体现过去、现在、未来。具有超时空相貌的莲花，独享"福报"，成为净土世界的花朵。对修净土宗的信徒，西方极乐世界是最后皈依处。在净土思想的代表经典《阿弥陀佛》中记载，众生若得善报，不再堕入胎生、卵生、湿生等轮回，得以往生极乐世界，会有观音手持莲花迎接，往生者就在莲花里"化生"为极乐世界一员，视个人业障、福报，莲花闭合时间长短不同，福报够的人可以提早"出关"，享受净土世界。

5. 荷花精品大观园

把华岩风景区做成荷花精品大观园，品种多，花形美，花色艳。供人们观荷赏荷，拍照留影。

6. 荷花荡舟

华岩湖湖中接天荷叶，如伞如盖，红荷映天日，缕缕馨香沁人心脾。乘舟观荷，听曲。扁舟一叶，在万柄荷叶荷花中逶迤而过，真有"花为四壁船为家"的韵味。

"荷花出淤泥而不染，像刚刚沐浴出水的仙子，在这如诗如画的美景中，特定时段让身着古代服饰的美女在荷塘边演奏古乐将会更美妙。其余时间播放背景音乐。

7. 荷仙留影

举办荷花摄影展，所有的摄影作品全部在荷花世界里拍摄，由摄影爱好者展出，让荷花世界的美丽永远留存下来，供游客购买和合影。

联合重庆各大影楼，免费提供场地，组织新人到华岩风景区拍婚纱照，人面荷花相映红，形成华岩一道绝佳风景。

8. 荷花作品展

有关荷花的诗词、绘画、雕塑、工艺等荷文化内容丰富多彩，开展荷花书法、绘画、摄影、插花展、宝莲灯制作等。

荷花插花：插花在我国始于六朝，源于佛前供花。作为佛教的圣洁之花，因此，插花在兴起之时便与荷花结下了不解之缘。不仅荷花、荷叶、莲藕和莲实等素材在插花中的运用愈来愈普遍，而且插花艺人还对这些素材的观赏效果也作了科学的比较。荷花插花一般选用中小型品种为宜，同时也适当配以其他植物的枝、叶、果，力求色彩清丽、构图明快，欣赏效果可保持 3 ~ 4 天。

9. 荷花美食

荷花除可供观赏外，更常作为食用及药用，是高经济价值的植物。对中医而言，荷花可分为十大部位，即荷花、荷叶、荷梗、荷蒂、莲蓬、莲子、莲心、莲须、莲藕、藕节。药效分别是：花朵泡茶可去暑热兼养颜美容，荷叶同样可清暑热及化瘀止血，荷梗可治暑热胸闷及妇女白带，荷蒂可安胎止泻，莲蓬可散瘀止血，莲子是健脾益肾的食补上品，莲须可清心益肾止血，莲心可清心火治吐血，莲藕可健脾开胃生肌，藕节可止血化瘀。荷花从头到脚，从花开到花落结子，几乎没有不可用的部位，难怪有人赞美它全身是宝。

要点：华岩寺素餐厅、华岩寺风景区设置荷花美食一条街。推出荷花粽子、藕粉、藕糖、凉拌藕、荷花粥、莲藕饼、莲子羹等。

巴国城、德庄火锅等单位配合，推出荷花（叶）火锅、荷花（叶）小吃、荷花（叶）饭、荷花（叶）鸡汤等。

10. 荷花美物

现场出售荷花盆栽、插花以及各类荷产品，比如青岛畅绿科技发展有限公司投资兴建的中华睡莲世界研制生产的睡莲花茶、睡莲花胚胎营养口服液和美容化妆品莲食、莲药、莲衣、工艺品等。

（二）荷塘月色，夜游华岩项目

炎炎夏日，人乏蝉鸣，桃李无言。荷塘月夜，凉风习习，清风徐来，蛙鼓阵阵，万亩荷塘翠叶覆盖，荷花清影依稀可见，一丛丛美丽的睡莲轻舞花叶，形影妩媚，好似凌波仙子，令人赏心悦目，心旷神怡。"凌波不过横塘路，但目送，芳尘去"、"飘忽若神，凌波微步。"

主题：荷塘月色暗香萦怀，荷花盛宴仲夏万福

时间：荷花美丽节期间双休日及节假日夜间7：00~9：00举行

类别：共六大类，共20场。户外大屏幕滚动播出其中精彩片断。

1. 荷花消夏音乐会（共五场）

分为民乐、佛乐、器乐、通俗、外国音乐专场，分别邀请相关的演出团队。

民乐如西汉时期，乐府歌辞逐渐盛行，由此产生了众多优美的采莲曲谣。其中有《采莲曲》（又称《采莲女》、《湖边采莲妇》）等，歌舞者衣红罗，系晕裙，乘莲船，执莲花，载歌载舞，洋溢着浓烈的生活气息，是我国广大人民最喜爱的民间传统歌舞之一。

又如南朝乐府《西洲曲》："采莲南塘秋，莲花过人头；低头弄莲子，莲子青如水。""莲子"即"怜子"，"青"即"清"。这里是实写也是虚写，语意双关，采用谐音双关的修辞，表达了一个女子对所爱的男子的深长思念和爱情的纯洁。晋《子夜歌四十二首》之三十五："雾露隐芙蓉，见莲不分明。"雾气露珠隐去了荷花的真面目，莲叶可见但不甚分明，这也是利用谐音双关的方法，写出一个女子隐约地感到男方爱恋着自己。

2. 精神剧场（共五场）

（1）《千手观音》表演。邀请了北京残疾青年上演大型经典节目——《千手观音》，这是一种美与荷文化的完美结合。这是一种荷花精神的完美演绎——并蒂莲，同甘苦；渝美人，内外修。

（2）放荷灯，写祝福，祈平安。荷花仙子带领大家把写满祝福的荷灯放入华岩湖，万人同祝福，祝福中国、祝福四川、祝福亲朋与好友。放荷灯随佛教传入中国，内容与泰国的水灯节相似，但没有时间限制。

放荷灯源于泰国的水灯节，泰历每年的12月25日（约公历11月下旬），这是祭河神的节日。相传素可泰王轻的裒帕茉王妃为感谢河神的恩赐，用蕉叶做成形似莲花的灯，点燃里面的香和烛，放在水上祭河神，以后代代相传，

形成节日。小贩沿街售荷花灯，晚上青年男女相约外出看灯、放灯，向河神祈祷。河面上千灯万火，有底托着荷花瓣围拥着龙舟形、宝塔形，也有用柳叶编成插满鲜花的托盘，花心点燃着蜡烛和线香，有的还放有槟榔、钱币，伴着少男少女的歌声顺水流淌："十二月，河水涨，月明夜，放水灯，男男女女一起来放灯，漂了莲灯，一同来跳舞，舞在莲灯的光影里，舞向幸福的岁月……"，灯光随水流向远处，欢乐却留在了人们的心间。

（3）情景歌舞剧：《宝莲灯》（重庆艺校）。一出沉香寻母的情景歌舞剧，观众们手持自制的简易的宝莲灯，形成一个大的心形以及几个相对小的心形，为地震中失去亲人的孩子们祈福。台上台下展现感人场面。最后在放荷灯活动中由观众将自己的宝莲灯放入荷中。

（4）咏荷诗会（一场）。华岩湖湖中舞台。重庆各界人士朗诵历代咏荷名篇。

如《赠荷花》唐·李商隐：世间花叶不相伦，花入金盆叶作尘。惟有绿荷红菡萏，卷舒开合任天真。此花此叶长相映，翠减红衰愁杀人！

宋·杨万里《小池》：泉眼无声惜细流，树阴照水爱晴柔。小荷才露尖尖角，早有蜻蜓立上头。

（5）华岩红歌赛。

3. 荷花剧场（共六场）

（1）动漫剧场：重庆要打造动漫产业，动漫爱好者众多，演出团队较多，特别是大专院校的。

（2）童话剧场：依托华岩风景区龙门阵主题公园开展"乐翻天"水上生态游乐，增设动感较强的带荷文化特色的机动游乐设施，建造江南园林特色建筑风景，改建百草园，增设四维院等。但万变不离其宗，所有的项目都是与荷花和科普教育有关。如电影院里会播放荷花的生长过程，百草园注重对孩子科普教育的普及，等等。与重庆市儿童剧院合作，推出与荷花相关的童话儿童剧目。比如，澳门独特童谣"荷花开"。（荷花开）以复叠法把荷花赞咏达十二次之多，为历代从未有过，最为儿童所喜爱，原文如下：

"荷花荷花几时开？一月唔开二月开，二月唔开三月开，三月唔开四月开，四月唔开五月开，五月唔开六月开，六月唔开七月开，七月唔开八月开，八月唔开九月开，九月唔开十月开，十月唔开十一月开，十一月唔开十二月开，十二月开荷花朵朵开。"

玩游戏时，一群女童边做动作，边唱上歌。女主角蹲在中间，别人围着她，把手按在她头上，说第二句"二月"，再依次往下唱，唱到末句，大家把按在女主角头上的手拿去，她便可站起来。

全首童谣动作不多，大家轮流做"荷花心"（主角）。至于唱荷花在何时开，要看"花心"的生日月份。如，她生日在五月份，荷花即在五月份开。这样不断用复叠法唱着，情节步步推进，也层层深入，深化了对莲花的感情，既加强了游戏的节奏感与娱乐性，也加强了女童对"莲花"的深刻印象。

（3）川剧：与重庆市川剧团合作，邀请沈铁梅等专场演出。

（4）坝坝舞剧场：邀请各社区坝坝舞表演。演员与游客共舞。

（5）拉丁舞剧场：邀请拉丁舞演出团体。演员与游客共舞。

（6）水上特色文艺晚会

晚会地点：重庆华岩寺

晚会内容：水上芭蕾、荷花时装舞蹈表演、杂技表演等

4. 华岩荷花美丽节开幕式及闭幕式（共两场）

5. 荷花夜市（共两场）

（1）百美创意集市。

（2）华岩灯会：赏宝莲灯，猜灯谜等。

主题语备选：

①荷花为媒，百美为介，荷香华岩，莲动重庆。

②品荷、赏美　华岩寺中来。

③淡妆浓抹如西子　荷花百美竞开颜。

④华岩荷文化，百美传天下。

⑤荷谐佛缘，和谐华岩。

本章总结

本章侧重于旅游企业活动策划的理论探讨与总结，随着旅游企业活动策划的不断变化和深入发展，旅游企业活动策划必然会朝着系统化、规范化、专业化的方向发展，有待深入研究和探索。

旅游企业活动策划是一个特殊的系统，是一个涉及众多领域、部门的有机整体。旅游企业活动策划的一般流程应包括：明确活动策划问题、成立活

动策划小组、调查与分析等 10 个步骤。

我国旅游企业活动是不断前进发展的，旅游企业活动必须强调区域的特殊性和个体性，有自己的特色，才能吸引全球更多的观众。旅游企业活动有两个底线，节庆要挣钱，更要保证旅游企业活动的艺术性和纯正性。旅游企业活动中一些群众参与广泛、具有轰动性的形式，可以打造特色，特色与个性化不仅能在国内有轰动与影响力，在世界上也同样有影响力。

复习思考题

1. 旅游企业活动策划的概念、特征是什么？

2. 什么是旅游企业活动策划？旅游企业活动策划通常分为哪几种类型？

3. 旅游企业活动策划的基本工作流程是什么？

4. 请结合案例一《鸡冠洞的故事》，简单叙述景区活动策划的指导方针。

5. 请结合案例三《重庆云阳大南三峡景区活动设计》，谈谈你对景区活动策划成功的要点的认识。

6. 请对一个你熟悉的旅游企业进行一项活动策划。

第二章　节事活动策划

本章从节事活动概述、开幕式设计、节事活动整体策划三个方面对节事活动策划进行论述，并且提供了完整的案例来说明节事活动整体策划。本章主要内容包括：节事活动分类、节事活动的运作、节事活动品牌打造、开幕式吸引因素分析、策划、节事活动策划步骤评估和总结。本章的案例提供了节事活动的策划关键，使学生从案例中受到启迪。

核心概念（关键术语）

节事活动　节事活动品牌　开幕式吸引因素

第一节　节事活动概论

节事活动作为一种重要的经济社会和文化活动形式，在我国城市发展中扮演着越来越重要的角色。节事活动的快速发展，已逐步演化为节事经济，演化为促进国家、城市经济发展的节事产业，成为国家、地区招商引资、提升区域综合竞争力的重要手段和途径之一。节事活动的发展不仅张扬了城市的个性，而且繁荣了城市经济、文化生活。

伴随着节事活动的发展，人们对如何发展节事活动也有了一定的研究，节事活动的发展需要依托哪些因素？不论从节事活动本身还是影响其发展的外部环境，更重要的是节事活动的管理。

一、节事活动分类

"节事"是由英文"Event"创造出来的，其他相应的中文术语还有"活动"、"事件"等。根据《韦式法典》，节事的定义为：发生的事；值得注意的事件；一般时间外的事件；运动会中一项竞赛。从中文意义上，将"Event"理解为"节日和事件"，简称"节事"。节事活动是节庆活动和特殊事件活动的统称，节庆注重公共庆典的欢乐本义，而特殊事件具有更为广泛的内容，包括各种交易会、博览会、文化体育活动等①。简单来说，节事活动就是针对一个节日或事件而举办的大型活动。

为了研究方便，需要对数目众多的节事活动进行分类。根据不同的标准，节事可以划分为许多类型，例如从内容及规模角度予以界定的节事范畴有特殊节事、标志性节事和超大节事；根据节事的内容可以分为节庆型、商务型、博览型、体育型等类型，奥运会可以归类于体育型。以下是根据其内容或主题界定节事的类型。

（一）以"商品产品和物产特产"为主题的节事活动

这类节事活动是以地区的工业产品、地方特色商品和著名物产特产为主题，辅以其他相关的参观活动、表演活动等而开展的节事活动。如：大连国际服装节，中国青岛啤酒节、北京西单购物节、中国银川国际摩托旅游节、中国山西面食节、中国银川赏石节、重庆国际茶文化节、中国宁夏枸杞节、浙江省桐乡菊花节、菏泽国际牡丹花会、景德镇国际陶瓷节等。

（二）以"文化"为主题的节事活动

文化节事活动就是依托当地文脉的、该区域在历史上或现存的典型的、特质性的地域文化类型而开展的节事活动。如：杭州运河文化节、滁州醉翁亭文化节、天水伏羲文化节、湖南舜文化节、南湖船文化节、安阳殷商文化节、福建湄洲妈祖文化旅游节等。此外，还有以现代娱乐文化为主题各种形

---

① 小伦纳德·霍伊尔. 会展与节事营销［M］. 陈怡宁，等译. 北京：电子工业出版社，2003.

式的狂欢节，如上海狂欢节、广东欢乐节等。

（三）以"自然景观"为主题的节事活动

自然景观节事活动是以当地地脉和具有突出性的地理特征（极端地理风貌、典型地理标志地、地理位置）的自然景观为依托，综合展示地区旅游资源、风土人情、社会风貌等的节事活动。这类节事活动与自然景观的观光旅游活动有相似之处，也有不同之处。自然景观仅仅是该类节事活动的主打产品而已，不是全部。因此，在节事活动中，除了突出自然景观的主体地位之外，还有很多其他的相关活动为陪衬。如：黄河壶口国际旅游以壶口瀑布为主体，配以山西"威风锣鼓"、"陕北花鼓"、"扭秧歌"等活动，综合展示壶口景区的风貌。

类似的节事活动还有：中国哈尔滨国际冰雪节、张家界国际森林节、中国吉林雾凇冰雪节、云南罗平油菜花旅游节、北京香山红叶节、中国重庆三峡国际文化节、中国黑龙江森林生态文化节、桂林山水旅游节、浙江"西湖之春"旅游节、中国青岛海洋节，等。

（四）以"民俗风情"为主题的节事活动

民俗风情节事活动就是以本民族独特的民俗风情为主题，涉及书法、民歌、风情、风筝、杂技等内容的节事活动。我国是多民族的国家，各民族的习俗各不相同，可以作为节事活动的题材非常广泛，因此，该类节事活动非常多，代表性的如：南宁国际民歌艺术节、宁波中国梁祝婚俗节、中国三亚天涯海角国际婚庆节、浙江省绍兴国际书法节、浙江省东浦酒文化节、浙江省中国开渔节、浙江省青田石雕文化旅游节、中国潍坊风筝节、中国吴桥杂技节、中国临沧佤族文化节、傣族泼水节，等。

（五）以"宗教"为主题的节事活动

宗教文化是中国传统文化的重要组成部分，宗教文化内容丰富、风格多样。宗教节事活动是基于宗教对于游客的吸引力而创办。宗教节事活动吸引的游客大多是宗教信仰者，这类参加者由于信仰关系，对宗教节的参与热情程度很高，并且重游率很高。在节事活动过程中，设计的与宗教相关的各种活动他们都会热情参加。各类庙会、开光节、寺庙奠基节等都属于这一类。

如：五台山国际旅游月、九华山庙会、藏传佛教晒佛节等。

（六）综合性的节事活动

综合节事活动大多是综合几种主题在大城市举办。这种节事活动一般持续时间比较长，内容综合、规模较大，投入较多，相应取得的效益也会比较好。在我国的许多大城市都有此类节事活动，如从 1998 年开始，由广州市人民政府主办，市商业委员会、市旅游局共同承办的广州国际美食节，中国旅游艺术节暨广东欢乐节"三节"活动，同时同地举行，为期 11 天，跨越 6 天公众节假日。三大节庆活动相互辉映，在规模、档次、水平等方面都上了一个新台阶。并形成以"食"为主，集饮食、娱乐、商贸、旅游于一体，成为具有鲜明地方特色，也具有国际性、广泛性、专业性、科学性和群众性的著名节事活动，成为广州市民公众节假日新的消费热点和好去处。

二、节事活动的意义

（一）节事活动是旅游资源

从世界旅游发展的宏观背景看，节事早已成为国际性城市旅游目的地旅游资源。自 20 世纪 80 年代以来，欧美发达国家就已经加强了对各种事件的科学管理和市场运作，并将各种事件演变成为推动各自城市旅游发展的重要动力。作为以各种盛事、节日的举办和庆祝为核心吸引力的一种特殊旅游形式，节事旅游已日益成为世界各大城市发展旅游业、振兴旅游经济的重要方式。许多国际性大都市在积极引进国际性重大会议或者体育赛事的同时，通过提炼和加工传统民族节日，或者创办新型城市文化娱乐型节庆活动的方式，已形成各具特色和市场口碑的旅游事件。如闻名世界的英国伦敦诺丁山狂欢节、德国慕尼黑啤酒节、西班牙潘普罗纳城奔牛节，都已经成为举办城市享誉全球的独特旅游资源，并进一步演化成为获得旅游市场认知的旅游城市名片和吸引游客的旅游产品品牌。

节事旅游在国外发展时间比较早，特别是在一些发达的国家和地区，节事旅游发展已成体系，部分节事旅游具备丰富的文化内涵和深厚的群众基础，这些活动从策划、组织、管理、运作到评估已具备了一套相当完善的运作体系，较有代表性的有："美国玫瑰花节"、"日本御堂筋节"、"西班牙奔牛节"和"巴西狂欢节"等（如表2－1所示）。

表2－1 国外节事活动

节事名称	简　　介	综合效益
西班牙奔牛节	该节是由宗教圣菲尔明节衍变而来，活动内容包括"奔牛"、"斗牛"、"烟花"等。首届活动1591年在西班牙潘普罗那城举办，以后活动每年在7月6日至14日举行	奔牛节每年为西班牙带来77亿比塞塔的旅馆业收入，而政府只需为节事出资3亿比塞塔
美国玫瑰花节	首届美国玫瑰花节是1890年1月1日在洛杉矶帕萨蒂市举行的，活动主要包括"花车巡游"和"大学生足球联赛"两大项目，迄今为止，该节已成功举办了100多届	每年仅"玫瑰联赛"就能给南加利福尼亚地区带来1.5亿美元的经济收益，其中仅"玫瑰联赛"一项每年就可为美国"PAC－10锦标赛"和"BigTen"出资2500万美元并为21所大学的运动员提供奖助学金，每年还为地方政府提供90万美元的活动举办和筹划经费
日本御堂筋节	该节1983年首次举行，活动安排在每年10月的第二个星期日，主要包括"花车列队游行"，活动组委会由主办者和市政府共同组成	活动每年可为日本带来50亿日元的直接经济效益和100亿日元的间接经济效益
巴西狂欢节	狂欢节最早起源于中世纪，巴西狂欢节是巴西最大的民间文化展示活动之一，活动以桑巴舞表演为主，20世纪初开始在巴西盛行	2004年，里约州当年狂欢节期间的总收入约为2.7亿美元，而投资不过733万美元

（二）节事活动是旅游动力

在国内城市旅游业发展进程中，节事作为推动城市旅游发展的重要动力源，已呈现出无可比拟的巨大优势。我国节事旅游大体上开始于 20 世纪 80 年代中期，至今有 20 年多的历史，虽起步晚但发展势头迅猛。据不完全统计，目前我国全年大小的节事活动达到 5000 多个，特别在城市地区，节事活动类型不断丰富，呈现出不同的发展特征。而跟随节事活动增加的是不断得以拓展的节事经济链条，包括从项目策划、赞助集资、媒体广告、会务展览、场地布置、设施租借、彩车制作、观礼台搭建、纪念品制作等，从而逐步形成新兴的"节事经济"和"节事产业"。

节事活动是当今中国旅游业发展的重要内容和热点问题之一，它对拉动地区经济、塑造城市形象、提炼传统文化起着重要的作用。20 世纪 90 年代以来，在挖掘地方文化资源、促进旅游开发的社会大形势下，国内各地不仅恢复了很多传统节日，还根据当地文化特点，创造了一些新型的节日。但是，即使是"传统"的节日，在保存了传统主题、总体框架的同时，其具体内容、表现形式、内涵意义等都已经与以往有所不同。地方政府、知识分子、民众以及旅游开发商均在这些活动中赋予了各自的政治、经济、文化诉求，自然也就有着不同的阐释和表达。从文化的角度讲，节事活动的这一转变过程也是节日及其历史传统得以重构、文化得以再生产的过程。这个过程无疑将对节事所在地的经济、社会和文化产生一定影响。

三、节事活动的运作

（一）三种典型模式

北京大学环境学院旅游规划与开发中心教授吴必虎在《我国城市节事活动的开发与管理研究》里对节事活动运作模式的分析中提出了四种模式。

1. 政府包办的模式

这种模式的特点是：政府在节事活动的举办过程中身兼数职，扮演着策划、导演、演员等众多角色。节事活动的主要内容由政府决定，活动场地、时间由政府选择，参加单位由政府行政指派。这种运作模式给政府带来很大的财政负担，而节事活动给城市、社会、当地民众带来的经济效益、社会效益等却大打折扣。

2. 各部委，局及协会主办或与政府、地区联合主办的模式

具有政府包办模式的一些特点，但也在不断地加入市场化运作的一些成分。如中国国际高新技术成果交易会（深圳），由对外贸易经济合作部、科学技术部、信息产业部、国家发展计划委员会、中国科学院和深圳市人民政府共同举办。它坚持"政府推动与商业运作相结合，成果交易与风险投资相结合、技术产权交易与资本市场相结合、成果交易与产品展示相结合、落幕的交易会与不落幕的交易会相结合"等原则，面向国内外科研院所、企业、高等院校、投资和中介机构，提供交易服务。再如桐庐、富春江山水节，提出了"区域联动、行业联合、企业联手、产品联体"合力办节的模式，成功的商业化运作模式，突出的群众参与性，全民办节、全方位联动的方式，使山水节成为提升当地旅游发展的动力因素。

3. 市场化运作模式

节事活动首先是一种经济活动，举办的重要目的之一就是要获得良好的经济效益和市场效果，因此，不论是节事活动举办的需求还是供给方面，都应当遵循一定的市场规律，把节事活动纳入市场经济的轨道，进行市场化运作。可以说，市场化运作模式是节事活动走向市场化的最终极模式。市场化运作模式，一是可以节约成本。在节事活动举办过程中，时间地点选择、广告宣传方式等方面完全按照市场的需求来做，可以大大地节约成本，避免因行政力量介入时造成的不必要的浪费。二是可以做到收益最大化。这里的收益包括参加企事业的收益，包括政府的形象收益，也包括给当地带来的其他社会效益。目前，中国城市节事活动运作模式正在走向市场化，市场规律在节事活动举办中正在发挥着越来越强的作用。如，南宁国际民歌艺术节从2002年起实行政府办节、公司经济、社会参与的运行机制。再过两三年，民歌节将全部按商业运作，财政不再拨款。

4. 政府引导、社会参与、市场运作的模式

政府引导、社会参与、市场运作是一种比较适用于中国国情的城市节事活动运作模式，这种模式显现出来的优越性、带来的效益，正在越来越多地被各方面所认同。这种运作模式的特点是：政府仍旧是重要的主办单位，政府引导作用主要体现在确定节事活动的主题及名称，并以政府名义进行召集和对外的宣传；社会参与就是充分调动社会各方面的力量办好节事活动。社会力量主要体现在：节事活动主题选择时的献计献策，节事环境氛围的营造，各项活动的积极参与等方面；而市场运作则是城市节事活动的举办过程，交给市场来运作。比如节事活动的冠名权、赞助商、广告宣传等方面，都可以

采用市场竞争的方式，激励更多的企事业单位参加。这样做一方面可以为企事业扩大知名度，另一方面还可以节省大量开支。由于市场运作带来了大量的招商引资，使得主办方在资金构成上外来资金变多，自然节省自有资金。

（二）节事活动资源整合模式

整合就是有机地融为一体，完成区域内的资源整合并让它们能够和谐共存，关键是根据节事活动资源特点，对其文化价值给予不同的定位，优势互补，互为依托，让它们能够满足旅游者的不同角度、不同层面的需求，减少它们间的替代关系而加强合作。这里所指的整合是根据节庆文化和旅游活动的相关性而类聚成的一个构架，从产品、时间、空间、文化等层面对节事活动资源整合。

1. 产品主题化

指以节事活动的鲜明主题为主线整合区域范围内的相关特性的旅游产品形成产品线。

按照"主题"整合一系列协调性良好的、内容衔接的、共同体现特色的旅游节庆产品，有助于增强产品的特色，塑造旅游节庆活动在旅游者心中的鲜明的差异化形象，推动旅游目的地的整体形象的发展，扩大旅游节庆活动的影响半径。

2. 主题系列化

例如，三门峡市以"黄河文化"为主题，推出十大旅游项目，像"黄河古文化游"、"白天鹅之域"为主题的旅游宣传活动，函谷演兵、黄河游、民俗风情游等系列活动，向南来北往的旅游者充分展示了三门峡自然和人文景观的魅力，大大提高了该市旅游业的知名度和影响力。

再如，江苏给 2003 烹饪王国游起了一个很漂亮的名字——"筷"意江苏。江苏十三个城市在"筷"意江苏的基调上，推出了"江苏特色美食宴"以飨游客，如，扬州红楼宴、淮安全鳝宴、苏州吴中第一宴、连云港的海鲜全席等十大苏菜名宴。

3. 时间序列化

节事活动与旅游地的静态资源物在整体旅游产品的构成上相辅相成，某些旅游资源本身具有季节性，而旅游节事活动的开展则为该地旅游的可持续开展提供了载体。因而旅游地在策划旅游节事活动时，应注意节事活动在时间上的有效协调。应从三个方面考虑：第一，要注意节事活动举办时间上的衔贯性，将节事活动均匀分布在一年四季的各个时段之中，营造持续的旅游气氛。第二，要注意某些节日本身的时段性，例如"钱塘江国际观潮节"、"慈溪杨梅节"、"香山红叶节"等由于本身所依托资源的时段性和最佳观赏期的特定性，决定了活动举办时间的限制性。第三，要注意每次旅游节事活动过程中活动项目安排的时段合理性和时间上的衔接性、均衡性。

根据每次节庆举办的侧重点，按照"扣人心弦的开幕—保持气氛—再起高潮—平缓进行—余味尚存的收尾"的气势起伏安排活动项目。

4. 布局协同化

具有相关性文化的节庆举办地整合构成一个统一的"节事活动"。洛阳的"唐文化"旅游可以与陕西的"大唐文化"旅游结合；商丘的"孔子文化"旅游可以与山东的"圣人游"结合。

一是要寻找区域内各节庆举办地的共同文化，依托共同的文化资源整合游离的节事活动；二是要分清资源整合后的主次节庆产品，优选出"大餐"的主菜与配菜。在对区域内的节事活动资源进行整合时可以借用"点—轴"开发模式来形成相对集中的节庆集群地。这里可以将"点"理解为包括一到几个节事活动的举办地，而"轴"则是联结各举办地的交通路线。例如，浙江海宁的"国际钱江观潮节"具有重要影响力，而萧山、杭州的观潮节相对影响较小，则可整合海宁、萧山及杭州三地的观潮资源，形成具有更大规模及影响力的国际观潮节。

5. 内容人文化

文化是节事活动的灵魂，随着人们的文化素养逐渐提高，人们对旅游产品的文化含量要求越来越高。在举办旅游节事活动时，要尽力挖掘本地区各种特色文化的内涵，发现新东西，开发体现当地文化的新项目。[①]

节事活动作为集中体现区域形象的旅游产品，对旅游者具有强大的吸引力，但是旅游市场的"相对有限"性和旅游产品的替代性促使人们思考如何保持节事活动的可持续优势。只有根据区域的节庆产品开发情况，不断地发现问题——研究问题——应对问题——预知问题，因地制宜地定位节庆主体

---

① 戴光全.'99中国丽江国际东巴文化艺术节及其旅游后续效应——节事活动的系列化运作. 社会科学家，2004（3）.

产品和主题形象，从而有效地规避旅游市场上旅游产品的替代性，强化其独特性，并采取适当的模式加以优化整合，才能真正形成区域节事活动发展的核心优势。

四、节事活动品牌打造

品牌打造属于节事活动的管理范畴，它需要在节事活动举办以后，通过管理者的策划和控制，最终找到节事活动适合的定位与设计，从而提高其知名度与美誉度。

节事活动品牌的打造作为一项艰巨复杂的系统性工程，节事活动品牌打造的流程如图 2 - 1。

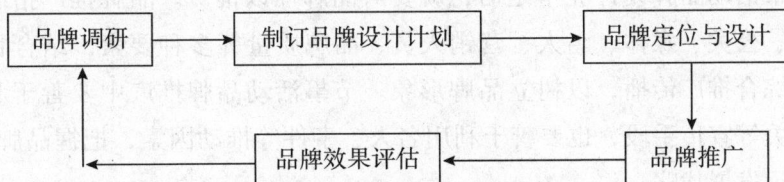

图 2 - 1　品牌打造流程

从图 2 - 1 中可以看出，节事活动品牌打造一般要经过对品牌相关内容的调研、制订品牌设计计划、对品牌定位设计、推广品牌、评估品牌效果这样几个步骤。

1. 品牌调研

节事活动品牌调研是对品牌现状进行了解，对计划树立的节事活动品牌相关内容的资料收集。对于已有品牌的现状主要是了解品牌的知名度、美誉度、代表意义等，其意义在于明确举办者预期的状况及实际品牌所处状态，另外还需了解员工对品牌的意识，对该品牌的理解程度。对于计划树立的节事活动品牌应了解其声誉、品牌产品的质量性能、同行业中的地位，目标受众对品牌的关注度，何种因素对目标受众的品牌意识最具影响等。总之，品牌调研是发现品牌系统存在的问题或影响因素并对其进行全面了解。

2. 制订品牌设计计划

通过节事活动品牌调研在掌握了大量的情报资料，确定了节事活动品牌系统中存在的问题、影响因素之后，下一步工作就是制订节事活动品牌设计计划。品牌设计计划有长期战略规划、年度工作计划，也有品牌项目设计工作计划。节事活动品牌设计计划的制订主要是确定品牌打造目标，设计打造方案，确立设计内容及评估预算。

3. 品牌定位与设计

节事活动品牌定位与设计，就是依据节事活动品牌目标为品牌确立适当的位置，并进行具体设计。工作人员依据品牌设计计划开展工作，在综合考虑现状、竞争对手、社会公众等各种条件后，设计品牌。设计品牌的主要内容应包括品牌外形设计、品牌 CIS 设计、品牌预期目标设定等。品牌设计一定要遵循科学的原则、采用科学的方法，并结合近期、远期目标，形象等影响因素。

4. 品牌推广

节事活动品牌设计完毕之后，就要对品牌加以推广。品牌推广指综合运用广告、公关、媒体、名人、营销人员、品牌质量等多种要素，结合目标市场进行综合推广传播，以树立品牌形象。节事活动品牌推广中要善于利用广告、公关等宣传手段，也要善于利用名人、事件等推动因素，把握品牌质量，树立长远发展战略。

5. 品牌效果评估

节事活动品牌效果评估与品牌调研这两个阶段的工作有相同之处，要利用市场调研收集资料、获取信息，这两个阶段的工作要首尾相接，品牌效果评估的主要内容是了解品牌打造工作是否按期、保质地完成，是否达到了预期的效果，是否需要对品牌进行二次锻造。

第二节　节事活动开幕式

随着我国节事活动的发展，其开幕式成为关注的焦点，开幕式历来都是旅游节事活动的重头戏。大家普遍认为开幕式的成功就意味着旅游节事活动成功的一半，是节事成功与否的关键因素，本文通过分析开幕式的吸引因素，从而进一步探讨如何塑造吸引因素，增加开幕式的吸引力，并以南宁为背景策划开幕式。

开幕式是旅游节事活动组织与策划过程中一个非常重要的环节，人们常说成功的开幕式就是成功举办了这个旅游节事活动的一半，就像一把开启通向旅游节事成功之门的钥匙，具有重要的牵引作用，就连节事活动的老品牌奥运会都不能缺少开幕式这一环节。所以，开幕式的重要性是在整个筹备过程中摆在第一位的，非常重要。因此，深入分析开幕式的吸引因素及其塑造，无论在理论上还是在实践中都是十分必要和有益的。

一、开幕式的功能与作用

开幕式即会议正式开始的仪式。旅游节事活动的开幕式是指根据其旅游节事活动的特定主题，在特定的时间或区域内开展的规模不一的具有明确主题和娱乐内涵的活动。它所包含的内容很多，仪式的开始象征着整个旅游节事活动的正式开展，龙头位置的重要性不言而喻。

1. 为节事活动营造气氛

开幕式最基本和最初的作用是为旅游节事的一系列活动营造一种热烈的气氛，表达主办地区对参与者的欢迎之情及对旅游节事活动成功举办的美好祝愿。

2. 激发自豪感　促进旅游业发展

任何大型节事活动开幕式的成功举办都是一个地区聚集各有关方面权威、智慧和资源倾力而为的，它反映了举办地区的综合水平和实力，如丰富的旅游资源，良好的经济、政治优势，极大的发展潜力等，以求对其各方面的充分展示。所以，在无形中促进了举办者在诸多方面的提高，如当地在同类旅游资源发展地区中地位及影响的提高，这就激发了当地居民的主人翁意识和自豪感，从而促进当地旅游业的不断向前发展。

3. 表现文化内涵　推动节事活动

由于各地区的旅游资源的不同，从而孕育了五彩缤纷、风格各异的开幕式。通过开幕式中的表演等环节对本地区的旅游文化内涵淋漓尽致的表现，不仅使人们一饱眼福，丰富了大家的文化生活，还成功地引起了参与者，包括投资者和游客对整个旅游节事活动的继续关注和好奇，为整个旅游节事活动起到了积极的推动作用。

4. 旺人气　聚财气

大型的旅游节事活动的开幕式往往具有声势大、影响广等强势特征，对举办地而言能起到旺人气、聚财气的显著作用。当地居民成为最大的受益者，他就会自觉地认识到自身与当地旅游业紧密相连，共同发展的趋势，从而更好地调动和保护参与旅游节事活动中的热情和动力。

二、开幕式吸引因素

旅游节事活动的开幕式在整个旅游节事的营销过程中占有举足轻重的位置，我们首先应该想到的就是为什么人们愿意在这项节事活动中投入时间和金钱，怎样才能吸引大家的关注和参与呢？

举办一项节事活动时，吸引游客前往的吸引力因素，包含活动本身意义、环境、活动与社会文化之间的关系、提供游客了解传统文化事物、活动本身是生动活泼或特别的、能反映社区价值等因素。不同活动类型会因活动主题的差异而产生不同的特色因素，包含节目品质、高品质的活动产品、举办期间、媒体服务等。还有以活动主题感觉特别、主题感觉很有趣、活动应该会办得很热闹、主办单位安排了不同的节目场次可参加、各项表演节目应该会很有创意、举办主题很有艺术的意义、举办主题具有教育启发、节目内容安排应该会很精彩、活动内容适合亲朋好友一同出游、活动内容应该会与其他活动性质差异很大、此项活动获得媒体不断地报道、活动本身的知名度很高、活动内容应该会很刺激、活动本身门票低廉、此项活动将会有知名人士参加、活动举办日期安排的很恰当等，都可以是活动的吸引力因素。

开幕式吸引力会因年龄、教育程度、收入、职业等不同个体的不同而发生变化。如，年龄在 50 岁以上的人，关心的是"各项表演节目应该会很有创意"和"此项活动会有知名人士参加"，这些因素对他们比较有吸引力。从教育程度看，初中或以下的人，对主题特别或者有趣会更加关注。而对于高收入的人来说，吸引他的首要因素是举办日期、时间安排。

（一）内部因素

1. 品牌效应

品牌效应顾名思义是由品牌为企业带来的效应，它是商业社会中企业价值的延续，在当前品牌先导的商业模式中，品牌意味着商品定位、经营模式、消费族群和利润回报。品牌的内在含义有两个，一个是区分的标志，这种标志能提供货真价实的象征和持续一致的保证；另一个则是一种"信号标准"，它不仅是一种符号结构，一种产品的象征，更是企业、产品、社会的文化形态的综合反映和体现，还是企业一项产权和消费者的认识，更是企业、产品与消费者之间关系的载体。在消费者眼中，品牌就意味着高质量、高信誉、高效益。品牌的背后就是一个在市场竞争中始终立于不败之地的成功企业。

比如，大连的时装节、青岛的啤酒节、哈尔滨的冰灯节等已经成为国际知名的旅游节事，青岛啤酒节位列中国十大节事活动之首，是世界第二大啤酒节，规模仅次于已经举办了近200届的德国慕尼黑啤酒节，这与青岛啤酒节品牌的名气有很大关系。作为消费者，购买商品不可能都经过尝试后再购买，在这种情况下通常会根据品牌效应而购买。一个品牌如果知名度高，即便消费者未经使用，也会因品牌效应而购买，也就是在产品趋于相似的环境中的情况下，品牌是让产品出类拔萃的少数机会之一。消费者参加节事活动与购买商品相同，他们因品牌效应而参加节事活动。

2. 特色性和焦点

每年全国举办的旅游节事活动开幕式不计其数，而做到在同类的产品当中脱颖而出，就是节事活动的特色和焦点。本地有浓厚文化底蕴的要占优势，如，湖南旅游节的开幕式晚会，一首歌曲唱红了湖南的浏阳河，提起湖南就自然会想到这首歌曲，知道这里有美丽的浏阳河，伟大的毛泽东，这便是它的特色和焦点。贯穿全场的一条主线就是"浏阳河"，由烟花拼成的"热烈祝贺中国湖南旅游节在浏阳隆重开幕"巨大字幕在空中升起，拉开了节事的序幕。而开幕式的策划者又抓住了浏阳河发源于大围山，享誉中外的《浏阳河》的词作者也是在大围山的优雅环境下创造出歌词的这个点，邀请也是湖南人的著名歌唱家李谷一在大围山领唱《浏阳河》。大围山下，由选拔出的100名10至100岁各年龄段的人群组成的合唱队一起演唱，并选出10、20、30、40、50、60、70、80、90、100岁的群众演员各一名出来领唱。邀请《浏阳河》的词作者在台上总领唱。山上山下相互响应，传唱《浏阳河》。策划者又将晚会分为赛歌、对歌、盘歌和儿歌四个主要部分，中间穿插由夏布（麻布）的制作过程改编成的民族舞、展现湖南客家风情的大型民族舞蹈诗《扎花女》和小歌舞《四季花儿开》等，用山水湘绣为背景台布，利用大围山的水资源，用高科技手段将晚会过程投射在水幕上。在主席台摆放浏阳河酒，用竹编篮盛放，给与会者赠送湖南特色小礼品等，都围绕着湖南本地的文化进行，让前来参加的游客在短短几个小时内不仅得到了视觉的享受，更重要的是让他们了解到了这里不仅有《浏阳河》中所唱的，还有进入国际市场已有百余年历史、并多次获奖的浏阳市的鞭炮烟花，与夏布、豆豉并称"浏阳三特"，在浏阳河畔还有湘绣、花炮、豆豉、茴饼、纸伞、竹编等特产。

3. 气氛和参与性

开幕式中的活动一般包含了各种各样的表演和比赛活动，提供了民众交流思想、感情、意愿的一种独特环境。现在，越来越多的游客要求参与互动，而不是只看台上的艺术家表演。开幕式中，气氛很重要。仅有台上表演的热情奔放还不够，还要让台下的观众兴奋起来。如果加入一些互动环节让游客参与，将会把整个开幕式的气氛推向高潮。让游客更深刻地体验到那种欢乐、轻松、愉快、热烈的气氛。例如，具有国际影响力的青岛啤酒节的开幕式在这一点上就相当成功。从如何开启具有特殊意义的第一桶啤酒开始，接着是啤酒女神的出现、万人举杯、全场观众一起跳啤酒舞，台上的喝啤酒比赛等，一环又一环，向国人和外界展示了大众"狂欢"的特质，这不仅是国内节事活动的突破之举，更是对国人传统影响下的行为规范、消费心理和消费行为的创造性颠覆。青岛啤酒城的十几个 1500 平米的大棚中，加上临时搭建的 3000 平米的大棚中，观众人数的峰值瞬间达到 8 万。这是青岛市民的狂欢时刻，伴随着爆棚的摇滚乐，手舞足蹈的人群中有平民，有官员，有市长，还有德国人，美国人，韩国人，他们来到这里只为了干杯和痛饮，只为了淋漓尽致地醉一回。这种在一起狂欢的感觉，热烈的气氛和上千人一起喝酒的感觉无不吸引着人们的眼球和感官。

（二）外部因素

1. 权威效应

所谓"权威效应"，就是指说话的人如果地位高、有水平、受人敬重，则所说的话容易引起别人重视，并相信其正确性。"权威效应"的普遍存在，首先是由于人们有"安全心理"。即人们总认为权威人物往往是正确的楷模，服从他们会使自己有安全感；其次是由于人们有"赞许心理"，即人们总认为权威人物的要求往往与社会规范相一致，按照权威人物的要求去做总是对的。例如，举办一个专题学术会议、学术大会，或是商业类的节事活动如广交会，与专业领域有关的博览会、交易会等，通常都会邀请一些专家学者来探讨或是做有关主题的演讲，这些都是相当权威性的发言，只有这样才能吸引投资的商家和相关学者来参与。

2. 领导效应

领导效应是指在所举办的活动中一些重要领导的出席或讲话，这种领导效应尤其对那些商业性的旅游节事活动及其重要。领导效应和权威效应是相辅相成，两者密切相连，重要领导和权威专家的出席表明了活动的合法性，正规性，而领导的讲话通常都会是政府的政策方针，专家的演讲则是针对活动的主题进行的论述，这两方面都是吸引大家来参与的重要因素。

3. 利益

举办旅游节事活动是为了塑造旅游和城市形象，打响知名度，提高竞争力和影响力，树立品牌从而带动整个地区的经济发展和招商引资。特别是商业类的旅游节事活动，首先要展示出商机、资源、客源市场。如，一些招商性的旅游节事活动开幕式上会有政府向企业颁奖的环节或是通过播放一些视频展现企业的文化，目的就是让大家知道这个企业的好名声，对于公众来说就意味着他们会放心地购买那个企业的产品。对于企业来说，奖项就意味着对自己的宣传，而且还具有一定的权威性，同样也是一种肯定，证明了自己企业的优势，提高了自己产品的知名度。再如，要举办一个具有影响力的学术研讨会，除了主题的魅力外，应该还用一些荣誉吸引专家的参与，做到互惠互利，共同发展。

4. 荣誉感和归属感

对本地人而言产生荣誉感和归属感。例如 2008 年北京奥运会开幕式，盛大的歌舞和来自世界的健儿们的出场仪式，标志着中国体育事业的进一步发展。使中国人切身地感觉到中国的崛起，当奏起国歌时，当外国游客为开幕式中所表现的中国千百年来的文化内涵惊叹时，你作为中国人的感觉是无比的自豪和骄傲，亲身体验了这一份荣誉。

此外，开幕式的举办时间和地点也是吸引游客参与的因素之一。如节假日或是天气较好的时期，地点则要选择交通方便、可到达性高、具有标志性或特殊意义的地方。如一个啤酒节，它不会选在冬天而一般都会选择在夏天举办。

三、开幕式的吸引力策划

（一）深挖文化资源

要想加强开幕式的核心吸引力，不仅要求举办地深度挖掘旅游资源的文化，还要求举办地加深文化的思想内涵，提高艺术品位，大胆改革创新，将一些很有意义或是过老的文化用另一种方式扩大和升华，以全新的内容使游客的文化感悟和体验性得到满足。

（二）巧用名人效应

名人的参与是开幕式值得一提的吸引力。对年轻的追星族来说，名人可谓是头号吸引力。电影导演张艺谋来导演 2008 年的北京奥运会开幕式，因张艺谋的名气和历来电影票房的保证和成功导演大型实景演出"印象"系列与奥运火炬交接仪式时的精彩表演，都让人们对开幕式越来越有兴趣。

（三）提高品牌内涵

品牌的一种名称、标记、符号，其目的是借此辨认销售者的产品和服务，并使之同竞争对手的产品和服务有所区别。所以，要将自己的开幕式塑造成品牌就要丰富它的品牌内涵，要将当地的特色和游客的利益、兴趣联系起来，形成市场吸引力，用品牌效应来吸引更多的游客来参与。

（四）反映当地文化

开幕式不仅需要内容丰富多彩，常有常新，不断制造新的卖点和市场吸引力，而且需要将本地的特色文化淋漓尽致地展示在游客面前。

（五）体现时代特点

充分运用人、物、景、声、光等舞美元素和全方位的设计，使开幕式的场面更壮观、气氛更热烈。在开幕式中与现代科技结合在一起，如变幻的背景、超大的电视屏幕等，使人们感受到信息时代的特点。

（六）编排节目新颖

在节目的编排上以全新的内容和结构，使人们对表演不能未卜先知，从而产生新颖独特的心理感受，出人意料，让人有耳目一新的感觉。

对开幕式主题和口号的选定，各个环节及表演的链接上要做好文章，不能成为单纯的展示，要将多样化、立体化，将娱乐性、文化性巧妙地融为一体。

（七）提高服务质量

提高相关的服务质量，对开幕式的相关工作人员进行专门的培训。在开幕式的举办位置上应该优先考虑当地的标志性建筑和交通的可进入性，交通一定要便捷，视野开阔的广场或是体育场都可以。

（八）新颖的构思和主题

新颖的构思和主题是节事活动的生命力。节事活动必须强调区域的特殊性和个体性，具有个性化的构思和主题不仅能在国内有轰动与影响力，在世界上也同样有影响力。主题鲜明、构思新颖，而且锲而不舍地搞下来，这个主题就转换成品牌了。如果主题不鲜明，这个节事永远也形不成品牌。

【案例精选】

南宁茉莉花节开幕式①

一、策划背景

（一）概况

南宁，广西壮族自治区首府，全广西政治、经济、文化的中心。地处亚热带，四季常青，素有"绿色明珠"之誉，是一座历史悠久、生机勃发、美丽、充满诗情画意的南国名城。它处于大西南出海通道的枢纽地位，全市面积1万平方公里，人口268万。

---

① 罗世敏. 山水沉香（南宁旅游话语）[M]. 南宁：广西民族出版社，2004.

（二）区域交通

南宁市具有沿海、沿江、沿边、沿线的"四沿"优势，交通便利。市区距北海、钦州、防城港市分别仅有204千米、104千米、172千米，距中越边境仅180多千米。邕江穿流市区中心。

（三）地区特产

南宁横县茉莉花、壮锦闻名中外，刺绣、蜡染服饰等传统工艺也流传至今，还有南宁杧果、龙眼和麻垌荔枝等亚热带水果。

（四）人文资源

历史悠久的杨梅古镇，独特的壮族风俗和文化，拥有举世闻名的花山岩壁画和丰富的"铜鼓文化"，现存最大的悬挂铜钟。

二、策划目的

（1）塑造和传播南宁城市形象，提高南宁的知名度，树立品牌。

（2）带动南宁的经济发展，吸引投资商、企业家到南宁投资。

（3）推动南宁乃至整个广西其他相关行业的发展。

三、准备事项

（1）提前在当地选出能代表南宁人自我风采的茉莉花仙子，为茉莉花节作形象代言，以"中华茉莉园"为背景拍摄广告和制作开幕式晚会的宣传广告投放到各大媒体。

（2）此次开幕式晚会由南宁市广播电视局和中央电视台"欢乐中国行"栏目组合办，于2008年8月2日晚8点到10点在南宁体育场举行，采用直播形式。因为"欢乐中国行"是一个名牌节目，知名度高，可以带动晚会的收视率，而且此节目能很好地将当地的特色文化融入其中，这与南宁市举办一个独具地方特色的开幕式晚会的目的相契合。

（3）舞台设计以花型设计舞台，5个形似花瓣的修长型舞台将观众分为6个方阵，中间花蕊部分为圆形即中心舞台，在体育场的4角各架起4个大型电视屏幕。另外，由主办方制作的简易茉莉花手链于所有观众凭票进场时免费分发，每人一个戴在手上。

四、主要内容

晚上8点音乐响起，大型歌舞《茉莉花赞》拉开了晚会的序幕，舞蹈接近尾声时，随着大家熟悉的《茉莉花》音乐旋律响起，舞台中心美丽的花仙子和一朵茉莉花骨朵缓缓升起，当花仙子用她手中的魔法棒轻轻地点了点花骨朵后，圆形舞台烟火绽放，花慢慢地展开，2位主持人从花中走出开始发表开幕词和相关的介绍，各电视屏幕同时播放回顾南宁的短片。

晚会以《茉莉花赞》、《壮族风情》、《茶文化》三个主题为主。

第一部分：开场由著名歌唱家宋祖英演唱《好一朵美丽的茉莉花》，5个修长形舞台上数十名小朋友伴唱，许多观众自发地挥起了带有茉莉花手链的那只手，跟着哼唱起来，展现了万人大合唱的气势。接下来是与茉莉花有关的歌曲和舞蹈，如《亲亲茉莉花》、《茉莉花》、《送妈妈的茉莉花》、《又唱茉莉花》等。

第二部分：以特有的"铜鼓龙舟"舞开篇，由艺术家以赛歌、对歌的形式完美演绎壮族经典民歌《刘三姐组歌》，大型民族舞蹈板鞋舞，穿插由主持人通过现场学习的方式来介绍抢糍粑和壮锦的制作过程，还以9位壮族姑娘和9位壮族小伙的抛绣球舞与台下观众互动，接到绣球的观众上台唱出与茉莉花有关的歌曲或说出有关的诗句就可获得由赞助方准备的纪念品。

第三部分：围绕第三个主题的大型歌舞茶赞，邀请电视剧《茉莉花》的女主演陈红和茶厂的姑娘们一起表演茶道，用组舞来展现制茶的全过程。

晚会的尾声由广西籍歌唱家郁钧剑和中华茉莉园的员工一起，在交响乐团的伴奏下再次合唱《好一朵美丽的茉莉花》，在晚会的各主题节目中穿插一些著名歌唱家如李丹阳、汤灿、陈思思，通俗歌手周艳红、梁静茹、孙楠、韩红等艺人的表演，考虑到本地名人效应和全民奥运而特邀广西籍体操运动员"体操王子"李宁和"莫式空翻"的莫慧兰与合唱团一起演唱奥运歌曲《送你一朵东方茉莉》。最后，由主持人总结，发表感谢以及提出新的希望。整个舞台烟火齐放，像一朵绽放的花朵，晚会圆满结束。

【案例精选】

重庆都市后花园乡村旅游节开幕式——巴人踏歌会[①]

（1）名称：重庆都市后花园乡村旅游节开幕式——巴人踏歌会

---

① 重庆工学院课题组，牟红执笔.2009.

（2）时间：4月18日（周五）

（3）地点：巴国城（主会场）、九龙广场（集中发车场）、杨家坪步行街（宣传场地）

（4）主题：都市后花园——九龙连珠，精彩纷呈，好戏连台

（5）创意：

一个美院师生创作销售的"巴国城创意秀"和展示九龙坡都市乡情的民俗文化游园会；一首郊游节主题歌：《轻轨西开：一步之遥到城外》；一台九龙坡区本土文化主题节目：《九龙娃带你去郊游》；一个与举办景区文脉一致的狂欢活动：《巴人踏歌会》；一个巴文化与现代结合的群众活动：根据《巴人竹枝歌》中的连箫舞改编的现代连箫舞；一个与九龙坡地名相联的吉祥物：《九龙雕》；一个全面展示"九龙连珠繁花似锦，春夏秋冬风情无限"的大型活动。

（6）形式：开幕式序曲、庆典仪式、狂欢、游园活动

（7）内容：

第一部分：花河汇流（开幕式序曲）——迎奥运花车巡游

①杨家坪步行街宣传活动；

②九龙广场发车仪式；

③9辆花车巡游；

④18辆花车汇集巴国城。

第二部分：西郊胜境（庆典仪式）

①舞蹈队迎宾表演；

②开幕仪式；

③舞台表演《九龙娃带你去郊游》。

第三部分：巴人踏歌会（狂欢、游园活动）

①演员表演古代《巴渝舞》武士方阵；

②舞蹈队演员表演《巴人竹枝歌》中的连箫舞；

③教游客连箫舞和《轻轨西开》歌曲；

④观众齐跳连箫舞；

⑤游园、烟火表演。

（8）分项目进度表：

表 2 – 2　　　　　　　　　　　　分项目进度

序号		时　间	地　点	内　容
1	序幕	13：30 ~ 18：30	巴国城时尚酒吧街	楹联、书画、剪纸、杂耍、美院师生创作销售
		15：30 ~ 18：30	杨家坪步行街	景区的宣传、舞龙队表演
2		16：30 ~ 18：30	杨家坪—九龙广场—毛线沟	九辆花车反复巡游
3	第一部分花河汇流	17：30 ~ 19：30	九龙广场	发车仪式
4		18：30 ~ 20：30	五大步行街—巴国城	花车巡游
5	第二部分西郊盛境	18：45	开幕式仪式	领导讲话命名九龙雕
6		19：12	舞台表演	"九龙滩传说"舞台剧九个景区演出
7	第三部分巴人踏歌会	20：10	狂欢	观众齐跳连箫舞
8		20：40	游园	烟火表演

（9）传播活动：

①电视：提前一个月在重庆卫视黄金时间插播宣传广告。5 次/天。

②报纸：提前一个月在《重庆日报》、《重庆晚报》、《重庆晨报》等刊登广告以及专文。

③电台：提前一个月在重庆各电台播放广告。10 次/天以上。

④网站：与大渝网、新浪网、携程等各网站合作，将各个网站与重庆九龙坡旅游局链接。

（10）责任单位：

主办：中共重庆市九龙坡区委、重庆市九龙坡区人民政府

承办：九龙坡区旅游局、中共九龙坡区委宣传部、九龙坡区文广新局、巴国城

（11）经费筹集：

①政府财政启动资金（控制在 70 万 ~ 120 万元以内）；

②巴国城出资 30 万元；

③冠名、赞助、广告及招商收入；

④各种门票收入。

运作总花费约 200 万。

随着旅游业的不断发展，旅游节事的举办成为普遍采用的形式，而开幕式历来都是旅游节事活动中的重头戏，它作为集中体现举办地旅游产品和文化的舞台，对整个旅游节事诸活动在旅游者心中的印象和吸引力有着关键的主导作用，而开幕式的成功也给当地旅游业和经济的发展带来了直接和间接的影响，促进了经济效益的提高。从目前我国的开幕式策划状况看，有不少成功的案例值得我们借鉴。在借鉴好经验的前提下因地制宜，根据自身的实力、文化特色和旅游资源等情况塑造更多更好的吸引因素，成功地策划开幕式。

第三节　节事活动整体策划

节庆在很多旅游景点发展初期往往被当成一种城市促销手段，而随着连续举办活动的增加，这些节事逐渐受到当地的认同，最终形成相对固定的内容板块，已经逐渐演变成一种游客参与性强的活动型文化产品。对于位于重庆市江津区的中山古镇举办重阳节的意义在于：它一方面突破了传统旅游开发对名山大川、人文遗迹等景点的强烈依赖，民俗、美食、山水、农业无一不成为旅游产品策划开发的对象，使旅游业开发由"点"向"面"扩展，另一方面突破了对"实体"景点的强烈依赖，使旅游开发从"有形"向"无形"转变，这些趋势推动了旅游产品开发逐渐向纵深发展。下面以中山古镇举办重阳节为例论述节事活动整体策划。

中山古镇已举办过类似的节事活动，如"七夕情人节"、"千人宴"等。但要想使古镇的旅游业得到长足的发展，还需要继续举办新的节事活动。

一、节事活动策划步骤

（一）寻找合作伙伴——策划公司

重庆世纪品牌策划有限公司成立于 2005 年，专门负责大型活动的策划与经营。

（二）成立组委会

成立由中山镇镇府为领导班子的组委会，下设旅游部、交通安全部、街道管理部、后勤服务部等四个部门。实行组委会领导下的策划公司＋部门负责制。世纪品牌策划公司承担主要的经营性项目，其他群众文化活动由相关部门承担，责权明确。

（三）节事活动的具体策划方案

表 2 - 3 　　　　　　　　　中山古镇重阳节策划方案

内　　容	日　　期	地　　点	主　　办
寻找百岁老人邀请参加活动	8 月 7 日～ 8 月 30 日（农历）	江津各地	组委会旅游部
收集各老年协会资料并发出邀请函	8 月 7 日～ 8 月 30 日（农历）	重庆各地	组委会旅游部
联系医院举办健康讲座的事宜	9 月 1 日～ 9 月 3 日（农历）	西南医院	组委会旅游部
布置街道	9 月 6 日～ 9 月 8 日（农历）	古镇街道	街道管理部
接待来宾、游客	9 月 9 日晨～9：00	古镇街道	交通安全部
举办现场书画展，展示老人的文化作品	9 月 9 日 9：30～14：30	古镇街道	世纪品牌策划公司
安排具有古镇特色的养身午餐	9 月 9 日 12：00～13：00	古镇街道	组委会、世纪品牌策划公司
健康讲座、老人交流养生心得	9 月 9 日 14：00～15：00		世纪品牌策划公司
嘉宾、游客自由活动参观古镇风光，活动结束	9 月 9 日 15：00～晚	古镇街道相关景区	组委会

（四）费用预算

表 2 - 4　　　　　　　　　　　　费用预算

活 动 内 容	费用预算（元）
寻找百岁老人邀请参加活动（10 人）	1000
收集各老年协会资料并发出邀请函，联系医院举办健康讲座的事宜（车费，劳务补贴）	200
布置街道，广告宣传	2500
安排具有古镇特色的养身午餐	1500
工作人员费用	2000
活动经费	2000
总计	9200

（五）资金募集方案

1. 寻找赞助商

实现市场化运作在于赞助商数量和质量。从节事的赞助商选择来看，初期往往立足于本地企业，节事主题相关行业的企业，随后逐渐向更广的范围和领域拓展。

2. 镇府出部分资金

政府推动的节事要经过政府的长期培育才能够具有一定的市场影响力，而当地的经济状况直接决定了当地政府可支配的财力。

以上方案的运作模式借鉴于南宁国际民歌艺术节的运作模式：组委会领导下的部门和公司负责制。

→ 小贴士

与国内同类节事活动类似，南宁国际民歌艺术节在举办之初仍然组建民歌节组委会，通过组委会解决办节过程中的协调、管理和组织问题。从 2002 年开始，南宁国际民歌艺术节的办节思路出现重大调整。南宁国际民歌艺术节组委会决定改变以往由政府操办的模式，而实行公司化运作，具体运作实行民歌艺术节组委会领导下的专业公司经营与部门负责相结合的方式。

在 2002 年 7 月,南宁成立了国有独资企业"南宁大地飞歌文化传播有限公司",专门负责南宁国际民歌艺术节的资金筹措和主要演艺活动的策划经营。在公司内部机构设行政部、财务部、市场部、企划部、演艺部、票务中心等六个部门。原民歌艺术节组委会办公室只设 10 名左右的常驻工作人员,组委会下属部门(如旅游部、交通安全部、市容整治部、青年志愿者部等)仍然保留,但不再集中办公。在运作过程中,大地飞歌文化传播有限公司承担主要的经营性项目,而其他一些群众文化活动项目则由相关部门承担,权责明确。

二、节事活动宣传

活动举办前一个月开始宣传。主要针对重庆各老年协会、旅游单位以及重庆整个范围。利用一切可利用资源,扩大中山古镇举办重阳节活动的影响力。可利用媒体资源或以派发传单的形式进行宣传。

三、节事活动的评估和总结

重庆江津中山古镇节事活动实行公司化运作之后带来的市场效果,主要表现在以下两个方面:

(1)招商效果显著。中山古镇在举办重阳节之后,可以以养身之道为出发点,兴建养身山庄或农家乐,吸引老年人前来度假,刺激当地经济发展,壮大中山古镇的旅游实体。

(2)节省了大量的行政开支。实现公司化运作,组委会将告别"人海战术",组委会集中办公人员仅是综合部的十几名工作人员和策划公司的员工,在各种开支相对减少的同时大大提高了工作效率。

→ 小贴士

我国目前很多地方政府创办的节事,并不是具有一个统一的文化核心的一项活动。实际上是一系列活动,其目的主要在于为"经济搭台",其中包括适合市场化运作的文艺表演、大赛、体育活动、博览活动等，也包含并不适合市场化的群众文化活动、研讨活动等，因为这些活动对传承当地文明、吸引当地人参与、增加内聚力非常重要，因此也必须坚持保留。南宁市采取的这种经营性项目和公益性项目分离的方式，既发掘了合理市场化的因素，又保留了整个艺术节的公益性质，是一种很好的尝试。公益性项目仍然依靠政府以及各部门的资金，这具有一定的合理性。在中山古镇举办重阳节的过程中，如何利用经营性项目带动和促进公益性项目的发展，也是应该进一步考虑的问题。

【阅读材料】

中国著名的节庆活动

1. 青岛国际啤酒节

青岛国际啤酒节始于 1991 年，是中国最早的、以啤酒为媒介，融经贸、旅游、文化为一体的大型节庆活动，是亚洲最大的啤酒盛会。一年一度的啤酒节开幕时间约在每年 8 月第二个星期六举行，会期 16 天。1991 年 6 月 23 日~30 日，由青岛市政府主办，青岛啤酒厂承办。第一届青岛国际啤酒节的成功，让啤酒节成为世界了解青岛的窗口。

自 1997 年第七届啤酒节起，青岛国际啤酒节发展成为由国家有关部委和青岛市人民政府共同主办，融旅游、文化、体育、经贸于一体的国家级大型节庆活动。节日期间，青岛的大街小巷装点一新，举城狂欢；国际啤酒城内酒香四溢、激情荡漾。节日每年都吸引超过 20 多个世界知名啤酒厂商参与，也引来 300 万左右的海内外游客举杯相聚。如今，快速前进的青岛啤酒节正以自己的方式，演绎着不同于西方世界的啤酒奇迹，演绎着城市中国的文化传奇。第 19 届青岛国际啤酒节开幕后的 6 天里，啤酒城共接待来自海内外的游客超过百余万人次，饮酒量超过 300 吨。有关部门统计，啤酒节对青岛市旅游及相关产业拉动作用明显，为青岛创造了又一个"黄金周"。

2. 洛阳牡丹花会

牡丹是中国名花之一，花朵硕大，花容端丽，雍容华贵，超逸群卉，素有"花王"之称。自唐代以来，牡丹之盛莫过于洛阳，以"洛阳牡丹甲天下"的美名流传于世。宋人欧阳曾赋诗句"洛阳地脉花最宜，牡丹尤为天下奇"来称赞洛阳牡丹。现在，每逢"清明"，"谷雨"时节（即每年四月下旬），洛阳市内各公园里的牡丹竞放，真正是"唯有牡丹真国色，花开时节动京城"。每年 4 月 15 日至 25 日举办洛阳花会，同时还举办对外经济贸易洽谈会和牡丹灯会，届时中外游人云集洛阳，花海人潮，热闹非凡。

洛阳牡丹花节时也是洛阳人的节日，牡丹花会的观赏项目和活动项目之多，与过年过节相比并不逊色。游人在对牡丹一饱眼福之余，还可尽情地欣赏夜晚的灯展，白天的庙会及灿烂的牡丹文化——牡丹笔会、牡丹音乐晚会、牡丹诗词碑文、牡丹插花、牡丹盆景艺术展等。

洛阳观赏牡丹主要景点：

王城公园：坐落在东周王城故址而得名，占地 1080 亩，园内有多个精品牡丹观赏区配以大型雕塑——牡丹仙子和群雕——武后赏花。花期延长至 5 月 8 日左右。

西苑公园：建在隋代皇家苑林"西苑"的旧址上，处于九都路和南昌路交叉口，新增牡丹种植面积 1000 多平方米，新增品种 30 多个，园内有牡丹观赏区、园林名苑景区以及多个珍贵植物园区。

洛阳牡丹园：位于机场路与 310 国道交叉口东 50 米，牡丹观赏面积 180 亩，晚开品种数占总数的 40%，牡丹盛花期可延长至 5 月 20 日左右。

牡丹公园：处于西苑路与牡丹路交叉口，由牡丹园和牡丹山组成的观赏区，有牡丹品种 198 个，6840 余株。

市花卉博览中心：位于王城公园东侧，举办的牡丹精品展，汇集了 200 多个品种，分 8 个色系，有 3000 多盆。

3. 罗平油菜花节

罗平是位于滇、黔、桂三省交界处的小城，素有"鸡鸣三省"的美誉，得山川湖泊之灵气，是理想的旅游地。明代大旅行家徐霞客曾写下"罗平著名迤东"的赞叹。罗平是全国油菜生产基地县，也是蜜蜂春繁和蜂产品加工基地。每年二、三月份二十万亩油菜花在罗平坝子竞相怒放，一片金黄，凡驻足这个最大的天然花园的，无不感叹罗平是"金玉满堂之乡"。一年一度的云南罗平油菜花旅游节，将使你感受到人与自然的和谐，观赏到佳境如画的风光。罗平历史悠久，山奇水秀，旅游资源十分丰富，境内深沟峡谷纵横，盆岭相间，碳酸盐岩广布，有非常典型的喀斯特地貌奇观。景区内的布依族风情更为浓郁醉人，尤其是农历三月三，布依青年男女盛装云集河边：赛竹筏、送蛋包、泼水嬉戏、对歌求偶，仿佛一片世外桃源。你还能品尝到那富有民族特色的食品：花米饭、酸笋鱼、棕粑、"马脚杆"，无不令人垂涎欲滴。年年菜花节，年年有不同。

4. 广西国际民歌节

南宁国际民歌艺术节的前身是创办于1993年的广西国际民歌节，1999年正式改为现名，它由国家文化部社会文化图书馆司、国家民委文化宣传司和南宁市人民政府联合主办，是一个融文化、旅游、经贸为一体的综合性大型节庆活动。该艺术节一年举办一次，举办地点定于广西壮族自治区省会南宁市。

广西素有"歌海"之誉，广西各族人民一向有爱唱山歌的习俗。每年"三月三"歌圩，广西各族群众欢聚一堂，山间，水边，以歌传情，以歌会友，共同抒发对美好生活的向往和热爱。南宁国际民歌艺术节以打造新民歌、弘扬民族文化、扩大中外文化交流为宗旨。多年来，南宁国际民歌艺术节秉承这一宗旨，孜孜追求，吸引了大批观众，扩大了民歌的影响，为中外民歌的创作、发展与展示建立了一个越来越绚丽的舞台，推出了一批既有本民族特色又有时代风貌的民歌手，催生了一批浓郁乡土气息与现代音乐新元素相结合的新民歌，让南宁这个"天下民歌眷恋的地方"绽放出夺目光芒。艺术节期间，国内著名艺术家、歌手以及国外民间艺术家为观众带来精彩纷呈的民族文化节目演出。与民歌节同时举办的还有时装大赛、壮族节日联欢、全国少数民族孔雀奖声乐大赛、旅游美食节、广西山歌擂台赛以及经贸洽谈会等活动。南宁国际民歌艺术节以其浓郁的民族性、强劲的现代性、广泛的国际性和高雅的艺术性赢得世界越来越多的关注，影响力日益扩大。南宁国际民歌艺术节正以一种蓬勃向上的姿态走向开放的世界大舞台。

5. 吴桥国际杂技节

河北吴桥县素有"中国著名杂技之乡"、"世界杂技艺术摇篮"的美誉。中国吴桥国际杂技艺术节是以"吴桥"命名的国家级国际性艺术盛会，由中华人民共和国文化部和河北省人民政府共同主办。

吴桥杂技节创办于1987年，从1999年第七届起与国家文化部共同主办，每两年一届。时间为每个举办年的10月底至次年的2月初，地点在河北省石家庄市。历经20年发展积累，吴桥杂技节以其高定位、高起点、高品位，逐步造就了无可争议的国际国内地位，成为河北唯一冠以"国际"名称的标志性文化节庆品牌，成为中国杂技艺术领域举办历史最长、规模最大、影响最广泛的国家级国际性杂技艺术节。

节间活动主要有国际杂技比赛、传统民间艺术表演、国际马戏论坛、杂技艺术交流、参观杂技之乡、杂技图片展览、国际杂技商演洽谈等。至今，已有40多个国家和地区的400多个节目参加了比赛演出，体现了国际杂坛的领先水平，代表了世界杂技最新成果，引领了国际杂技发展方向，给杂技节增添了无限精彩和超凡魅力。世界各大杂技赛场的负责人、各杂技强国的著名团体和国际杂技名流也都曾亲临赛场参赛交流、观摩指导，他们对东方杂技大赛场的节目质量、运作水平和国际地位给予了充分肯定和极高评价，被盛誉为"东方杂技大赛场"，成为世界最为著名的三大杂技赛场之一。比赛所设的最高奖——金狮奖已成为国际杂技艺术家们热切追逐和最为向往的奖项。

2005年，被国际节庆协会（IFEA）评选为"中国最具国际影响力十大节庆活动"。

2006年，荣获"2005年度中国十大节庆"和"中国节庆市场市民喜爱十佳品牌"殊荣。

6. 北京国际旅游文化节

北京国际旅游文化节是由北京市人民政府、国家旅游局主办的一年一度的旅游文化节庆活动。该文化节自1998年开始举办，地点定于中国首都北京，时间多在每年的9月。北京国际旅游文化节作为世界各民族文化展示交流的平台，每届都具有不同的主题，规模也越来越大，现已成为备受海内外各界关注的旅游节庆活动。节庆内容不仅包括丰富多彩的文化节目，同时注重活动的可参与性、民俗性和欢乐性，具有浓郁的民族、民间文化韵味。

"来吧，世界"！这雄强而温馨的口号源自于北京国际旅游文化节。北京国际旅游文化节作为世界各民族文化展示交流的平台，每届都具有不同的主题。文化节包含了开幕式晚会、盛装行进表演、送戏下乡、社区大联欢、旅游城市风采摄影展览、国际旅游咨询展览、区县游系列活动，闭幕式狂欢等几项内容组成。在"来吧，世界"的口号下，每届文化节均吸引几千名中外艺术家参加，截至第八届，共有106个国家的2.4万国外民间艺术家参加了北京国际旅游文化节，国内31个省、市、自治区也派团参加了活动。2005年9月24日至27日举行的第八届北京国际旅游文化节，发展到了有48个国家和地区参加，加上国内 8 个省、市、自治区的表演团体，共计近 2500 名中外民间艺术家参加的盛会。

7. 中国上海国际艺术节

中国上海国际艺术节，是经中华人民共和国国务院批准，由中华人民共和国文化部主办，上海市人民政府承办的国家级国际艺术节，是我国最高规格的对外文化交流节庆活动之一。中国上海国际艺术节从 1999 年起，每年举办一届，时间一般在每年的 2 月 1 日至 12 月 1 日，现已成为海内外著名的国际艺术节之一。

中国上海国际艺术节以吸收世界优秀文化、弘扬中华民族文化、推动中外文化交流为宗旨。内容包括舞台艺术演出、文化艺术展览、群众文化活动、剧目和各类艺术品交易等。同时，艺术节还举办以演出节目交易为主的演出交易活动。

艺术节以舞台艺术演出为主，参演剧（节）目为国外优秀剧（节）目和有较高艺术质量、有较强民族特色的国内剧（节）目（包括香港特区、澳门地区和台湾省的剧（节）目）。美术展览等各类文化艺术展览、博览活动是上海国际艺术节活动的重要组成部分，并且不定期举办国际性的艺术比赛或单项活动。十年来，共有来自五大洲 50 余个国家和地区的 3 万余名艺术家，在艺术节舞台上为 300 余万观众上演了 600 多台精彩的剧节目；举办各类群众文化活动 600 多项，吸引了 1300 多万人次参与艺术节的活动；50 多个国家的 1000 多个艺术机构参加了艺术节演出交易会，一批中国优秀剧目由此走向海外；艺术节先后成功举办了一批嘉宾国文化周和国内的嘉宾省文化周，100 多项中外艺术展览、博览会，30 多个艺术论坛以及多届亚洲音乐节、上海国际青年钢琴比赛、上海国际魔术节等艺术活动。

8. 泰山国际登山节

东岳泰山享有"五岳独尊"的殊荣，是东方华夏文化的象征。它的雄伟壮丽，与黄河一起齐名于天下。"泰山安则四海皆安"，即取"国泰民安"中的"泰安"为名。泰山自古为历代帝王封禅告祭之名山，也为历代文人墨客、达官贵人所仰止。他们纷至沓来，朝山览胜，赋诗撰文，树碑立传，以图永存。

泰山国际登山节每年 9 月中旬举办。这时秋高气爽，风景秀丽，交通方便，更使之成为国内近年来具有较高知名度的一个大型旅游节日。从 1987 年

9 月举办第一届泰山国际登山节以来，至今每年举办一次，来自世界各国及国内来宾和登山健儿欢聚一堂，参加各种节日活动，如徒步登山比赛、自行车登山比赛。另外，还举办泰山优秀历史文化歌舞及《紫气东来》仿宋代帝王封禅表演，"泰安摄影艺术展"、"泰山石文化展"、"泰山文物珍宝展"、"泰山盆景展"、"泰山画展"等丰富多彩的文化艺术活动。泰山国际文化研讨会和五岳年会也同时举行。

泰山国际登山节除每年评选出登山状元外，还大力组织经贸交易活动，每年都有几十个参展团，推出 160 个系列 4500 多个品种的名优产品参加展销；还举办科技、人才交流会，交流最新科技成果、收集科技人才信息，集海内外人文风光旅游、体育比赛、经贸洽谈、科技交流、艺术展览于一身，每年吸引成千上万名海内外游客来此参观。

9. 中国南岳衡山国际寿文化节

南岳衡山是我国五岳名山之一，位于湖南省衡阳市境内。素以"中华寿岳"、"五岳独秀"、"宗教胜地"、"文明奥区"著称于世。中国南岳衡山国际寿文化节是经湖南省人民政府批准、由中共衡阳市委、市人民政府主办，南岳区委、区人民政府承办的大型国际性节庆活动。自 2000 年 10 月举办首届寿文化节以来，至今已成功举办了六届。历届寿文化节举办了有特色的重要活动达 20 多项，涵盖了体育竞技、文化交流、民俗风情、经贸洽淡、旅游推介、歌舞晚会等多方面内容，其中产生了 16 项世界吉尼斯纪录。其中影响最大的活动有：2000 年的高空王子阿迪力的无保险高空走钢丝，当时钢丝全长 1390 米，行走历时 52 分钟；世界上最大、最高、最重"寿"字最多的鼎现身——在中华万寿大鼎落成暨"电信之夜"大型文艺晚会上；热气球和攀岩比赛；2001 年的高空攀云梯和阿迪力走斜度钢丝，"寿岳欢腾"大型文艺晚会；2002 年的明星足球赛和绝技绝活大比拼；2003 年的公祭祝融火神暨千年佛教论坛，中华五岳联盟大会成立暨高峰论坛；2004 年的"凌肯杯"摩托车飞越大赛暨"天籁之音"大型佛教音乐晚会，江泽民"寿岳衡山"牌坊揭牌仪式暨大型开幕式文艺演出；2005 年的国际长寿养生文化演示论坛，佛教音乐馆开馆首演等。2006 奥运冠军熊倪、龚智超奋力擂响了直径 3.5 米的天下第一大鼓——南岳福寿鼓，拉开了"万鼓衡岳风"大型文艺演出序幕。此外，该处每年还举办中国南岳衡山山地车挑战赛和南岳传统庙会。中国南岳衡山国际寿文化节已成为国内外颇具影响力的重大节庆活动。

10. 凉山彝族火把节

火把节是彝族人民特有的传统佳节，自汉唐起，已沿袭一千多年。彝族认为过火把节是要长出的谷穗像火把一样粗壮。后人以此祭火驱家中田中鬼邪，以保人畜平安。节庆期间，各族男女青年或点燃松木制成的火把到村寨田间活动，边走边把松香撒向火把照天祈年，除秽求吉；或唱歌、跳舞、赛马、斗牛、摔跤；或举行盛大的篝火晚会，彻夜狂欢。现在，人们还利用集会欢聚之机，进行社交或情人相会，并在节日开展商贸活动。

四川省凉山州是我国彝族最大的聚居区。每年农历 6 月 24 日的火把节是四川凉山彝族最盛大的传统节日，届时家家饮酒、吃坨坨肉、并杀牲以祭祖先。人们穿新衣，开展具有民族特色的文体活动，男人们参加斗牛、羊、鸡、赛马、摔跤；妇女则唱歌，吹口弦，弹月琴。晚上举火把在房前屋后游转；第三天晚上成群结队地举着火把遍游山野，火光一片，然后又集中到一处点燃篝火，打着火把喝酒、唱歌跳舞，一直玩到天亮结束。

凉山彝族火把节一年一届，其主会场一般设在普格县或布拖县，凉山彝族自治州首府西昌市设分会场，其选美活动中评选出的美女一般来自于美姑县。

本章总结

随着旅游业的不断发展，节事活动的举办成为增加地区吸引力而普遍采用的形式，而开幕式又都是节事活动的重头戏，它作为集中体现举办地旅游产品和文化的舞台，对整个节事活动在旅游者心中的印象和吸引力起着关键的主导作用，开幕式的成功也给当地旅游业和经济发展带来直接或间接的影响，促进了经济效益的提高。

人们因节而欢，因节而庆，因节而聚，因节而息。节事活动作为集中体现区域形象的旅游产品，对旅游者具有强大的吸引力。只有根据区域的节事活动产品开发情况，不断地发现问题—研究问题—应对问题—预知问题，因地制宜地定位节事活动主体产品和主题形象，从而有效的规避旅游市场上旅游产品的替代性，强化其独特性，并采取适当的模式加以优化整合，才能真正形成区域节庆旅游发展的核心优势。

复习思考题

1. 为什么说"节事活动是旅游资源"？
2. 请比较节事活动运作的四种典型模式，并分析各自的适用条件。
3. 请用案例说明为什么要整合节事活动资源？如何整合节事活动资源？
4. 请结合案例《南宁茉莉花节开幕式》，分析节事活动开幕式吸引因素。
5. 请策划一个节事活动的开幕式。

第三章　养生休闲活动

本章导读

　　随着物质生活水平的提高，人们对"健康、愉快、长寿"的追求越来越强烈，但单纯的养生已难以满足人们对高品质生活的追求。融合时下发展迅猛的休闲活动项目，养生休闲应运而生，并开始在国际范围内成为一种趋势。根据人体生命过程的活动规律所进行的一切物质与精神的身心护养活动，谓之养生。休闲的目的是为了放松、娱乐及个人发展，归根结底就是养护生命。利用休闲活动来调节心态，解郁强身，称之为养生休闲。

核心概念（关键术语）

　　养生　养生休闲　导引　药膳　茶道　温泉养生　SPA

第一节　养生休闲概述

　　养生一词首见于《吕氏春秋》。其曰："知生也者，不以害生，养生之谓也。"养生即护养生命之意。养生包括生理养生、心理养生两大方面，前者注重身体上的放松和康复，以及身体机能的维护；后者强调精神层面的内在休养和平衡祥和的心理状态。要达到养生的目的，单靠某一方面的调养是难以达到的，需要从休息、运动、疗疾和益智四大方面将休闲活动与养生相结合。

一、中国传统养生文化

中国传统意义上的养生指保养、调养、颐养生命。即以调阴阳、和气血、保精神为原则，运用调神、导引吐纳、四时调摄、食养、药养、节欲、辟谷等多种方法，以期达到健康、长寿的目的。

（一）养生理论

中国传统的养生理论均从维持人的正常状态出发，把减少消耗、加强再生、保持顺畅、维持稳定作为重要的着眼环节。经络、穴位、气血学说是中国传统医学保健理论。经络、穴位、气血是非常复杂的人体现象，可以简单而形象地解释：经络是气血运行的通道，穴位是气血运行的出入口。

1. 顺应自然

《道德经》中说："人法地，地法天，天法道，道法自然。"人的生命活动符合自然规律，才能够长寿。《灵枢邪客》中云："人与天地相应。"如果人能掌握其规律，主动地采取各种养生措施适应其变化，就能避邪防病，保健延衰。例如：《素问四气调神大论篇》即提出："春夏养阳，秋冬养阴，以从其根。"这种"顺时摄养"的原则，就是顺应四时阴阳消长节律进行养生，从而使人体生理活动与自然界变化的周期同步，保持机体内外环境的协调统一。

2. 调和阴阳

《内经》说"生之本，本于阴阳"，又说"阴平阳秘，精神乃治"。所以，调和阴阳则精神充旺，邪不能侵，得保健康。调和之道，须顺时以养阳，调味以养阴，使阳气固密、阴气静守，达到内实外密、健康有寿。《黄帝内经·灵枢·本神》中说："故智者之养生也，必顺四时而适寒暑，和喜怒而安居处，节阴阳而调刚柔，如是则僻邪不至，长生久视。"

3. 流通气血

气为血帅，血为气母，二者相伴，贯通周身，熏濡百节，流通则生机正常，滞塞则淤结病生。流通之道有二：一是以形体动作促进气血流行，即华佗授弟子五禽戏时所说："人体欲得劳动，但不当使极耳。"劳动则气血周流，此即流水不腐的道理。二是以意念来导引气的运行，气行则血行，身体虽或动或止，但气血之流通、经络之舒畅始终得以保证，此即气功吐纳之术。二者均通过气血流通而养生。

4. 培补精气

精气神为人之三宝，精化气，气生神，精盛则本壮，气化之源旺，故生气勃勃。人始生，先成精，先天之精源于父母，藏于肾，为生命之本、繁衍之源。后天之精由生化而来，亦藏于肾。保精之法，开源节流。开源即促精生长、吸引采补。前者有食饵、药物、修炼等法补精以滋源，补气以助化精。后者则主要与房中术有关。节流有二：一是养神，神安不乱，精不妄耗，清静无为，恬愉自保。二是节房事，以保肾精，使精常满盛，而体健寿延。

【阅读材料】

道家以气养身

中国人重视养生，但喜静不喜动，受道家思想影响，重视静养存神，"以气养身"。道家思想中，"清静无为"、"返璞归真"、"顺应自然"、"贵柔"等主张，对中医养生保健有很大影响和促进。

1. 清静无为

清静主要指心神宁静；无为则是不轻举妄动。具体地说，就是《道德经》所说的"少私寡欲"。这种清静无为以养神长寿的思想，一直为历代养生家所重视，浸透到养生学中养精神、调情志、气功导引、健身功法等各方面。

2. 贵柔、返璞归真

老子在实际生活中观察到，新生的东西是柔弱的，但却富有生命力；事物强大了，就会引起衰老。他在《道德经》中指出："坚强者，死之徒；柔弱者，生之徒"。如果经常处在柔弱的地位，就可以避免过早地衰老。所以，老子主张无欲、无知、无为，回复到人生最初的单纯状态，即所谓"返璞归真"。

3. 形神兼养

庄子养生倡导去物欲致虚静以养神，但也不否认有一定的养形作用。《庄子·刻意》说："吐故纳新，熊经鸟申，为寿而已。此道引之士、养形之人，彭祖寿考者所好也。"由此可见，我国古代的导引术是道家所倡导的，从其产生开始就是用于健身、治病、防病的。

（二）养生方法

大自然中日月经天的现象，启发人们师法自然、回归自然，以使生命永在。《素问·上古天真论》中说："余闻上古有真人者，提挈天地，把握阴阳，呼吸精气，独立守神，肌肉若一，故能寿蔽天地，无有终时。"

1. 食饵养生

主要从饮食物性味、补泄滑涩的效用与人体状态、天时气候、地理方域等的关系论述养生之道。其内容包括食性、食养、食疗、食节、辟谷、饮食禁忌、药养及饵药养生等内容。

（1）食补。《备急千金要方》上说："食能排邪而安脏腑，悦情爽志以资气血"。因而，前人十分重视饮食养生，通过调节食物的品质、数量、进食规律，以及回避有害的食物以延年益寿。《金匮要略》曾经指出："凡饮食滋味以养于生，食之有妨，反能为害。……若得宜则益体，害则成疾，以此致危。"已认识到了饮食与人体健康之间存在着宜与忌、利与害的辩证关系。《素问藏气法时论篇》记述的"毒药攻邪，五谷为养，五果为助，五畜为益，五菜为充，气味合而服之，以补益精气"，包含着在食养中饮食调配要求营养全面、合理、互补，即平衡膳食的原则。

（2）药补。汉末张仲景在《伤寒杂病论》序中说的"怪当今居世之士，曾不留神医药，精究方术。上以疗君亲之疾，下以救贫贱之厄，中以保身长全，以养其生"，明确提出运用医药的办法进行养生的观点。早在《素问遗篇刺法论篇》中就已有"小金丹……服十粒，无疫干也"的记载。华佗授其一弟子的"漆叶青黏散"是延年益寿方剂的早期记载。至于近代，采用药物预防传染病及某些疾病的发生与流行已为常见。

（3）丹药。即炼丹术，希望通过对各种矿石药物的复杂烧炼制造出长生不死的灵丹。晋隋时期，矿物药养生达到顶点，服食"五石散"几乎成了当时士大夫阶层的时髦，唐代以后，用服丹药方法以保长生的现象有所减少，但依然存在。帝王豪门因服丹药而丧生的事件时有发生。当然，从中也得到了一些有疗效的治病丹药，如红升丹、白降丹等，临床已有定论。记载炼丹术最早、最著名且传世者是晋代葛洪的《抱朴子》。

2. 调神养生

以恬淡虚无为主导的精神养生或精神调养，源于老庄之学，后来主要发展于佛、道两家。精神乐观，则气舒神旺；精神抑郁，则气结神颓；喜怒不节，则气耗神消。调神之法，重在参禅入定，以静制动。突出人的自省与内敛的色彩，重视个人的悟性，强调以"中"为度，以平为期，实现人体与外部环境、人体内部的和谐协调，直至"动"与"静"之平衡。在这种状态中，肌肉处于休息状态，血液循环也更趋规则，呼吸也更缓和，一切视觉、听觉、以及神经系统都处于完全的平衡状态。人的精神是自由而敏捷的，因此才能欣赏和感知生命的美好。

3. 导引养生

又称为练形养生，专指以形体动作为主导方法的祛病保身、益寿延年之道，也要求有呼吸动作的配合。这类养生术有五禽戏、八段锦、易筋经、太极拳以及被动的推拿等。华佗授其弟子的五禽戏是导引练形以养生的早期记载。后人从隋代巢元方《诸病源候论》中辑出《巢氏病源补养宣导法》，南北朝达摩祖师的《易筋经》也是其中的代表作。

4. 环境养生

人的生活不可避免地要受到环境的影响，因而对水土气候、地形地貌、森林植被等均有所选择。中国古代的"风水"学说即源自于此。古人主张在高爽、幽静、向阳、背风、水清、林秀、草芳之处结庐修养；而出家人多选择名山大川、幽雅清静之处修炼，即在理想的养生场所进行适时运动来养精固元。"君子之行，静以修身，俭以养德，非淡泊无以明志，非宁静无以致远"，一直以来都受到推崇，并赞誉"体静心闲"。古语道："流水之声可以养耳，青禾绿草可以养目，观书绎理可以养心，弹琴学字可以养脑，逍遥杖履可以养足，静坐调息可以养筋骸。"

二、养生休闲产品

在现代社会，养生休闲是一种全民性的休闲活动。它以养生为目的来选择活动地点与方式，安排内容和进展，考虑节奏快慢，强调饮食、健身、娱乐等诸多方面，促使休闲参与者尽量保持身体各机能的平衡，以确保心理和生理的健康。

→ 小贴士

亚健康

从医学上说，亚健康状态是人体介于健康与疾病之间的过渡状态或边缘状态，又叫"慢性疲劳综合征"或"第三状态"。其蔓延的速度和低龄化走势让人震惊。亚健康人群多为 40 岁以上的人群，在这类人群中较普遍存在"六高一低"的倾向，即存在着接受疾病水平的高负荷、高血压、高血脂、高血糖、高血黏度、高体重以及免疫功能偏低。表现为"一多三减退"，指疲劳多，活力减退、反应能力减退和适应能力减退。防止"亚健康"重在调整。对于亚健康人群，需要建立起良好的生活节奏、健康习惯、均衡营养、体育锻炼和心理卫生等。

（一）养生休闲的特点

养生休闲既是一种独特的休闲类型，又可以作为一种元素或内容融合到其他各种休闲活动中。与传统的养生方式相比较，现代养生休闲活动具有以下特点：

1. 普适性

养生的目的不仅仅是延年益寿，康健无疾，养生休闲行为的决定一般是由多种动机促成的，还包括寻求高质量的生活方式；逃避现实，免除压力的欲望；消除紧张和不安心情等。传统观念认为养生主要针对的是"亚健康人群"或老年人群，但实际上，养生休闲涵盖所有追求健康快乐生活的人群，他们不是"病人"，又不同于普通的游客，而是具有较强的养生目的性，应根据不同的心理需要进行活动方式与内容的选择。

2. 游乐体验性

养生休闲既注重养生的功能，也注重养生过程的休闲性和体验性，它将养生这一康复过程娱乐化、休闲化。休闲的本质就是体验，以休闲服务为舞台、产品项目为道具，为参与者创造的一种或多种难忘的经历。寓养生于体验式玩乐中，对身体来说是很好的放松。养生休闲形式丰富多样，包括了人们生活中的方方面面，更易于大众接受，产生亲切感和归属感，形成一种参与者与其习惯性生活方式之间的游乐体验性互动。

3. 综合性

养生休闲是将我国传统的养生方法、理论同现代生活中有益于人体健康的多种休闲方式结合起来而形成的，其内容既包括养生的功能，也强调饮食、健身、娱乐等诸多因素的结合，体现了养生过程的休闲性和体验性，适合各年龄层次的人参加。传统与现代相结合，休闲与养生相结合，以及多学科的综合介入、指导形成了各具特色具有综合性的养生休闲活动。

4. 科学专业性

健康包括身体与精神两个方面，必须是活动自如、视听不衰、神智正常，即《黄帝内经》所谓"度百岁而动作不衰"，才算达到了健康长寿的养生标准。养生休闲活动开展是以中医为核心理论基础，强调自然生态的要素，后来逐步融入了西方现代康疗方法，具有较强的科学性特点。某些养生休闲活动的开展需要在专业人员的主持指导下，按专业规范和规定程序进行。

→ 小贴士

20世纪70年代以来，国内外对养生学的研究日趋活跃，国外重点在于理论研究及实验，探索衰老的形成原因及机理，包括生物内在的决定因素与生物生存过程中的有害积累两个方面；中国则侧重于传统理论的整理及对抗衰老具体方法的探索。

5. 教育性

通过养生休闲活动的参与能够获得"健康教育"，提高"认知水平"，达到增强体质，愉悦身心，提高科学素质和良好的社会适应能力的目的，同时促进人们转变自己的生活方式，提升生活质量。

【阅读材料】

<h1 style="text-align:center">养生保健流行"慢"生活①</h1>

快节奏改变了我们的生存状态，人们成了时间的奴隶，被迫吃快餐，无

---

① 资料来源：健康网 2009/6/24（有删减）。

暇交往、结社、静思、享乐，这使我们的灵魂饥渴。快让人们错失了许多美好的事物，慢是人们享受美好生活的积极方式，"慢生活"将重新恢复你的生命感觉。

慢餐饮：忘记时间，让食趣在舌尖停留。医生建议用 15~20 分钟吃早餐，中、晚餐则用半小时左右，这样才可以给饮食中枢足够的兴奋时间。对于老年人，每口饭菜应咀嚼 25~50 次，多咀嚼，还可消除食物中的致癌物质。

慢工作：不做办公室"子弹头"。金庸先生就相信"乐观豁达养天年"。他指出，人要有张有弛，有快有慢。不着急，做什么都要徐徐缓缓，对健康很有好处。

慢运动：不求速度，只要精彩。慢生活的流行，使乒乓球、游泳、瑜伽、太极拳等慢运动也如火如荼地展开，这些运动让疲惫的人群身心得到了放松。

慢休闲：不必扎堆，但求情调。休闲就是身体和灵魂放轻松，让平时劳碌的身体停歇，让紧张的神经彻底放松，让浮躁的心态沉淀下来。钓鱼、画画、书法、跳舞、登山、园艺、出海、打高尔夫球等方式是比较适宜的"慢式"休闲活动。

睡眠：不要让别人打扰你的梦。慢条斯理地入睡，一夜安眠，第二天闻着太阳味醒来，容光焕发、精力充沛地投入工作中，睡出了情趣也睡出了健康。

慢读书：和思想一起跳舞，从阅读中追求优雅和舒适的生活。善待自己的生命，也用心守候着自己灵魂的家园。

慢音乐：在舒缓的音乐声中休养气度，以消除疲劳、舒缓神经、解除抑郁、增进食欲、增强自信，并辅助治疗疾病。

慢社交：以"柔道"俘虏人心。用业绩尊重上司，常与下属换位思考，学会与同事相互体谅。

逃避全球化快节奏的"慢生活"，悠闲而不懒散，是一种现代普遍的生活方式，而非精英主义。"慢生活"并不意味着将时钟拨回到过去，让人们过博物馆中的生活，相反，它更善于综合现代和传统生活中那些有利于提高生活质量的因素，提倡怀旧，以维护被现代性碾压的传统文化和价值观，但同样不失敏锐地尝试一切提高生活品质的新技术。

（二）养生休闲产品类型

在我国，养生学的含义很广，包括优化生存环境、善化生命质量的一切内容。由于养生休闲诉求的多样性，其产品的类型也呈现多元化。

1. 居住养生

居住养生是以旅游房地产开发为主导而形成的休闲产品，它是以经营土地、经营城市的手法来围绕养生休闲进行开发的。养生居住社区向人们提供没有污染、没有公害的新鲜空气、有机食物和住宅条件。它的另一个特点是不设置任何具有刺激性的或需剧烈运动的体育、游乐活动设施，而提倡人们去冥想静思，在恬静的气氛中修身养性。这种"三分调七分养"的休闲方式很受现代人的青睐，市场需求并不仅仅局限于银发一族，养生主题的打造和产品质量的提升可使其成为高端消费品。

现在很流行的养生养老公寓或养生度假村是比较成功的范例。一些高端的养生度假区将健康管理模式引入到养生休闲开发之中，以网络平台、会员制的组织形式，对游客的生活起居等做出合理安排，并根据需要提供营养餐的配送、健康检查、运动健身等系列活动，甚至帮助游客完成寻名医、挂号及病后康复等一系列整体健康管理，在日常生活中获得健康维护和健康促进。

【案例精选】

青城雅舍——打造养生休闲社区的新模式

青城雅舍国际休闲精品养生社区背依青城山前山，总占地面积42.37亩，绿化面积高达51.2%，气候适宜、环境优美，是以"幽、雅、清、静"为环境主题，以"健康休闲、文化养生"为文化主题，集旅游、休闲、养生、养老为一体的一流养生、养老社区。青城雅舍与国内的度假村和农家乐相比，它能提供的养生、养老条件，在环境、设施、营造的文化、提供的服务等方面在国内都堪称完美。适于养生的居住环境，天人合一的道教文化氛围，使它成为不可多得的养生福地。这里有为养生养老提供的先进设施，专业的服务人员（心理辅导保持积极良好心态，有营养师给予科学合理的膳食搭配，教练指导适量科学的运动）、亲情化的服务，丰富多彩的主题活动，有书画院、养生论坛、茶艺、医务保健、特色教学、心理咨询、网吧等26项契合社区文化主题的精品配套项目，构成了一个较为完整的养生休闲环境，将休闲、养生、养老融为一体。

案例评析：四川联融房地产投资理财有限公司打造的青城雅舍国际休闲精品养生社区，以旅游、度假、休闲、养生、养老、娱乐、商务为一体的产业链，形成新型的旅游地产经济模式，无疑为社会老龄化加剧与老年服务机构发展滞后的现状寻找了一条市场经济体制下的养老事业创新运作模式，它的诞生也标志着以休闲、养生、养老为特点的高品质休闲方式正在成为一种潮流。

2. 游乐养生

游乐养生是根据休闲资源的不同，设计适宜当地地脉、文脉，参与性、趣味性较强的养生休闲活动，通过一定的技术手段和创意，把一些生硬的、静态的东西进行情景化和趣味化处理，休闲活动刺激并富有挑战性，能够满足人们释放情绪的需要，并获得一定程度的身心放松和精神愉悦。寓养生于体验式玩乐中，对身体来说是很好的放松。参与性、体验性是娱乐养生项目的核心特点，可以通过强化游客的参与性，不断创新体验方式，来提高休闲娱乐项目的吸引力。

3. 文化养生

文化养生休闲是养生休闲项目品位提升和品牌提升的最好产品。通过深入挖掘地域文化，把最能体现民族性、民俗性、地方性的特色文化充分应用到养生旅游活动之中，以此提高养生休闲活动本身的品位和档次，丰富休闲活动的内在要素，使养生休闲实现身体养生和心理养生的双重功效。此类项目将文化景观、民风民俗等与养生结合，既丰富了休闲活动的内容，又增强了休闲产品的吸引力，起到较好的互动作用，对于参与者而言是一道丰富的文化大餐，独特的休闲体验。

4. 医疗养生

医疗养生休闲产品主要是依托中医、西医、营养学、心理学等知识，结合人体生理行为特征，以药物康复、药物治疗为主要手段，配合一定的休闲活动，针对各种疾病（生理或心理）所进行的康复治疗，包括康体检查类产品。从宽泛的层面上讲，生理美容养生也属于医疗养生休闲产品。此类产品将美容会所中的专业护肤、芳香 SPA 水疗、瑜伽养生，抗衰老等美容项目同养生休闲结合起来，是时下女性游客比较喜爱的休闲活动，市场前景看好。

医疗养生是优质的医疗服务与养生康复休闲的完美结合，需要一定的医疗条件和医疗技术作为支撑，同时还需要具有医疗专业知识技能的导游服务，为外地甚至外国游客提供交通食宿、医疗检查和观光旅游等一条龙服务。目前，泰国、印度、韩国等国家提供的这种医疗养生一条龙服务使越来越多的外国游客趋之若鹜，也给这些国家带来可观的经济效益。

5. 美食养生

药食同源，是东方食养的一大特色。中国药膳源远流长，应用广泛，在国内外享有盛誉，备受青睐。药膳即药材与食材相配伍而做成的美食，它是一种兼有药物功效和食品美味的特殊膳食，既可以使食用者得到美食享受，又在享受中使其身体得到滋补，疾病得到治疗。现在出现了一些专门的药膳餐馆，菜式丰富，营养搭配合理，具有不同风味。而且，餐厅环境优美，情调独特，室内有山、水及种类各异的植被，如同置身于美丽的花园。

→ 小贴士

养生宴＋峨眉小吃＝美食滋补。峨眉药膳、素斋、武林九大碗、萝卜汤、山珍、烧烤等峨眉山特色小吃荟萃，已成为峨眉餐饮一绝。峨眉山红珠养生宴、瑜伽养生宴、开光百草宴等更是滋补佳品。

6. 运动养生

生命在于运动，适宜的运动健身是一种比较科学的养生休闲方式。形体的锻炼不仅可以促进气血的流畅，使人体筋骨强劲，肌肉发达结实，脏腑功能健旺，增强体质，还能以"动"济"静"，调节人的精神情致活动，促进人的身心健康。

运动养生适合采用健身俱乐部模式，以会员形式或出售消费卡的形式，依托一定的休闲资源，扩大健身休闲活动的地域空间，开发成各具特色的运动养生系列产品。例如，组织开展自行车赛、攀岩、野营、徒步旅行等养生休闲运动，还可策划以老年人为对象的饮食和运动相结合的休闲项目，以女性为对象的瘦身减肥项目、以小孩为对象的健康夏令营等，并为参与者推荐专业的运动指导。

7. 生态养生

生态与养生有着天然的联系，养生首先在于环境。特别是处在亚健康状态的城市居民，渴望逃离污染严重的都市，寻找修复身心的环境，青山绿水、远离尘嚣无疑是养生休闲的理想场所。生态养生不同于一般的旅游观光，旅游景区或目的地要以养生休闲为核心主题和吸引力，以生态为手段进行养生开发，需要在旅游中开展养生活动，如森林浴养生法、雾浴养生法、生态温汤浴法、生态阳光浴法等，对环境和服务要求较高。

【案例精选】

广西开始打造休闲养生"天堂"

从 2008 年起，广西全面调整自身旅游产业发展定位，大力开发休闲养生旅游产品体系，打造中国乃至世界的休闲养生"天堂"。广西将构建成以世界长寿之乡巴马为中心，以长寿文化为主题，自然山水风光、民族风情特色突出，以养生度假、乡村休闲和游览观光为主要功能的世界级长寿旅游目的地。

广西打造长寿旅游产品的主要内容包括：完善休闲度假设施；组织健康讲座和长寿村考察；拜访寿星老人，展示长寿的历史、世界长寿文化的研究，让游客充分体验长寿文化。游客可以吃长寿食品、喝长寿水、听长寿歌，还可以呼吸负氧离子、购买长寿商品、探询长寿秘诀等。广西将通过一系列的项目展现巴马长寿文化，塑造并推广"唯仁者寿"的长寿哲学，形成爱护自然、追求长寿、尊重老人、合理膳食、修身养性的长寿社会氛围和长寿理念。

案例评析：广西不仅拥有较为独特的养生资源（多姿多彩的山水风光、世界著名的巴马长寿带），还有相当丰富的产品支撑（丰富的民族医药等休闲养生康体产品），使"养生"的主题贯彻落实，市场目标结构和产品结构很好地对应，打造世界休闲养生旅游"天堂"具有得天独厚的优势，可提升的空间较大。

第二节　饮食养生休闲

中国饮食是"吃的艺术"，味美，有营养，是养护生命的重要手段。中国饮食更是"吃的美学"，味美，色美，形美，器美，环境美，情调美，是一种体现民族文化特征的审美活动。受传统影响的中国人，享用着美味的民族饮食，不仅是具有地域性差异的一种新奇的、与口味相连的消遣，也是与民族文化相伴的身心性休闲。美食代表着中国地方特色和文化，出现于风情习俗中，也深受不少外国朋友的欣赏。随着中华文明的复兴，中华饮食文化中所具有的特色性内涵（包括休闲），会进一步受到世界的认同与瞩目。

一、美食养生

我们的祖先把"美食养身"和"防病治病"两者相互结合，融为一体，能补能治，创造了"中国食疗学"。早在《黄帝内经·素问》中，已经出现了养、助、益、充的概念："五谷为养，五果为助，五畜为益、五菜为充，气味合而服之，以补精益气。此五者有辛、酸、甘、苦、成，各有所利：或散，或收，或缓，或急，或坚，或软；四时五脏，病随五味所宜也。"

（一）食养与食疗

食养与食疗都是利用美食来养生和防病治病，两者的区别在于，食养重在食补；食疗重在食治。

1. 食养

中医对饮食调养非常重视，称为食养。古人认为，人生病了用药是不得已而用，以毒攻邪；不要单纯依赖于药物，应重视采用饮食调养原则，以利于疾病恢复。《内经》中载有"大毒治病，十去其六；常毒治病，十去其七；小毒治病，十去其八；无毒治病，十去其九；食养尽之，无使过之，伤其正也"。用食物调养，不会产生药物的各种副作用，不会伤身体，通过食养，使患者恢复元气，促使痊愈。尤其是久病体弱及结核病等消耗性疾病，必须加强食养。

"吃啥补啥"是中国人的传统观念。食补取材容易，可食性强，易于接受。故金元名医张从正指出："养生当论食补，治病当考药议"，"药补不如食补"。饮食调养，往往可收到很好的效果。如夏季暑热症，俗称"疰夏"，用药无效，常食冬瓜汤、绿豆汤、赤豆汤，即可起到预防效果。但食养要注意病人的忌口，某种病忌某类（或某种）食物，如胆病忌油腻；寒病忌瓜果；凡中寒脾虚、大病、产后之人，应忌食西瓜、李子、田螺、蟹、蚌等积冷食物；服药后应忌食某些食物，如服发汗药忌食醋和生冷食物；服补药忌食用茶叶、萝卜，忌口之说有些已被证明是有道理的。

2. 食疗

我国自古就有"寓医于食"、"医食同源"之说，我们的传统医学古代称之为"本草学"，足见其密切的关系。唐代孙思邈的《千金要方·食治》更是饮食疗疾的代表作。"食疗"故名思义，即合理利用食物的特性或调节膳食中的营养成分，用以防治疾病。简而言之，就是利用食物疗法或饮食疗法来预防和治疗疾病。根据各人不同的体质或不同的病情，选取具有一定保健作用或治疗作用的食物，通过合理的烹调加工，成为具有一定的色、香、味、形的美味食品。"食疗"既是美味佳肴，又养身保健、防病治病，能吃出健康，益寿延年。

→ **小贴士**

神仙粥治风寒感冒

原料：糯米100克，葱白、生姜各20克，食醋30毫升。

服法：先将糯米煮成粥，再把葱姜捣烂下粥内沸后煮5分钟，然后倒入醋，立即起锅。趁热服下，上床覆被以助药力。15分钟后便觉得胃中热气升腾，身体微热而出小汗。每日早晚各1次，连服4次即愈。

作用：神仙粥发表解毒，驱风散寒。治外感初起周身疼痛，恶寒怕冷无汗，脉紧，其效甚佳。有人写诗赞曰："一把糯米煮成粥，7个白葱7片姜，煮熟对入半杯醋，伤风感冒保安康。"

（二）药膳

所谓药膳是取药物之性，食物之味，相辅相成，共同配伍烹饪而制作出的膳食，具有药物治疗与食物营养的双重作用。"药膳"包括：药菜、药粥、药酒、药茶等。

1. 药膳与食疗

"食疗"和"药膳"的概念常被人们混淆，"食疗"和"药膳"既有区别，又有联系。"食疗"是合理利用食物的特性或调节膳食中的营养成分，用以养身保健，防病治病，延年益寿，"食疗"是不添加任何药物的膳食。

"药膳"是在传统"食疗"的基础上，中药与食物相配，形是食品，性为药品，经过特殊的"食品化炮制"做到药借食味，食助药性的协同作用，变"良药苦口"为"良药可口"，二者相辅相成，相得益彰；既具有较高的营养价值，又可防病治病、保健强身、延年益寿。药膳大多是平和之品，但其防治疾病和健身养生的效果却比较显著。因此，中国的人参粥、神仙鸡、虫草金龟、枸杞肉丁等药膳，深受海外客人的欢迎。

民间的药膳有"猪腰煲杜仲"（冬季服用），中医认为猪腰填精补肾，杜仲温阳补肾，两者配伍，最适宜辅助治疗由于肾虚所致的腰、膝酸软无力。"核桃仁煲猪脑"（冬季服用），可以养脑益智，有助于小孩的生长发育，对长期用脑的知识分子起到补脑的作用。"夏枯草煲猪肺"（夏季服用）可以润肺泄火。

2. 药膳的应用原则

药膳在保健、养生、康复中有很重要的地位，尤其是慢性病、老年病，还有部分妇女、儿童疾病能在享受美味的同时，得到保养调理与治疗。但药膳多用以养身防病，见效慢，重在养与防。药膳不能代替药物疗法，应视具体的人与病情而选定合适之法，不可滥用。

（1）因证用膳。中医讲辨证施治，药膳的应用要"注重整体"、"辩证施食"，即在运用药膳时，首先要全面分析患者的体质、健康状况、患病性质、季节时令、地理环境等多方面情况，判断其基本症状，然后再确定相应的食疗原则，给予适当的药膳治疗。如慢性胃炎患者，若证属胃寒者，宜服良附粥；证属胃阴虚者，则服玉石梅楂饮等。

（2）因时而异。中医认为，人与日月相应，人的脏腑气血的运行与自然界的气候变化密切相关。"用寒远寒，用热远热"，意思是说在采用性质寒凉的药物时，应避开寒冷的冬天，而采用性质温热的药物时，应避开炎热的夏天。这一观点同样适用于药膳。

（3）因人用膳。人的体质年龄不同，用药膳时也应有所差异，小儿体质娇嫩，选择原料不宜大寒大热，老人多肝肾不足，用药不宜温燥，孕妇恐动胎气，不宜用活血滑利之品。这都是在药膳中应注意的。

（4）因地而异：不同的地区，气候条件、生活习惯有一定差异，人体生理活动和病理变化亦有不同，有的地处潮湿，饮食多温燥辛辣；有的地处寒冷，饮食多热而滋腻，而南方的广东饮食则多清凉甘淡，在应用药膳选料时也是同样的道理。

3. 药膳配伍的禁忌

药膳的配伍禁忌，无论是古代和现在都十分严格，主要包括中药与食物配伍禁忌、服药食忌、食物忌食、食物相反等内容。其中有些并无科学证明，多为古人的经验，但仍以慎重为宜。

（1）药物与食物配伍禁忌：猪肉反乌梅、桔梗、黄连、胡黄连、百合、苍术；猪血忌地黄、何首乌、蜜；羊肉反半夏、菖蒲，忌铜、丹砂；狗肉反商陆，忌杏仁；鲫鱼反厚朴，忌麦冬；蒜忌地黄、何首乌；萝卜忌地黄、何首乌；醋忌茯苓。

（2）食物与食物的配伍忌讳：猪肉忌荞麦、豆酱、鲤鱼、黄豆；羊肉忌醋；狗肉忌蒜；鲫鱼忌芥菜、猪肝；猪血忌黄豆；猪肝忌荞麦、豆酱、鲤鱼肠子、鱼肉；鲤鱼忌狗肉；龟肉忌苋菜、酒、果；鳝鱼忌狗肉、狗血；雀肉忌猪肝；鸭蛋忌桑椹子、李子；鸡肉忌芥末、糯米、李子；鳖肉忌猪肉、兔肉、鸭肉、苋菜、鸡蛋。

（3）药物配伍禁忌：遵循中药本草学理论，一般参考"十八反"和"十九畏"。"十八反"：甘草反甘遂、大戟、海藻、芫花；乌头反贝母、瓜蒌、半夏、白蔹、白芨；藜芦反人参、沙参、丹参、玄参、苦参、细辛、芍药。"十九畏"：硫黄畏朴硝，水银畏砒霜，狼毒畏密陀僧，巴豆畏牵牛，丁香畏郁金，川乌、草乌畏犀角，牙硝畏三棱，官桂畏赤石脂，人参畏五灵脂。

二、茶

清黄宫绣在《本草求真》中写到："茶，禀天地至清之气，得春露以培，生意充足，纤介滓不受。""养生之道，再好也好不过饮茶。"茶能清心神，醒睡除烦；凉肝胆，涤热清痰，益肺胃，明目解瘟，还有一定的抗癌效果和健美减肥之功效。茶是有思想的水，喝茶，讲究甘、清、活、闲。"云外嘉木生灵味，杯中玉叶飘幽香。"品茶，可一闲对百忙。

（一）以茶养生

茶有药理作用，李时珍在《本草纲目》中写道："茶苦而寒，最能降火，火为百病，火降，则上清矣。"中国工程院院士陈宗懋则认为，茶不是药，而是对多种疾病具有预防和一定程度治疗效果的功能性食品①。

1. 抗氧化，防衰老

现代医学研究表明人体衰老最重要的原因是脂质的过氧化和过量的自由基产生，茶有多种对人体有益的维生素和微量元素，如茶多酚、氨基酸、咖啡碱、维他命等，对人体具有生理调节功能。茶叶还具有很强的抗氧化作用和清除自由基的功效，其有效组分的抗氧化活性甚至远高于维生素 C、维生素 E。

2. 提高免疫性

人体的免疫性分为血液免疫和肠道免疫。饮茶可以增加血液中白血球和淋巴细胞的数量、提高血液免疫性；增加肠道中的有益细菌（如双歧杆菌）的数量，减少有害细胞的数量。

3. 防龋齿

饮茶可以抑制口腔中龋齿菌分泌的一种酶，使其不能黏着在牙齿表面；茶叶中的多酚可杀死龋齿菌；茶叶中的氟素可以坚固牙齿的珐琅质。

4. 降血压、降血脂、预防心血管疾病

饮茶可以降低人体血液中有害胆固醇的含量，增加有益胆固醇的含量，同时可以降低血液黏度、抗血小板凝集。荷兰最近一项流行病学调查表明，饮茶多的人群患冠心病的危险性可降低 45%。

5. 杀菌、抗病毒

茶中的咖啡碱具有兴奋提神、利尿、助消化、解毒等作用。饮茶对杀灭肠道疾病菌有持久的效果，其有的成分可以阻止流感病毒粘附在细胞上。

6. 抗癌

茶叶中多酚类对于降血压、血脂，抑制动脉硬化，杀菌消炎，抗辐射抗癌等均具有一定疗效。大量的研究证明茶叶对实验动物的多种癌症具有明显的预防和治疗效果，包括皮肤癌、肺癌、口腔癌、食道癌、胃癌等。

7. 养心

茶与老庄思想中的清心寡欲、虚怀若谷、退隐励志、孤傲自重及静听天籁等精神相通，茶能提神清思，具升清降浊、疏通经络的功效，饮后神清气

---

① 陈宗懋在云南省首届普洱茶国际研讨会发言（有删减）。

爽，有助于修身养性，从精神上保持良好状态，以保障机体功能的正常发挥，达到防病健身、延年益寿的目的。

（二）品茶休闲

"从来佳茗似佳人"，"龙井茶叶虎跑水，偷得浮生半日闲"，品茶是人生的乐趣和追求。生活如水，人生似茶，茶水四季春，茶香也醉人。清代画家郑板桥有"汲来江水烹新茗，买尽青山当画屏"之句。

1. 茶与人生

喝茶能静心，清俗，益思，轻身和悦志，这与提倡"清静、恬淡"的东方哲学思想很合拍，也符合佛道儒的"内省修行"思想。茶圣陆羽在《茶经》中说："花味至寒，最宜精行修德之人。"唐刘贞亮在《饮茶十德》中也明确提出："以茶可行道，以茶可雅志。"在我国，推崇茶道，礼、理、情、学、说、道、和、心，合为"七艺一心"，从看茶、识茶、知茶、闻茶、嗅茶、品茶到悟茶，每一个细节都要把握时候，恰到好处。文人们常以茶聚会，以茶表节，寄志向于清茶之中。茶道精神是茶文化的灵魂。茶道的核心是和，无论是喝茶还是品茶，讲和谐，讲和心，讲和意，既丰富茶的内容，也给予生活新的注解。

【阅读材料】

茶　道

茶道兴于中国唐代，盛于宋、明代，衰于清代。以和、敬、清、寂为基本精神的日本茶道，则是承唐宋遗风。茶道（tea ceremony）是一种以茶为媒的生活礼仪，也被认为是修身养性的一种方式，它通过沏茶、赏茶、饮茶来表现一定的礼节、人品、意境、美学观点和精神思想。周作人先生认为："茶道的意思，用平凡的话来说，可以称作为忙里偷闲，苦中作乐，在不完全现实中享受一点美与和谐，在刹那间体会永久。"茶道学者金刚石提出："茶道是表现茶赋予人的一种生活方向或方法，也是指明人们在品茶过程中懂得的道理或理由。"

中国茶道的主要内容讲究五境之美，即茶叶、茶水、火候、茶具、环境，同时配以情绪等条件，以求"味"和"心"的最高享受。茶道要遵循一定的法则。唐代为克服九难，即造、别、器、火、水、炙、末、煮、饮。宋代为三点与三不点品茶，"三点"为新茶、甘泉、洁器为一，天气好为一，风流儒雅、志趣相投的佳客为一；反之，是为"三不点"。明代为十三宜与七禁忌。"十三宜"为一无事、二佳客、三独坐、四咏诗、五挥翰、六徜徉、七睡起、八宿醒、九清供、十精舍、十一会心、十二鉴赏、十三文僮；"七禁忌"为一不如法、二恶具、三主客不韵、四冠裳苛礼、五荤肴杂味、六忙冗、七壁间案头多恶趣。

中国茶道的具体表现形式有两种。①煎茶。把茶末投入壶中和水一块煎煮。唐代的煎茶，是茶的最早艺术品尝形式。②斗茶。斗茶又称为茗战，盛于宋代。古代文人雅士各携带茶与水，通过比茶面汤花和品尝鉴赏茶汤以定优劣的一种品茶艺术。③功夫茶。清代至今流行于福建的汀州、漳州、泉州和广东的潮州。所谓功夫茶，并非一种茶叶或茶类的名字，而是一种沏泡的学问，品饮的功夫。功夫二字，要在水、火、冲工三者中求之。水、火都讲究一个活字，活水活火，是煮茶要诀。苏辙有诗曰："闽中茶品天下高，倾身事茶不知劳。"

2. 茶馆百态

茶馆是中国民间传统社交活动场地，喝茶是中国人最典型的休闲生活方式之一。小茶馆大社会，这里会聚三教九流之客，容留南来北往之风。摆摆"龙门阵"，海阔天空，佐以茶点小吃和曲艺表演，没有高低贵贱之分，自有雅俗共赏之意。茶馆成了中国社会生活的一面镜子。

→ 小贴士

茶馆与沙龙

沙龙（salon）产生于18世纪法国资产阶级上层社会，是提供少数艺术家、文学家喝咖啡、谈艺聊天的地方。因此"沙龙"的法文解释是"客厅"，意即供客人谈天的地方。它们以高雅艺术为标榜。中国的茶馆则不然，它是属于大众的，接纳四方来客，向社会开放、休闲聊天的场所。这与"沙龙"

恰相反,前者高贵,后者世俗,在某种意义上来说,中国的茶馆是一个雏形的社会,是反映世俗社会的一面镜子,老舍笔下的《茶馆》就是这样的典型。而沙龙则是象牙之塔,它们傲慢于世俗,以清高自居。

(1)茶馆源起。据考,最早的茶馆始于东晋,当时是以茶摊的形态出现,后来又陆续出现了茶肆、茶坊、茶楼、茶寮等,张择端《清明上河图》中有"茶肆"的描绘。"酒楼茶肆"成为宋元明清小说中反映都市场景常用的一句习语。中国的茶馆接纳四方来客,是三教九流、五方杂处的场所,文人们也乐于在茶馆聚会,茶馆设置了"雅座",讲究雅趣,品茶有其道,以至成为一门学问,谓之"茶道"、"茶艺"。人们在品茗休闲之余同样需要娱乐和精神上的享受,于是在茶馆开始有了书场,有了弈棋弹唱,北方称评话,南方是评弹、曲艺。可以说,茶馆营造了一个文化环境,形成了中国特色的茶馆文化,不仅孕育了中国伟大的古典文学,同时也陶冶了中国人的情操、典雅、含蓄、和谐。

(2)成都茶馆休闲风。坐茶馆历来是成都人最典型的休闲生活方式之一。茶馆对于成都人更像是生活交流的媒介,具有丰富的社会功能:休闲、聚会、娱乐,成都人利用茶馆尽情地做一切可能的事情,而并非单纯地只是为了喝茶。成都茶馆是一个社会生活的缩影,它浇灌出多彩的民间艺术,也冲泡出成都人的生活态度。

"头上晴天少,眼前茶馆多。"在成都这座浸泡于茶香里的城市,茶馆遍布城乡各个角落。竹靠椅、小方桌、三件头盖茶具、老虎灶、紫铜壶,还有那堂倌跑堂添水的功夫,一股浓郁的成都味儿给你留下深刻的印象。成都的茶馆热闹,摆龙门阵、搓麻将,打长牌,谈生意,闷瞌睡,写文章,洗脚、保健,百业千行都对茶铺情有独钟。茶馆里有竹凳,也有躺椅,可坐,可躺,十分舒服,一边品饮盖碗茶,一边高谈阔论,虽人声鼎沸,但互不干扰,各得其所,实为人生至乐。茶馆内卖报的、擦鞋的、修脚的、按摩的、掏耳朵的、卖瓜子豆腐脑的,穿梭往来,服务性的项目花样之多,是外地茶馆难以媲美的。

曲艺艺人也把茶馆当做演出的场所,茶馆设有川剧"玩友"坐唱,俗称"打围鼓"。坐茶馆的人可以边饮茶,边听川戏,四川清音,欣赏川剧变脸、吐火、滚灯等具有浓郁地方特色的曲艺节目。有些茶馆还设有四川扬琴、评书、清音、金钱板等演出活动。茶馆承载着重振传统戏剧、传统工艺的希望。

20世纪30年代，著名的教育家黄炎培访问成都时，写了一首打油诗描绘成都人日常生活的闲逸："一个人无事大街数石板，两个人进茶铺从早坐到晚。"茶馆是成都人修身养性的乐土，它把成都人的悠闲和悠闲中的慵懒，随和与随和背后的任性都暴露无遗。倘要感受成都的市井气息、闾巷风情，哪里都不用去，直接上茶馆好了。成都百年兴盛的饮茶业，便是这种"当代悠闲"的最好注脚。

【阅读材料】

茶馆相声

青衣大褂、醒木折扇、清茶瓜子，台下观众偶尔接搭上几句台词……2005年前后开始，经历了百年沧桑的相声艺术重新走入京津地区的大小茶舍饭庄，以生活化的故事和语言迅速征服了观众。

在天津市，从相声大师马三立先生生前说相声的南市荣吉大街燕乐茶社，到历史悠久的中国大戏院，从天津估衣街上的谦祥益茶园，到鼓楼镇北门的元升茶社，花上10块门票钱，就可以领到个带茶叶的杯子，沏上茶，听上七八段原汁原味的相声。在北京、辽宁等地，出现了以俱乐部形式组织的定期演出，活跃在北京相声界的演员郭德纲成功赢得了众多相声迷的追捧，他的剧团"德云社"每周末都在能容纳500人的北京天桥乐剧场演出两场，票价20元，场场爆满。郭德纲有自己的BBS网站，其中很多都是"80后"的大学生。

中国曲艺家协会顾问、南开大学文学院教授薛宝琨在接受记者采访时表示，相声吸引了许多年轻人特别是高知人群，有两方面的合理性：一是当今社会人们工作和生活压力很大，在茶馆、小剧场听相声可以提供一个地方，让人们充分放松心情，不受约束地开怀大笑；另一方面，随着草根文化的兴起，人们更希望看到真实反映社会现状与小人物生活的表演。茶馆相声代表了平民视角，具体展现了小人物的真实生活，它的勃兴彰显了我国民间草根文化的本质，体现了人们对贴近生活的艺术的渴求。

第三节　温泉养生休闲

温泉养生是中国养生文化的一部分，早在五千年前的"神农"时代，人们就开始了对温泉的认识与利用。秦始皇建骊山汤、唐太宗亲撰《温泉铭》、杨贵妃赐浴华清池、康熙及乾隆赋题温泉诗，都反映了温泉在古人养生生活中的地位与影响。进入二十一世纪，温泉养生以感受温泉文化为主题，把养生、保健、休闲、度假、美食、运动等有机地结合在一起，形成了综合立体的温泉养生体系。温泉养生不只是温泉疗养，它已升华成为一种健康生活的理念，一个休闲娱乐的元素，衍生出许多新型休闲场所，成为一项综合性大产业。

一、温泉疗养

温泉是大气降水渗入地壳断层深处，与地下热岩浆接触后经过几十年的演变、渗透，最终转移到地表形成的。一般而言，凡是高于当地年均水温5℃以上者，即可称之为"温泉"。温泉有很高的药用价值，是一种珍贵的地热资源。

→ **小贴士**

温泉的温度在各个国家标准不一，如：意大利、法国、德国等欧洲国家是20℃；美国则是21℃；而中国台湾和日本、南非则是25℃。

（一）温泉的疗效

洗浴温泉是一种由来已久的保健理疗方式。浸浴温泉既能起到舒筋活络、强身健体、润肤养颜、安神定神、抗衰老等保健作用，又能鼓动真气、温通活络、流畅气血、心神宁静，促进疾病的痊愈和身心的康复。

1. 医疗作用

温泉对肥胖症，运动系统疾病，神经系统疾病，早期轻度心血管系统，消化系统疾病，新陈代谢，风湿、关节炎、神经性骨痛、痛风，皮肤病等多种疾病具有特殊疗效。

（1）热疗效果。温泉水温度常高于摄氏 30 度以上。温泉水的湿热可以促进血液循环，并将新鲜氧气和养分送至体内，排除废弃物，减少血液中二氧化碳含量；扩张血管促进血液循环、增加肌腱组织伸展性、解除肌肉痉挛、减轻疼痛；增加内分泌，改善免疫系统；泡温泉可以使肝脏、肌肉及血液中糖代谢增强，消耗热量达到瘦身作用。

（2）机械力学效应。水的浮力与压力具有按摩、消肿、收敛、止痛的作用。阻力减轻，可利用水的浮力，容易做各种复健运动，有助改善运动机能。肌肉放松，可改善痉挛，可减轻疼痛。可增加内腹压、增加心脏容量、促进排尿。

（3）化学作用。温泉由于是地壳深处的地下水受地热作用而形成，富含偏酸、溴、铜、锶、硒等有益人体健康的矿质元素，一般含有多种活性作用的微量元素，有一定的矿化度。温泉中的矿物质，可以减少动脉硬化，增强心脏血管机能，镇定神经，放松肌肉，消除运动后的肌肉酸痛，脑中风后的关节硬化和神经痛等，促进身体组织柔软化，缓和肌肉和关节的酸痛。

【阅读材料】

温泉的种类

温泉因水中所含矿物质的不同，对人体的疗效也各有不同。泡温泉以前，最好先了解温泉的种类，以免给身体带来不必要的伤害。

（1）碳酸泉。碳酸泉水温比较低，能够帮助血液循环，改善心脏及血管的功能，对高血压、心脏病、风湿症、关节炎及手脚冰冷等有改善的作用。泡这种温泉要慢慢地泡，刚开始泡是冷的，渐渐的就会变热，所以使人全身暖和及舒服起来，而且不会发生心脏跳动变快的现象，对心脏的负担较少，但是有肾脏病及肠胃不好的人，就不适合了。

（2）硫黄泉：浸这种温泉能够软化皮肤角质层、止痒、排毒及解毒，所以是治疗慢性皮肤病最好的方法。但是身体不好或是年纪大的人，就要特别的注意了，而且在泡的时候，最好不要跟肥皂一起用。

（3）食盐泉。这种温泉又叫做盐泉，泡了之后，盐分会黏在皮肤上面，可以改善皮肤的组织。食盐泉对手脚冰冷、贫血、糖尿病及过敏性支气管炎等也有改善的作用。但不适合有肺结核及高血压的人。

（4）碳酸氢钠泉。这种温泉对皮肤有滋润、漂白及软化皮肤角质层的作用，而且对于那种有烧伤或者烫伤的人，泡这种温泉也有消炎、去疤痕的作用。

（5）单纯泉。这种温泉比较缓和，而且无色无味，能够帮助血液的循环，有减轻疼痛的作用，对中风、神经痛等有很好的功能，很适合年纪大的人泡。

2. 养颜养心

长期适时泡温泉可令人健康美丽、芳颜长驻。温泉中大部分的化学物质会沉淀在皮肤上，改变皮肤酸碱度，故具有吸收、沉淀及清除的作用。温泉中的活性因子及微量元素可迅速渗透、营养肌肤，补充肌肤散失的水分和养分，达到持久的保温和营养，皮肤也因此变得美白、娇嫩、盈润光滑。温泉水与药材结合形成的加料温泉，功效更为丰富。唐代大诗人白居易留下的千古诗句，正是对温泉美容的真实写照："春寒赐浴华清池，温泉水滑洗凝脂。待儿扶起娇无力，始是新承恩泽时。"

泡温泉还是一种减轻解除精神压力的全身放松活动，释放心灵甚至是灵魂皈依的一种养生途径。自然于人是一种风景，也是一种境界。在山水自然中调养生息，在温泉中体味90%失重的感觉，全身的毛细血管舒张，在优美的风景中创造一种身心零负担、环境零污染的闲适状态，达到身、心、魂合一的人生至境，不亦乐乎。

（二）温泉保健方式

"温泉养生"依泉质的不同可采取"浸、淋、泳"三种方式："浸"就是在不同温度的泉池中反复浸泡身体；"淋"是在温泉花洒前由头至脚全身喷淋，或者用木桶盛起温泉水多次淋；"泳"就是在温泉泳场中畅游，热力按摩加上游泳锻炼，是一项较高强度的体育运动。

1. 泡温泉的步骤

（1）洁肤。泡汤前应清洁全身，清洁的皮肤能充分吸收温泉中的有效成分，有良好的养生效果。入池前，用温泉水淋身三遍，代表除尘、除垢、除秽，可使精神爽洁，同时使身体适应温泉的温度。

（2）入池。先用手或脚探测泉水温度是否合适，脚先入池，然后慢慢浸泡双脚，并用手不停地将温泉水泼淋全身。

（3）浸泡。从低温度泉到高温度泉循序渐进浸泡。全身浸泡在温泉水中，每次泡15～20分钟，如果感觉口干、胸闷，就上池歇一歇，做一做舒展运动，喝一些蒸馏水以补充水分。休息一下再继续入浴，反复2～3次为佳。也可采用半身沐浴法，半坐于温泉池中，水面齐胸口，可手持木勺将温泉水浇淋全身。

（4）按摩。适当的身体按摩会加强温泉的功效。干浴是一种简单易行的按摩术，分为浴手、浴臂、浴头、浴胸、浴腿、浴膝等，强调以动养身。但泡汤时由于水温和矿物质会使身体的血液循环和心脏的跳动次数都加快，因而动作不宜太多，夏天泡泉更应注重"攻守平衡"。

（5）冲身。用清水冲身就可。泡汤的时候，身体的排汗已经很多了，水分就相对减少，要尽量少用洗发水或沐浴液，避免造成皮肤油脂的流失。

2. 夏泡温泉

夏季气候炎热，人体进入代谢旺盛阶段，体内淤积更多的毒素及油脂。此时，泡温泉好处更多、更明显，是一种值得体验的养生方式。

（1）美肤。夏天天气干燥，皮肤更容易老化，略高于人体的温度能令肌肤的毛孔在极短时间内迅速张开，排除体内多余的水分、脂肪。同时，毛孔吸收温泉中的矿物质元素，更有益于皮肤的健康。

（2）排毒、瘦身。夏天泡温泉更容易出汗，身体的毒素通过毛孔随着汗液排出体外，有助于提高肌体免疫力。人体内多余的水分，特别是脂肪也会随着汗液排出体外，达到减肥的效果。

（3）健体。夏季泡温泉可增强人的抗暑能力，也是最好又最懒的体育锻炼。尤其是冷热交替浸泡，浸泡半小时，等于长跑两千米。

（4）解乏、舒心。炎热的天气让人感到疲惫、烦躁，容易失眠，在热气缭绕的温泉中，舒经活络，放松身心，让温泉水涤荡一天的劳累，有助舒畅睡眠。

二、温泉休闲

现阶段的温泉养生以温泉沐汤为核心，结合了健康旅游、休闲娱乐、膳食调养、心理调摄、推拿按摩、睡眠调整、健身活动等内容，衍生出许多新型休闲产品，初步形成了综合立体的温泉养生体系。温泉养生与休闲结合，寓养生于体验式玩乐中，在文化中怡情、在运动中养身，在快乐中安神，在乡野中养心，在乐趣与享受中实现养生。

（一）温泉养生新潮流

温泉的核心价值是养生，古老的温泉文化应得到有效的继承和发展。在养生休闲时代，市场大有可为，温泉养生应该避免回到简单的疗养模式。

1. 温泉养生新概念①

20 世纪以前的温泉属于疗养概念的温泉，中国几千年的温泉养生史，其实就是温泉疗养史。但现代的温泉养生不只是温泉疗养，它比温泉疗养更为深入、丰富、广泛。

（1）狭义温泉养生

从方法上讲，温泉养生属于中医养生的沐浴养生法。实际就是指温泉疗养与保健，即充分运用温泉的物理特性、温度及冲击，来达到保养、健身的效果。温泉浴能在一定程度上松弛紧张的肌肉和神经，排除体内毒素，预防和治疗疾病。古代文献记载，在水中加上矿物及香熏、草药、鲜花，可以预防疾病及延缓衰老。

（2）广义温泉养生

从内容上讲，温泉养生属于中医养生的休闲养生。广义温泉养生并未有最终定义，随着人们对温泉养生理解的深入以及温泉养生行业的发展，它会拥有更丰富的内涵。现阶段一般认为，温泉养生是以自然、人文环境为平台，以感受温泉文化为主题，把养生、保健、休闲、度假等内容有机地结合在一起，让人们全方位的身心放松，将精、气、神三者合一，成为都市人群健康生活方式的一部分。

【案例精选】

缙云养生天堂

"缙云养生天堂"是重庆温泉养生龙头项目。项目位于重庆市北碚区十里

---

① 中华中医药学会养生康复委员会会长、北京中医药大学东方学院副院长刘占文教授在中国温泉在线举办第九期中国温泉行业精英沙龙上的讲话（有删减）。

温泉城运河核心区，占地15000亩，总投资109亿元。"缙云养生天堂"一期工程于2009年年底启动，项目包括温泉运动、休闲、商业以及一个以佛禅为主题的超五星级酒店。

项目整体以缙云山为大背景，通过运河将各大区分的功能板块串连，形成养生天堂整体区域。按照规划，"缙云养生天堂"由温泉旅游度假、温泉康体养生、生态购物、运动休闲公园、养生居住、展示交易六大板块构成。打造成功后的养生堂包含禅修精舍、居士屋、四时养生公寓、定制式庄园忘年居等居住项目，不仅配备水疗泉、鱼疗泉、溪流泉、理疗室，还引进印度的头部引流法、地热熏蒸法等，为市民提供一流的SPA温泉配套和服务。同时，投资方还与北碚区相关部门联手，与"十里温泉城"形成消费生态链。预计5~8年，该区域将打造成为重庆生态旅游样板区以及西南地区最大的复合型休闲养生度假旅游胜地。

【案例精选】

峨眉山景区"温泉养生五步曲"

峨眉山—乐山大佛景区五步养生园在灵秀欢乐温泉基础上增添神奇漂浮、仙山药疗、温泉矿物泥疗、养生茗茶，更有私密花瓣药疗包池、香熏药蒸、冰泉等个性化项目。让每一位客人在旅途中缓解亚健康状态，做一次温泉深度养生护理，沐浴仙山圣水，畅享极致温泉。

——欢乐温泉池：灵秀圣水开光洗尘，打开毛孔激活细胞。浸泡20分钟，软化角质，打开毛孔。

——神奇漂浮池：消炎杀菌降脂减肥，塑身美体改善睡眠。浸泡或漂浮在水面上全身心放松40分钟，高浓度的盐产生的高渗透压杀灭皮肤细菌，分解脂肪离子，改善睡眠，加剧人体脂肪消耗，从而达到降脂减肥，塑身美体之功效。

——仙山药池：滋养排毒、防病去疾，让肌肤得到天然药物的滋养和保健。比如，香熏药蒸项目，汇峨眉仙山的70余味药材，利用蒸汽的热能与对症使用的药物治疗因子相互影响、共同作用于机体，祛寒除湿、排除废物，增氧供养、改善血管和软化管壁。

——温泉矿物泥疗：控油保湿、紧致肌肤、美容养颜。进入特色泥疗室，用天然矿物泥裹住全身，干结20分钟，让肌肤吸收矿物精华，紧致肌肤，活化细胞，使肌肤光滑细腻有弹性。

——养生茗茶：推出青果润喉、夏桑菊、决明子、板蓝根、胖大海、柠檬、玫瑰、苦瓜等特色养生茶。

2. 温泉文化新体验

从一句"温泉水滑洗凝脂"到一种为人们所津津乐道的休闲方式，泡温泉已经演变成为一种被广泛接受的温泉文化。温泉不仅是一种资源和产品，更是一种生活态度，是一种道法自然、和谐平衡的养生文化。温泉养生倡导的人与人、人与自然、人与社会之间的和谐，也是一种自然的回归。温泉养生应增加文化含量，丰富温泉文化体验，围绕温泉这个核心来挖掘温泉文化特色，赋予新一代温泉养生更独特多元也更具包容性的文化内涵，衍生更多休闲新产品。

【阅读材料】

珠海御温泉

当传统温泉还停留在"温泉疗养"的概念上，只是更衣、泡汤时，珠海御温泉独创太医五体和御式服务，率先以全面个性的温泉养生内容，引领温泉养生文化新体验。

御温泉最具特色的汤池当数"御温泉六福汤N次方"、"御温泉金银花池"、"御温泉温水泳池"、"御温泉至尊泉"，至尊泉用管道引入室内，汤池中点缀着玫瑰花瓣，满室的薰衣草香，沁人心脾。另有温泉"太医五体全息调法"、"中唐草本泡头"、"健康养生宴"等多个别具一格、别具特色的项目和服务。太医五体的理论源自中华传统的儒、释、道，结合祖传的宫廷太医调理方法，以温泉沐汤、太医调养、养生膳食为基础，辅以传统养生内容，形成综合的温泉养生体系。"太医五体全息"与传统中医按摩、沐足不同，它结合温泉泡浴及养生膳食，辅以山野草本，灵性桃木工具，对人之五体进行穴位按压、经络梳理、气血调和，并辅以专门的吉祥茶、万寿酒、热敷包，功效神奇。

最能拨动人们心底最温柔的那根弦的，还是御温泉无处不在而又不落痕迹的"御"式服务。在御温泉每一处，服务员发自内心的问候、微笑与鞠躬，让你温馨如归。如果你叫免费食品饮品，送过来的服务员必定是半跪式服务。每一次你从池中上来时必会有人小跑着上前将温热干爽的浴巾披到你的身上，为你摆正拖鞋、送上一杯热茶、撑上一把雨伞，御温泉，真正给你皇帝一般的享受！这是感情化服务、超前服务、细微服务的高境界代表。

（二）温泉SPA

养生温泉与SPA的完美结合，已经成为全世界的休闲趋势。在风景优美的温泉疗养区，SPA通常与天然温泉结合，将休闲、观光、养生、美容等综合服务融于一体。透过SPA，伴随着蔓延了几百年的芳香气息，身、心、灵得到充分的放松，感受自然的呼吸，聆听曼妙的天籁之音，让人在压力不断的现代生活中，寻回一种心灵的归属与内在的和谐。

1. SPA的发展

SPA为"Solubrious Par Aqua"的缩写，意思为"平衡健康之水"，代指一种以水为媒介，利用人与水的接触，使水中含有的一些对人体健康有益的成分通过亲和渗透作用进入人体，达到治疗或美容美体的目的治疗方法，即"水疗法"。现在的SPA概念又有较大的延伸，有人称其为"五感疗法"，既通过人体的五大感官功能：视觉、嗅觉、听觉、味觉、触觉的感知来达到身心俱畅的感觉。

相传"SPA"最早出现于1610年，现今比利时东部烈日市阿德雷丝森林中的"SPAU"小镇，被誉为SPA的发源地。那里拥有美丽的森林和蕴涵丰富矿物质的温泉，人们在此浸泡温泉，治疗各种疾病与疼痛，在自然的环境中享受上天赐予的恩惠，SPAU小镇以此闻名欧洲。

根据国际SPA协会的统计，全球SPA的产业现以20%~30%的年发展率，在美国休闲事业已晋身成为第四大产业。20世纪90年代SPA热潮席卷东西南亚地区各国，日本、南韩、泰国、马来西亚、印尼等国家已成为SPA的休闲及旅游基地，以泰国为例，SPA的旅游已占全国旅游业约50%之比例。

2. SPA的分类

SPA可适用于室内、庭院、森林、海边、山野、酒店等各类型不同的场所，目前的SPA可以分为六类：

（1）度假式 SPA（Resort SPA）。以度假、疗养为主，与风景、温泉结合，一般坐落在风景优美的温泉疗养区。SPA 倡导的保健理疗方式与中国中医药浴在养生理念上不谋而合，近年来 SPA 在中国很快便成为流行时尚。我国温泉有 2700 多处，12 大类（按医疗矿泉分类），每一类温泉都有不同医疗效果和养生价值，为温泉 SPA 产品提供了丰富的资源条件，温泉 SPA 在各地度假村酒店、会所、疗养院得到普遍应用。

（2）功能式 SPA（Destination SPA）。以理疗慢性病为主，在日本被称为"方外疗法"，即处方外的治疗方法，也多开在疗养区。

（3）俱乐部式 SPA（Club SPA）。以健身运动、减肥为主，多开在城市中。SPA 馆的规模大小不一，每个店都有各自较为突出的特点，装修上大多注意营造自然清新、典雅幽静的氛围。会员制是目前 SPA 普遍采取的消费方式，而且非常注意照顾消费者的隐私空间。

（4）酒店式 SPA（Hotel SPA）。在酒店里放松、休假；走高档、精致路线的 SPA，主要以满足养生需求之外，还让客人有贵族般的尊荣待遇。

（5）日常式 SPA（Day SPA）美容中心或 SPA 水疗中心。提供一种便捷的身心修护服务，顾客可以享受专业的 SPA 服务。在服务项目的设置上也具有极大的多样性，内容丰富而全面，讲究个性化服务。

（6）家居式 SPA（Home SPA）。到 SPA 专卖店购买所需的 Home SPA 用品，利用工作之余或假期，在家动手 DIY 做 SPA。SPA 常用道具包括：①纯植物精油：薰衣草、柠檬、天竺葵、杜松、甘菊等；②基础产品：植物沐浴露、角质霜、纯植物油等；③磨砂产品：种子粉（如松脂粉）、天然海盐、调碗、调棒；④辅助性去角质工具：天然丝瓜手套、海绵；⑤情调用品：纯香蜡烛、干玫瑰花瓣、音乐、灯光等。

3. SPA 的功效

水在人体健康里扮演一个很重要的角色，可以调节人体新陈代谢的排解速度，加强体内养分、氧气的输送和废物的清洁，身体的 70% 都是水分，可见其对身体的重要性。SPA 的关键是水资源及水设备，常见的有桶浴、湿蒸、干蒸、淋浴及水力按摩浴等，也常常选用矿物质、海底泥、花草萃取物、植物精油等来改善水质作用于人体。

SPA 分为芳香按摩、水疗、裹肤和脸部及身体的保养，SPA 具有美容美颜、放松身体、舒缓身心、健康皮肤、治疗疾病等功效。真正的 SPA 主要涵盖了四大精神：营养、运动、心灵的解放、脸部与全身的保养与调理，SPA疗法能令人达致放松→反省→新生→喜悦。SPA真正的用意除了基本的清洁皮肤和身体的按摩之外，它更强调人与周遭环境的互动与契合，讲求心灵上的洗涤，获得身心的平静。

4. 芳香疗法

近年来SPA与精油的搭配，形成一股SPA炫风，精油可以舒缓及振奋精神，解除压力，更吸引人的是它有神奇的燃烧脂肪功效，更是深受女性朋友喜爱，此外，也有帮助心血管、皮肤和新陈代谢等的疗效，是一项适合各个年龄层的享受休闲。

芳香疗法，就是利用芳香植物的纯净精油来辅助医疗工作的另类疗法。比如，如桉树的叶、玫瑰的花、佛手柑的果皮等，这些精油是由一些很小的分子组成，具有易渗透、高流动性和高挥发性的特点，当它们渗透到人的肌肤或挥发入空气中被人体所吸入时，就会对人的情绪和身体的其他主要功能产生作用，安抚人的神经和愉悦心境。每一种植物精油都有一个化学结构来决定它的香味、色彩及它与人体系统运作的方式，这也使每一种植物精油各有一套特殊的功能物质。天然芳香精油能强化人体的心理和生理机能，不仅能维持和改善人体健康，也激发人们对生活新热忱的积极健康观念。

5. 中医推拿

中医推拿按摩的历史悠久，在远古时期，中国就有推拿医疗的活动。当时的人们在劳动中遇到损伤而发生疼痛时，本能地用手法按摩痛处，就会感到疼痛减轻或消失。经过长期实践后，古人认识到了按摩的作用，并使之成为自觉的医疗活动，以后逐步发展形成了中医的推拿学科。在现代的温泉SPA中，中医推拿方法也会经常被使用。

推拿属中医外治范畴，按摩师通过"手法"所产生的外力，在患者身体特定的部位或穴位上做功，推拿刺激这些部位或点时，就会对人体产生一定的影响及治疗作用，同时这些部位或点还会产生酸、胀、麻、热等感应，这种感应往往会循着人体的经络扩散到人体的脏腑或其他组织器官，从而达到疏通经络、运行气血、营养全身的功效。由于经络是人体气血运行的通道，内及脏腑，外达四肢、皮肤九窍，分布于全身，所以中医学认为无论内科、外科、妇科、儿科的许多种疾病都可以通过推拿按摩来达到治疗的目的。

推拿按摩就是推和拿，它是两个不同的手法，推是做单一方向的运动，不做来回运动，拿法是做来回运动。临床上最常见的手法十六个字"推、拿、按、摩、揉、擦、滚、搓、理、分、点、弹、摇、搬、抖、拍"。推拿手法中还分为补法和泻法，顺时针的方向是补，反时针是泻，重手法为泻、轻手法是补，所以在温泉 SPA 中一定要注意手法的正确运用。

本章总结

本章对中国传统养生文化思想进行了梳理，介绍了当今国内养生休闲的特点和养生休闲产品的主要类型。饮食是"吃的艺术"，是养护生命的重要手段之一，介绍了中国传统的食养和食疗，以及饮茶的养生休闲活动。在温泉疗养的基础上提出了温泉养生的新概念和温泉 SPA 等新方式。

复习思考题

1. 什么是养生？请分析养生与休闲的关系。

2. 请结合书中案例分析居住养生产品的特点和未来发展趋势。

3. 品茶休闲之乐表现在哪些方面？成都欲推出茶馆文化这张休闲名片，请从城市旅游的角度为其支招。

4. 温泉疗养和温泉养生有何不同？请结合本章内容，为当地某温泉策划一系列夏季休闲活动。

第四章　休闲体育活动

本章导读

　　体育作为一种文化，集健身、益智、娱乐、消遣、审美、激励于一身，日益成为人们休闲的一项重要内容，两者的有机结合就诞生了休闲体育。休闲体育具有内容丰富、自由度大、随意性强、趣味性高、参与面广等特点，尤其以活动主体的自由选择性，活动内容和形式的多样性，以及活动效果的综合性受到追求个性张扬的现代人的喜爱。

核心概念（关键术语）

　　休闲体育　气功　武术　形体美　拉丁舞　瑜伽　调息　冥想

第一节　体育与休闲

　　休闲体育即在余暇时间里用各种方法、手段进行身体锻炼，开展多种形式、各样内容的身体娱乐，并成为一种现代文明社会的交往方式和交际手段。人们以这种休闲方式主动地、愉快地从事某种身体活动，以实现自我价值，提高生活质量。日本休闲体育协会①将休闲体育定义为：以休闲为目的的体育活动。

---

① 日本休闲体育协会是由日本文部省认可的专门研究休闲活动及休闲文化的法人团体。

一、休闲体育的类型

休闲体育最早出现于 20 世纪 70 年代中期，在西方经济发达国家，以闲暇活动为基础而兴起的一种新型体育活动，起初活动以年轻人为主，以挑战大自然为主题，寻求冒险刺激为目的，活动包括野外露营、江河漂流、高空跳伞、险峰攀登等。

（一）类型

休闲体育运动参与面广，可供选择的运动项目种类繁多、内容丰富，不同年龄的人群都能找到适合自己的活动方式。

1. 球类运动

各种球类均包括，如网球、羽毛球、乒乓球、篮球、排球、足球等，高尔夫、台球等昔日的贵族运动也正逐步走向大众化。参加不同的体育运动，象征着不同的社会地位。钓鱼、网球、帆船、高尔夫球、马术等是美国中产阶层普遍从事的户外休闲运动项目。结合中国的国情，网球将成为中国中产阶层最普遍从事的运动项目，根据调查，在北京、上海两地理想的休闲活动排名中，网球居日常户外运动方式第一位，希望参与的百分比分别为 29.8% 和 31%。

2. 户外运动

属于郊外的休闲运动，如登山、郊游、露营、攀岩、钓鱼、滑雪、溪降等。户外空间宽阔，有山有水，空气清新，风光旖旎，成为城市居民争相追逐的休闲主题。

3. 民俗性运动

具有民族性和地域特征的体能活动，如风筝、陀螺、毽子、剪纸、舞龙、舞狮等。随着东西方文化的日益交流，西方人开始饶有趣味地学习东方的运动休闲方式。

4. 舞蹈类运动

与舞蹈相关的休闲运动，如土风舞、现代舞、体育舞蹈、芭蕾舞、韵律舞、爵士舞、踢踏舞等。通过体育舞蹈的训练，可使人体外形更加匀称，体态更加优美，审美能力不断提高，体育舞蹈是一个追求美、创造美、实现美的过程。

5. 健身运动

肌肉训练及养身术,如健美、重量训练、健身操、瑜伽、太极拳、推手等。如中华武术,外国人亦称功夫,是以技击为内容,通过套路、搏斗等形式来增强体质、培养意志、修身养性,是"源于民族、属于世界"的休闲健身体育项目。

6. 技击运动

斗、击擂台赛等项目,如空手道、跆拳道、剑道、击剑、角力、射击、射箭等。这类运动既可防身健体,又可磨炼人的意志。

7. 水中及水上运动

水域运动项目,如游泳、划船、滑水、帆板、冲浪、潜水、水上摩托艇等。这类运动季节性较强,多在夏季进行。冰上运动也可以归为此类。

8. 空中运动

如滑翔翼、飞行伞、跳伞、高空弹跳、热气球等。这类运动惊险刺激并有极强的娱乐性和难忘的野外体验,极具挑战性和冒险性。

9. 其他休闲性运动

如极限运动、野外求生、拓展运动等,是一种教育经历或某种项目的训练,是智力与体力结合共同提高的益智游戏。这类游戏富含较多的娱乐和运动元素,使参与者身体得到锻炼,在玩耍中获得运动的乐趣,使原来的竞赛方式转变为交流智力的方式,以及对个人潜能的挑战。

(二) 休闲体育运动的功能

休闲体育运动以体育性的活动为内容,以休闲活动的形态和模式呈现,它所具有的社会功能以及它对个体自身改造的意义让现代人趋之若鹜。

1. 促进健康

积极从事休闲运动可提高各种技能,增加健身能力,养成良好的习惯,健康体魄,预防和治疗某些身体疾病或心理疾病,提高生活质量。

2. 缓解各项压力

运动可以诱发积极的思维和情感,对于抑郁、焦虑和困惑等消极心境具有抵抗作用,缓解现代生活所带来的工作、婚姻、激烈竞争等多重压力,松弛身心,使感情得到宣泄,忘掉烦恼,促进身心健康。

3. 满足高层次心理需求

休闲体育有众多项目，由于其游戏性强，趣味性高，能充分展现自我。运动时的"尖峰时刻"，包括最佳表现，流畅体验、高峰体验等良好的情绪体验，它们是奖励性的，难忘的和强有力的个人体验，这种体验可以提高人们的生活质量，提高人的健康幸福感。运动中与朋友、同事等进行社会交往是令人愉快的，可增进朋友间的友谊、人际关系，培养团体意识及团结合作的精神。

4. 提升工作服务效能

推广职工休闲运动可强化职工体能，提升工作精神，提高工作效能。长时间群体性的体育锻炼让人体会分享的过程，使职场上人际关系和谐，减少冲突对立，产生团队荣誉感和归属感。

二、中西休闲体育文化的差异

中国与西方国家由于地域和文化的差异，休闲体育文化在生活价值观念和生活行为层面具有各自不同的特点。我们既要积极推广民族传统体育项目，也要重视西方休闲体育文化中的精髓，取其所长，为我所用。

（一）中国传统休闲健身思想

中国人重视养生，但喜静不喜动，受道家思想影响，重视静养存神，"以气养身"。中国人讲究"静"的文化，在传统的休闲活动中，中国人一般喜爱诸如"下围棋"、"搓麻将"、"打桥牌"等智力游戏，一些体力游戏如"太极拳"、"八段锦"、"五禽戏"等运动强度也较小。

1. 农业经济的影响

中国传统文化产生与发展的经济基础是"以农立国"的农业经济。这种经济形式具有浓厚的封闭性和内向性，使得中国传统文化从产生之日起就走上了反省内求的道路，讲究"正心、诚意、修身、养性"，追求天人合一、顺应自然，即寻求人和周围环境、自然界的协调。

2. 传统文化影响

儒、道、释是中国传统文化的三个重要派别，它们的主静观念对中国文化及中国人都发生了重大的影响，如儒家主张通过"静坐"等方式修养心性，以实现心灵的宁静及与外界的平衡；道家认为"静为躁君"，即静止支配、主宰着运动；佛学倡导以"禅定"方式达到心性的平和与安宁，以进入与天地万物融为一体的境界。人们在日常生活中也常常提到"淡泊以明志，宁静以致远"、"万物静观皆自得"、"以静制动"、"以不变应万变"等，都体现了中国传统文化重"静"的观念。

3. 中国传统体育文化特点

中国传统体育文化植根于"天人合一"、阴阳、八卦、五行等理论之中，注重个人修养，通过身体锻炼来以外达内，由表及里，由形而下的身体有形的活动来促成形而上的无形精神的升华，实现理想人格的塑造，透射出十分明显的重人格倾向。中国传统体育文化追求"健"和"寿"，融进了身心合一、动静结合的导引养生、武技的发展，削弱了体育运动中的竞争性，重节奏、韵律、神韵、内涵、和谐美，重朦胧、抽象、含蓄美，向着娱乐性、表演性、礼仪性方向发展。

（二）西方休闲体育思想

西方文化崇尚运动，喜欢冒险、刺激的活动。这种重运动和偏好冒险以发现新事物的品格，对西方社会产生了重大的影响，奥林匹克运动会即起源于西方文化发源地古希腊的雅典城邦，现代许多新颖的运动休闲项目也源自西方。

1. 商品经济影响

西方文化产生于欧洲，欧洲位于亚欧大陆的西部，西临大西洋，南濒地中海，东南是黑海、里海，北临波罗的海、北冰洋，这样的地理环境使古代欧洲人注重利用海洋优势，发展海洋贸易和海洋运输等商品经济。商品经济具有开放性和外向性，在此基础上所产生的欧洲文化也具有了外向性和开放性的特点。

2. 哲学思想

古希腊哲学家赫拉克利特提出"一切皆流，万物皆变"的观念，他十分形象生动地用奔腾不息的河水来说明世界上一切事物都在不断地运动、变化，不断地产生、消亡，他说"我们不能两次踏进同一条河里"，这些名言说的都是同一个道理：运动和变化是绝对的、普遍的。

3. 西方体育文化特点

西方体育文化在西方哲学重外在、重分析，重与自然的斗争等观念的指导下形成和发展。西方体育文化追求"强与险"，始终向着竞争性、惊险性、公开性、健美性、趣味性方向发展，并使体育形成体系，注重人的全面发展。西方体育文化重人体胜于重人格，注重人体本身的价值，重阳刚的力量、速度之美，重外在、形体美，更讲究从人体的培养上来考虑体育的价值，让人在肌肉的运动中，在各种力的交汇中去实现完美人体的塑造，进而实现理想的人生。

第二节　气功与太极拳

气功（包括太极）是一种以调息（呼吸），调身（体势），调心（意念）为手段，强身健体、防病治病、开发潜能的身心锻炼方法。太极拳重视练气，强调形神统一，是一种慢运动。慢运动是休闲从容的，与当今快节奏的生活现状相对立，代表了一种健康的生活方式，不追求"更高、更快、更强"的竞技精神，关键在于心态和有意识地调整生活节奏，让人们能够享受这种生活方式。

【阅读材料】

气　功

气功一词，首见于晋时许逊《净明宗教录》的"气功阐微"，在古代多称为导引、吐纳、服气、修道、坐禅等。古人认为"气"是生命之源，"有气则生，去气则死，生者以其气"，"药补不如食补，食补不如气补"，重视静养存神，"以气养身"。湖南长沙马王堆汉墓出土的文物中有帛书《却谷食气篇》和彩色帛画《导引图》。《却谷食气篇》是以介绍呼吸吐纳方法为主的著作。《导引图》堪称最早的气功图谱，其中绘有44幅图像，是古代人们用气功防治疾病的写照。葛洪在其《抱朴子》中，对气功养生的经验和方法作了较详细的记载。

一、气功与体育

气功是一种特殊的体育锻炼。如果去掉对意念、呼吸的特殊要求，则与体育锻炼中的体操无异，只是动作柔和缓慢而已。传统体育中的武术与气功更是密不可分。所谓"外练筋骨皮，内练一口气"，就是指武术与气功结合而起到的健身治疗作用。传统气功中的"五禽戏"、"八段锦"等许多功法，往往也同时被归入体育锻炼之列。

【阅读材料】

武　术

武术亦称国术或武艺，是以技击为内容，通过套路、搏斗等形式增强体质，培养意志的民族传统体育项目。武术寓技击于体育之中，具有健身、防身、修身养性、娱乐观赏等多方面的作用。内外合一，形神兼备的民族风格以及广泛的适应性等特点，成为"源于民族、属于世界"的健身娱乐项目。练武术不光是为了健身，更是为了传统武术中的文化底蕴。中国武术作为中华民族传统文化的独特表现形式，包容了中国古典哲学、文化艺术、医学理论、社会习俗等丰富的内容。中华武术是一种内敛而不张扬的东西，一种韧性十足的精神。"天行健，君子以自强不息"，这句话正体现了武术是一种中和至诚之道，可改善人的气质与精神面貌。用太极拳的一句口诀来说，就是"不偏不倚，随曲就伸"。

（一）气功的类型

气功在历史上处于民间流传的状态，并形成了医家、儒家、道家、佛家、武术等众多的流派。医家气功强调保健、延年，道家气功讲求性命双修，佛家气功讲求明心见性，武术气功则注重强化肌肉、发劲等技击应用。

1. 硬气功和软气功

硬气功又称武术气功，它是内练精气神，外练筋骨皮的有机结合。通过长期的吸气、吞气、聚气、运气、闭气、崩气，并配合身体一系列动作锻炼后，使体内劲力在意识的指导下而强力集中，使这种劲力有极大的冲击力和承受力。

软气功：佛教之坐禅冥想，道家之养生功（及现代之柔软体操），皆属软气功。不需要紧绷肌肉，只需将心念注意在深长呼吸上，使之心无旁念。慢式太极拳路即属此类。软气功不需要大量消耗体力便可以加强肺气量，亦可运动各处肌肉，活动（被动）人体内部之脏腑器官，所以适合各类人士练习。

2. 动功和静功

气功主要可分为动功和静功，大多气功方法是动静相间的。动功以身体的活动为主，强调与意气相结合的肢体操作。而静功是指身体不动，只靠意识、呼吸的自我控制来进行的气功。

（1）吐纳。以锻炼呼吸为主，达到练气、行气的目的。主要是呼吸精气、吐故纳新。其中又分为纳气法、吐气法、胎息法三支。在《养性延命录》中有六字诀。胎息法是一种缓慢微弱深长的呼吸法，多见于武术套路或硬气功，亦可同时进行静功。

（2）禅定。佛门气功，意念集中，专注一境，凝神内敛，达到心如明镜止水，一尘不染的境界。

（3）存想。静坐气功，用一种集中意念想象的方法，存想大自然的景物而达到松弛神经的静功方法。如儒家的坐忘。

（4）内丹。属道家气功。来自古代方士内丹派，以身为炉，以气为火，使内气沿任督经络路线周流运行，用意气守丹田练成内丹的一派功法。道家的周天有小周天与大周天之分。周天运行路线包括大周天和小周天。小周天路线是任督两脉，其基本路径为：下丹田—会阴—尾闾—命门—夹脊—大椎—玉枕—命门—上丹田—鹊桥—重楼—中丹田—下丹田。大周天路线是人身24经脉与奇经全通。

【阅读材料】

道家延寿六字诀

道家吐纳、服气方法有延寿六字诀，即以呵、嘘、呼、哂、吹、嘻六字的吐音，对治人体内脏的疾病，具体做法是口吐鼻取。

1. 总诀

肝若嘘时目争精，肺知晒气双手举，心呵顶上连仪手，肾吹抑取膝头平，脾病呵时须摄口，三焦各热卧嘻嘻。

2. 吹肾气

正坐，以两手举起从耳朵左右引三度或是反手抛射，左右同转身三五度即可，以足前后逾左右各十数度，此法能去腰肾膀胱间积聚的风邪。如果修炼要在静室里焚香，顺温凉之宜，明燥湿之异，每夜半后生气时，或五更睡觉，先呵出腹内浊气，或一到九止，或到五止，定心闭目，叩齿三十六通，以积心神。然后以大拇指背试眼睛九遍，并按鼻左右七遍，把两手擦得很热，闭住口，先要呼吸然后到摩面，不论次数，为真人起居法，再以舌尖抵着上腭，口中内外津液满口。分三次咽下，令人胃存神受。这样作三度九咽，得以深深灌溉五脏光泽。

3. 呵心气

坐正，两手握拳，用力左右互相筑各六度，又坐正，一手按另一手的腕上，另一手向下拓空如重石，又以两手相仪，用脚踏在手中各五六度，能去心胸间风邪诸疾，关气为之，闭目良久，三咽，三叩齿才停止。

4. 嘘肝气

坐下正，以两手相重按下，将身体向左右各慢慢移动三五度，又坐正，两手泄相仪翻覆向胸三五度，此举能够化除肚内郁积的风邪毒气。

5. 晒肺气

坐正，两手抵地，缩身曲脊向上举三次，可以消除肺部的风邪和积劳，亦可反手用掌头轻打脊上左右各三五下，闭目咽液叩齿三下才停止，此举能消除胸膛间的风毒闭气。

6. 呼脾气

大坐，一脚伸，一脚屈，两手向后反击各三五度，亦可跪坐，以两手抵地，眼睛顾盼虎视各三五度，能去脾脏风邪，增加食欲。

7. 嘻三焦

平坐，昂头，两掌向上，以两手挽脚腕，摇动三五度，或大坐，两脚向左右伸开，以两手扣地，举身腰脊三五度，能去肾内的风毒邪气。

→ 小贴士

丹　田

丹田有上、中、下之分。

上丹田——印堂和玉枕穴的连线与卤门下垂线的交汇处,又称天目、天目穴、泥丸宫。

中丹田——双乳连线的中点往胸内部的中间。

下丹田——脐下3寸往腹内进去的中间。而功夫达到相当程度,则"全身无处不丹田"。

（5）导引术。属于医家气功,包括五禽戏,八段锦、易筋经（少林派气功）。导引包括运动肢体和自我按摩,属动功。具有疏通经络、强壮筋骨之效,有时出现按摩拍打动作,可以畅通气血。

（二）气功与养生

气功之要,一是静心,静而不思,若能无外无我,可以养神而致长寿。二是以意引气,以气行周身,通达经络,包括通任督、通小周天、通大周天等各种方法,达到养气养神、经脉流畅,保健强身。

1. 治病

气功之所以能够治病,主要是因为它对大脑皮层和皮层下植物神经中枢及心血管系统能起到有益的调节作用,对机体的异常反应有纠正作用,对腹腔器官有一种按摩作用,对自身生理机能可起到自我控制作用等。

2. 健身

气功中的放松、入静和呼吸可缓解大脑皮层对整体的应急性反应准备,为机体的休息、修复和调整提供有利条件,亦即可清除"七情"对机体的扰乱,降低机体对外部环境的劣性刺激的敏感性,减弱"六欲"的危害。经过缓慢调整,使整体耗能减少,增强机体的抗病能力。

3. 养心

与体育锻炼相比,气功更强调人的心理状态对人体健康的影响,"调心"起着决定性的主导作用,在意识的主导下进行机体内部功能的自我调整和锻炼，通过特殊的心理过程来改变自身的生理状态，排除情绪的干扰，让人体的生理、生化处于最佳工作状态。

二、太极拳

太极拳并不单纯是学习一种技能来强身健体，而是更多地培养了一种专注和放松能力。学习太极拳的过程也是心灵养生的过程，太极拳看似相悖，其实都可以相互转化，以柔克刚，可以调控人的情绪，完善人性。

太极拳，早期曾称为"长拳"、"绵拳"、"十三势"、"软手"。清朝乾隆年间，山西人王宗岳著《太极拳论》，才确定了太极拳的名称。太极拳是依据"易经"阴阳之理、中医经络学、导引、吐纳综合地创造出来的一套有阴阳性质、符合人体结构、大自然运转规律的一种拳术。相传原始太极拳法最初出自轩辕黄帝，他根据蛇和喜鹊相斗的形态而创出此拳法。

（一）太极养生与休闲

太极拳是中华民族辩证的理论思维与武术、艺术、气功引导术的完美结合，是高层次的人体文化。其拳理来源于《易经》、《黄帝内经》、《黄庭经》、《纪效新书》等中国传统哲学、医术、武术等经典著作，并在其长期的发展过程中又吸收了道、儒、释等文化的合理内容，被称为"国粹"。

→ **小贴士**

2006 年 5 月 20 日，太极拳经国务院批准列入第一批国家级非物质文化遗产名录。2007 年 6 月 5 日，经国家文化部确定，河北省永年县的杨振河和韩会明为该文化遗产项目代表性传承人，并被列入第一批国家级非物质文化遗产项目 226 名代表性传承人名单。

1. 太极养生

100 多年前，太极拳家在《十三势行功歌》中就有"详推用意终何在，益寿延年不老春"的提法。太极拳结合了道家导引、吐纳之术。太极拳重视练气，讲究意念引导气沉丹田，讲究心静、体、松、重在内壮，所以被称为

"内家拳"之一。太极拳运用了中国古代的阴阳学说和中医经络学说,以意行气,通任督二脉,练带脉、冲脉。各式传统太极拳也皆以阴阳五行学说来概括和解释拳法中各种矛盾变化。目前,很多科研部门对太极拳进行过研究。通过从医学、生理、生化、解剖、心理、力学等多学科的研究证明,太极拳对防治老年摔跤、高血压、心脏病、肺病、肝炎、关节病、胃肠病、神经衰弱等慢性病有很好的疗效。

2. 太极休闲

太极拳的运动特点是中正安舒、轻灵圆活、松柔慢匀、开合有序、刚柔相济,动如"行云流水,连绵不断"这种运动既自然又高雅,可亲身体会到音乐的韵律、哲学的内涵、美的造型、诗的意境。在高级的享受中身心松弛,使疾病消失,使身心健康。

中华人民共和国成立后,太极拳发展很快,打太极拳的人遍及全国。目前,仅北京市公园、街头和体育场就设有太极拳辅导站数百处,吸引了大批爱好者。卫生、教育、体育各部门都把太极拳列为重要项目来开展,出版了数百万册的太极拳书籍、挂图。太极拳作为中国特有的民族体育项目,已经引起很多国际朋友的兴趣和爱好。欧美、东南亚、日本等国家和地区都有太极拳活动。据不完全统计,仅美国已有 30 多种太极拳书籍出版,许多国家成立了太极拳协会等团体,积极与中国进行交流活动。

(二) 太极拳训练方法

太极拳是一种技击术,其特点:以柔克刚,以静待动,以圆化直,以小胜大,以弱胜强。练拳时要求正腰、收颚、直背、垂肩,有飘然腾云之意境。清代拳师称"拳势如大海,滔滔而不绝"。

1. 基本动作

太极拳的八种劲:掤、捋、挤、按、采、挒、肘、靠。八种劲法中,掤劲是八劲之本,练太极拳不能须臾离开此劲。它是弹簧力,又如水托舟,如戥称量;是知觉力,一切外来之力皆借其辨别方向、大小。其他七劲只是因方位和做法不同而另有所称。

掤劲是向上向外之力,使对方之力达不到胸部,是保护自己的防御手法;捋劲是向旁的横力,三分向下,七分向后,用时要含胸、转腰、坐胯,三者一致,防止对方肩击胯打;挤劲是向前推之力,挤在手背,另手辅之,要点在于双手用力一致，两脚抓地前弓；按劲是向前推击或上掀之力，用时须顶头悬、含胸、拔背，用腰力发出；采劲是以手抓住对方手腕和肘部向下向后下沉之力，用时要含胸缩胯，一般是先采后挒；挒劲是以手向左右上下挡开之力，用时要身躯配合以腰带动；肘劲是以肘击人，在近身时使用，有"远拳近肘贴身靠"之说；靠劲是用肩击胯打，贴身时使用。

【阅读材料】

太极推手

太极推手和盘架子（练拳的套路），是太极拳一个整体的两个部分。盘架子为拳之体。盘架子主要是从练姿势中锻炼身体的平衡，就是不论怎样运动，要始终保持住身体的重心。推手为拳之用。推手是在对方的推动逼迫下，仍要不失掉自己的重心，相反还要设法引动对方失掉重心。"盘架子以求懂自己之劲，推手以求懂他人之劲"，练太极拳在学会盘架子之后，学会了推手，才算是体用兼备了。

太极推手，过去有人叫"打手"。老太极拳书上有"打手歌"，"打手要言"等，都是讲打手方法的。但"打手"二字的含义，不如用"推手"比较全面，因为推手包含两个人"打轮"和"散手"两个部分。"打轮"是两个人对手合作，共同练习，推起手来，四臂往还，你搓我揉，你进我退，你收我发，既可收到锻炼身体的益处，同时也提高了兴趣，增进了友谊。也有人管推手叫"揉手"的，实际上就是形容它的动作，指相互揉搓而说的。推手有定步推手，活步推手，插肋，烂采花等区别，其中定步推手是推手的基本工夫。

2. 主要流派

太极拳并非一人所创，而是前人不断开发、总结、整理、创新、发展而来的。太极拳经过长期流传，演变出许多流派，有陈式、杨式、孙式、吴式、武式以及武当、赵堡等多种流派。河北永年人杨露禅从学于陈家沟陈长兴，并与其子杨健侯、其孙杨澄甫等人在陈式太极拳的基础上，创编发展了"杨式太极拳"。中华人民共和国成立后推行简易太极拳套路。1956年在杨式太极拳的基础上，吸取其他各式太极拳之长，删去繁难和重复的动作，选取24

式，编成"简化太极拳"。1979年又编成"48式简化太极拳"。50多年来，简化太极拳已盛行于国内外，深受人们喜爱。

→ 小贴士

24式简化太极拳动作名称：01. 起势，02. 左右野马分鬃，03. 白鹤亮翅，04. 左右搂膝拗步，05. 手挥琵琶，06. 左右倒卷肱，07. 左揽雀尾，08. 右揽雀尾，09. 单鞭，10. 云手，11. 单鞭，12. 高探马，13. 右蹬脚，14. 双峰贯耳，15. 转身左蹬脚，16. 左下势独立，17. 右下势独立，18. 左右穿梭，19. 海底针，20. 闪通臂，21. 转身搬拦捶，22. 如封似闭，23. 十字手，24. 收势。

3. 打太极拳的要领

太极拳是一门最讲求省力打人的艺术，所以借力打人、引进落空是太极拳最本质的特点。要懂得身法轻灵之理，以意运气、以意打人，久之则身法无所不合，达到"一动无有不动，一静无有不静"，"引进落空，四两拨千斤"之技，才能出神入化。

（1）虚领顶劲：头颈似向上提升，并保持正直，要松而不僵可转动，眼要自然平视，嘴要轻闭，舌抵上颚。这样身体的重心就能保持稳定，不偏不倚。

（2）含胸拔背、沉肩垂肘：指胸、背、肩、肘的姿势，胸要含不能挺，肩不能耸而要沉，肘不能抬而要下垂，全身要自然放松。

（3）手眼相应，以腰为轴，移步似猫行，虚实分清：指打拳时必须上下呼应，融为一体，要求动作出于意，发于腰，动于手，眼随手转，两下肢弓步和虚步分清而交替，练到腿上有劲，轻移慢放没有声音。

（4）意体相随，用意不用力：切不可片面理解不用力。如果打拳时软绵绵的，打完一套拳身体不发热，不出汗，心率没有什么变化，这就失去打拳的作用。正确理解应该是用意念引出肢体动作来，随意用力，劲虽使得很大，外表却看不出来，即随着意而暗用劲的意思。

（5）意气相合，气沉丹田：就是用意与呼吸相配合，呼吸要用腹式呼吸，一吸一呼正好与动作一开一合相配。呼吸平稳，深匀自然，不可勉强憋气。

（6）动中求静，动静结合：即肢体动而脑子静，思想要集中于打拳，所谓形动于外，心静于内。每一动作都要轻灵沉着，不浮不僵，外柔内刚，发劲要完整，富有弹性，不可使用拙力。

（7）式式均匀，连绵不断：指每一指一式的动作快慢均匀，而各式之间又是连绵不断，如行云流水，全身各部位肌肉舒松协调而紧密衔接。

第三节　体育舞蹈与瑜伽

体育休闲运动包括体育舞蹈与瑜伽，体育舞蹈与瑜伽全面增进身体健康，陶冶情操，改善形体，集中地表现了人体的健、力、美。

一、体育舞蹈

体育舞蹈也称"国际标准交谊舞"，是以男女为伴的一种步行式双人舞竞赛项目，分摩登舞、拉丁舞，每个舞种均有各自舞曲、舞步及风格。体育舞蹈融艺术、体育、音乐、舞蹈于一体，是健与美结合的典范。体育舞蹈动作以人体肌肉活动特有的运动形式产生负荷，刺激内脏器官，促进呼吸、神经等系统机能的增强，使人体外形匀称，体态刚健，动作优美。在翩翩起舞的过程中，欣赏优雅的舞曲，将内心情感抒发在舞姿上，具有消除疲劳、陶冶情操、康复机体的作用。

→ 小贴士

体育舞蹈起源于古代土风舞，经历对舞、圈舞、行列舞、集体舞等演变过程。19世纪20年代后，英国皇家舞蹈教师协会对原舞种、舞步、舞姿等进行规范整理，制定比赛方法，始形成国际标准交谊舞。1947年在德国柏林举行第一届世界标准交谊舞锦标赛。

（一）摩登舞（Modern）

摩登舞包括华尔兹、维也纳华尔兹、探戈、狐步和快步舞，又译"现代舞"，体育舞蹈项群之一。摩登舞是由贴身握抱的姿势开始，沿着舞程线逆时针方向绕场行进。步法规范严谨，上体和胯部保持相对稳定挺拔，完成各种前进、后退、横向、旋转、造型等舞步动作，具有端庄典雅的绅士风度和淑女风范。曲调大多抒情优美，旋律感强。服饰雍容华贵，一般男着燕尾服，女穿过膝蓬松长裙。

1. 华尔兹舞（Waltz）

用 W 表示，也称"慢三步"，是维也纳华尔兹（快三步）的变化舞种。华尔兹舞曲旋律抒情、悠扬而缓慢，节奏为 3/4 的中慢板，每分钟 28～30 小节。每小节三拍为一组舞步，每拍一步，第一拍为重拍，三步一起伏循环。通过膝、踝、足底、跟掌趾的动作，结合身体的升降、倾斜、摆荡，带动舞步连贯移动，使舞步起伏连绵，舞姿华丽典雅。

2. 维也纳华尔兹（Viennese Waltz）

用 V 表示，也称"快三步"。维也纳华尔兹源于奥地利的一种农民舞蹈，由男女成对扶腰搭肩共同围成一个圆圈而舞，故被称为"圆舞"。著名的约翰·施特劳斯为华尔兹谱写了许多著名的圆舞曲。华尔兹舞曲旋律流畅华丽，节奏轻松明快，为 3/4 拍节奏，每分钟 56～60 小节，每小节为三拍，第一拍为重拍，第四拍为次重拍。基本步伐是六拍走六步，二小节为一循环，第一小节为一次起伏。基本动作是左右快速旋转步，完成反身、倾斜、摆荡、升降等技巧。舞步平稳轻快，翩跹回旋，热烈奔放。

3. 探戈舞（Tango）

用 T 表示，源于阿根廷民间，20 世纪传入欧洲上层社会，后流行于世界各国。2/4 拍节奏，每分钟 30～34 小节。每小节二拍，第一拍为重拍。舞步有快步和慢步，快步（quick）占半拍，用 Q 表示；慢步（slow）占一拍，用 S 表示。基本节奏是慢、慢、快、快、慢（S、S、Q、Q、S）。舞曲节奏带有停顿并强调切分音；舞步顿挫有力，潇洒豪放；身体无起伏、无升降、无旋转；表情严肃，有左顾右盼的头部闪动动作。

4. 狐步舞（Foxtrot）

也称"福克斯"，用 F 表示。20 世纪起源于欧美，据传系模仿狐狸走路的习性创作而成。舞曲抒情流畅，节奏为 4/4 拍，每分钟 28～30 小节，每小节为四拍，第一拍为重拍，第三拍为次重拍。基本步伐是四拍走三步，每四拍为一循环。分快、慢步，第一步为慢步（S），占二拍；第二、三步为快步（Q），各占一拍。基本节奏为慢、快、快（S、Q、Q）。以足踝、足底、掌趾的动作，完成升降起伏，注重反身、肩引导和倾斜技术。舞步流畅平滑，步幅宽大，舞态优雅从容飘逸，似行云流水。

5. 快步舞（Quick Step）

用 Q 表示。起源于美国，20 世纪流行于欧美和全球。舞曲明亮欢快，舞步轻快灵活，跳跃感强，是体育舞蹈中一种轻快欢乐的舞蹈。节奏为 4/4 拍，每分钟 50～52 小节。每小节四拍，第一拍为重拍，第三拍为次重拍。舞步分快步和慢步。快步用 Q 表示，时值为一拍；慢步用 S 表示，时值为二拍。基本节奏是慢、慢、快、快、慢。舞步组合有跳步、荡腿、滑步等动作。

（二）拉丁舞（Latin）

拉丁舞包括伦巴、恰恰、桑巴、牛仔和斗牛舞，特点是舞伴之间可贴身，可分离，各自在固定范围内辐射式地变换方向角度，展现舞姿。各舞种通过对胯部及身体摆动不同的技术要求，完成各种舞步，步法灵活多变，舞姿妩媚潇洒，热情奔放。拉丁曲调缠绵浪漫，活泼热烈，节奏感强。着装浪漫洒脱，男着上短下长的紧身或宽松装，女着紧身短裙，显露女性曲线的美。

1. 伦巴舞（Rumba）

用 R 表示。伦巴起源于古巴，是一种为人们所喜欢的舞步，享有"拉丁舞之灵魂"的美誉。音乐节奏为 4/4 拍，重音在第一和第三拍，每分钟 27～29 小节。每小节四拍。乐曲旋律的特点是强拍落在每小节的第四拍。舞步从第 4 拍起跳，由一个慢步和两个快步组成。四拍走三步，慢步占二拍（第 4 拍和下一小节的第一拍），快步各占一拍（第二拍和第三拍）。胯部摆动三次。胯部动作是由控制重心的一脚向另一脚移动而形成向两侧作"∞"型摆动。具有舒展优美，婀娜多姿，柔媚抒情的风格。

2. 恰恰舞（Cha－cha－cha）

用 C 表示。源于非洲，后传入拉丁美洲，在古巴得到发展。节奏为 4/4 拍，每分钟 30～32 小节。每小节四拍，强拍落在第一拍。四拍走五步，包括两个慢步和三个快步。第一步踏在第二拍，时间值占一拍；第二步占一拍；第三、四两步各占半拍；第五步占一拍，踏在舞曲的第一拍上。胯部每小节向两侧摆动六次。舞曲热情奔放，舞步花哨利落，步频较快，诙谐风趣。

3. 桑巴舞（Samba）

用 S 表示。源于巴西，是巴西一年一度狂欢节的舞蹈。舞曲欢快热烈，节奏为 2/4 拍或 4/4 拍，每分钟 52～54 小节。强拍落在每小节的第二拍或第四拍。每小节完成一个基本舞步。舞步在全脚掌踏地和半脚掌垫步之间交替完成，通过膝盖上下屈伸弹动，使全身前后摇摆，并沿着舞程线绕场行进，属"游走型"舞蹈。特点是流动性大，动律感强，步法摇曳紧凑，风格热烈奔放。

4. 斗牛舞（Paisobopli）

用 P 表示。斗牛舞源于法国，盛行于西班牙，系据西班牙斗牛场面创作而成。男为斗牛士，气宇轩昂，刚劲威猛，女着红色斗篷，英姿飒爽，柔美多变。斗牛舞音乐为旋律高昂雄壮、鲜明有力的西班牙进行曲。节奏为 2/4 拍，每分钟 60～62 小节。一拍一步，八拍一循环，特点是舞步流动大，沿着舞程线绕场行进，属于"游走型"舞蹈。舞姿挺拔，无胯部动作及过分膝盖屈伸。用踝关节和脚掌平踏地面完成舞步。动静鲜明，力度感强，发力迅速，收步敏捷顿挫。

5. 牛仔舞（Jive）

用 J 表示。牛仔舞源于美国，原是美国西部牛仔跳的踢踏舞，20 世纪 50 年代爵士乐的流行，加速和完善了这种舞蹈，但风格上还保持美国西部牛仔刚健、浪漫、豪爽的气派。牛仔舞旋律欢快，强烈跳跃，节奏为 4/4 拍，每分钟42～44 小节、六拍跳八步。由基本舞步踏步、并合步，结合跳跃、旋转等动作组合而成。要求脚掌踏地，腰和胯部作钟摆式摆动。特点是舞步敏捷、跳跃，舞姿轻松、热情、欢快。

【阅读材料】

拉丁舞的三要素

（1）灵魂。当舞步移动时，不是单纯只有脚步的移动，而是要以身体的动作来带领脚的移动，同时，移动后的姿势应以身体由内而外不断的延伸。

（2）性感。拉丁舞所表达出的肢体语言必须是性感的，大部分的舞种皆表现出二人互相吸引或互相欣赏的动作，因此在表现上应通过音乐的控制、脸部表情、眼神及身体动作来表达。

（3）平衡。所有的平衡动作皆由身体中心向外发出，在连续旋转时，速度应由慢渐快再渐慢，重心在张开的双足之间，不可太前或太后，脚部的移动不可过大或过小，为了身体的平衡，应不断地练习找出适当的步位。

二、瑜伽

瑜伽起源于公元前的古印度，现风靡于世界。瑜伽一词源于梵文音译，有结合、联系之意，在古圣贤帕坦珈利所著的《瑜伽经》中，准确的定义为"对心作用的控制"，为达到冥想而集中意识之义。瑜伽有一套从肉体到精神极其完备的修持方法，瑜伽修持首先着眼于身体的强健，然后要求身心融合为一。在此基础上，引导修持者进入无上完美的境界，达到天人合一。

（一）瑜伽的修持方法

瑜伽的修持分八个阶段进行，其中第一和二阶段是思想基础，思想准备。第三和四阶段是肉体训练，通过各种姿势训练达到去病强身的目的。第五和六阶段进行初步静坐修持静功。最后两个阶段是高层次修持，进行冥想、静定阶段。

1. 道德规范

即道德首要。没有道德任何功法都练不好。必须以德为指导，德为成功之母，德为成功之源。瑜伽道德基本内容：非暴力、真实、不偷盗、节欲、无欲。这是瑜伽首先要求修持者遵守的道德规范。

2. 自身的内外净化

外净化为端正行为习惯，努力美化周围环境，内净化为根绝七种恶习：欲望、愤怒、贪欲、狂乱、迷恋、恶意、嫉妒。

3. 体位法

体位法是姿势锻炼，能净化身心，保护身心，治疗身心。体位法种类不可胜数，它们分别对肌肉、消化器官、腺体、神经系统和肉体的其他组织起良好作用。不仅提高身体素质，还可以提高精神素质，使肉体、精神平衡。

4. 呼吸法

指有意识的延长吸气、屏气、呼气的时间。吸气是接受宇宙能量的动作，屏气是使宇宙能量活化，呼气是去除一切思考和情感，同时排除体内废气、浊气，使身心得到安定。

5. 控制精神感觉

精神在任何时候都处于两个相反的矛盾活动中，欲望和感情相纠缠，其次是同自我相联系的活动。控制精神感觉，就是抑制欲望使感情平和下来。

6. 意识集中

集中意识于一点或一件事，从而使精神安定平静。

7. 冥想、静定

进入冥想、静定状态。通过实际体验去加以理解。

8. 忘我

修持者进入"忘我"状态，即意识不到自己的肉体在呼吸、自我精神和智性的存在。已进入了无限广阔的宁静世界。

（二）瑜伽调息法

瑜伽调息法是用来洁净身体的瑜伽呼吸练习。呼吸是人最重要的机能。瑜伽认为，人的呼吸量是有一定限度的，缓慢绵长的呼吸是长寿的关键，正如鹤与龟以缓慢温和的长息呼吸法而长寿。呼吸照观的瑜伽修习方法是最简单也是最深奥的方法，是一切修养的基础。

→ **小贴士**

正如瑜伽所言：改变你的呼吸，就改变了你的身体；改变你的呼吸，就改变了你的心灵；改变你的呼吸，就改变了你的命运。普通人每分钟呼吸 15~16 次，坐禅中呼吸达到 5~6 次，修持得法每分钟 1~2 次。坚持不停的练习，每天早晚各一次，每次十五分钟到三十分钟。慢慢你的心就会集中到呼吸上了。进而深入练习，你就会体验到一刹那的定境，充满了宁静、喜悦和睿智。

1. 瑜伽呼吸法

调整呼吸，通过肺吸入充足的宇宙能量供给身体，可促进心脏血液循环，并且通过血流将能量送至身体的各部，增强抗病能力。同时，呼吸照观的瑜伽修习方法使你的注意力集中从而具备深刻的洞察力，这种洞察力能帮助你化解生活中的痛苦和烦恼，了解生命的真谛，使心灵也变得更清澈。

（1）腹式呼吸。腹式呼吸是横隔膜向下降的运动，横隔膜呼吸不同于浅短的呼吸，能使宇宙能量充满整个肺部，供应身体充足的氧气。横隔膜呼吸将体内的废气、浊气、二氧化碳呼出体外。横隔膜上下移动，犹如温和的按摩，促进脏腑的血液循环，增强其机能。横隔膜呼吸法是以最少的力得到大量的新鲜空气，因此是极其有效的呼吸方法。

可取随意的姿势，仰卧、静坐、站立均可。卧或站双脚适度分开，双眼轻闭，一手置于胸部，另一手置于腹部上方。以便感觉横隔膜以及腹肌的活动。然后以鼻腔缓慢、细长的吸气和呼气，不可出声振动或停息。然后加大正常呼吸的过程，当呼气时，尽量把气吐尽，分多次吐，然后有意使腹肌向内瘪，并温和地收缩肺部，将气呼出。吸气时，把空气直吸向腹部；吸气越深，腹部升起越高，随着腹部扩张，横膈膜就向下降。这种呼吸是借助横隔膜的收缩和下压形成吸气动作。每天练习 3~5 次，每次 3~5 分钟。

（2）胸式呼吸。仰卧或伸直背坐着，深深吸气，但不要让腹部扩张；代替腹部扩张的是把空气直接吸入胸部区域。在胸式呼吸中，胸部区域扩张，腹部应保持平坦。然后，当吸气越深时，腹部向内朝脊柱方向收入；吸气时，肋骨是向外和向上扩张的，接着呼气，肋骨向下并向内收。

（3）完全呼吸。即把以上两种呼吸结合起来完成，这是一种自然的呼吸方式，略加练习后，这种呼吸方法就会在日常练习和生活中自动地进行。

跏趺而坐，臀部略微垫高二寸左右，保持身躯端直而且心念清明警觉。两手舒适地放在膝上，两眼轻闭或微开一线，凝视鼻端。把心意专注于你的呼吸。具体方法是：像平时一样的一呼一吸，丝毫不要用力，只是将心意集中在这呼出、吸入上，保持对呼吸的警觉，心中须明了这些是深呼吸，这些是浅呼吸，对呼吸的动作变化无不了然于心。忘掉你周围的环境以及其他一切事物，不可抬眼视物或东张西望。

2. 调息方法

人的呼吸是可以控制和调整的。在瑜伽练习中，调息法对心身有很多益处。同时，练好呼吸调息法，也是为瑜伽的静思和冥想法做好准备。

（1）风箱调息。把肺部当做铁匠的风箱那样使用，放松身体，舒适打坐，开始时呼吸应相当快速，但不要用力猛烈。用大拇指盖住右鼻处，做腹式呼吸；急速、有节奏、有力地连续吸气和呼气，让腹部扩张和收缩，做 20 次完整呼吸；然后，用大拇指盖住左鼻处，重复做腹式呼吸 20 次。这样做完了一个回合，休息 1 分钟，再做第二个回合。

（2）圣光调息。舒适打坐，合上双眼，始终放松，不要使劲；像风箱式那样做腹呼吸，不同处是：使劲做呼的过程，吸气须慢慢自发地进行；每次呼气之后，只作一刹那的悬息，然后慢慢吸气；呼气 50 次后，再做最后 1 次呼气，尽量呼出肺部的空气。完成一个回合，再做 2～5 个回合。

（3）昏眩调息。舒适打坐，双眼闭合约 90%，缓慢而深长地吸气；悬息由一数到三，做收颌收束法和凝视第三眼；非常缓慢而彻底地呼气，抬起头，吸气，重复练习此法 2～3 次。

（4）清凉调息。舒适打坐，背部伸直，双手放在膝上；张开嘴，把舌头伸出一点，卷成一条管子；通过舌头小管吸气，把舌头当做一条吸管，吸入空气；能听到和感到清凉的空气经过舌头，沿气管向下送；吸气应缓慢深长，吸满空气后，闭上嘴巴，悬息；把头向前放低，悬息数一到四之久，抬头，接着慢慢通过鼻孔呼出空气，最好用喉呼吸方式。这是一个回合，共做 25～50 个回合。

（5）经络调息。呼吸交替地通过左、右鼻孔进行调试，以平衡左经和右经中生命之气的流动。初级功法为：用大拇指闭住右鼻孔，通过左鼻孔吸气；接着，闭住左鼻孔，通过右鼻孔呼气；然后，又通过右鼻孔吸气，闭着它，通过左鼻孔呼气。这是一个回合，可做 25 个回合。高级功法是在吸气和呼气之间之后都要悬息：用左鼻吸气，悬息；用右鼻孔呼气，悬息；用右鼻吸气，悬息；用左鼻孔呼气，悬息。此为一个回合，可做 25 个回合。

（三）瑜伽的静思与冥想

瑜伽中的静思与冥想不是宗教，也不是玄学，而是现代人可以利用和学习的一种与自我心灵对话的方式。冥想可以提高人集中精神、控制自身意识以及调节身心的能力，从而帮助人们实现内心更为平静、祥和的状态，因此，冥想是真正意义上的"寻找自我，认识自我"的方式。有经验的瑜伽师说："冥想就像睡觉，它是自发的，你就是你自己的老师。"

1. 训练法

也称为放松训练或松弛训练。有意识地控制自体心理生理活动、降低唤醒水平、改善机体紊乱功能的训练，可使精神得到放松。方法主要是通过瑜伽的调整姿态（调身）、呼吸（调息）、意念（调心）而达到松、静、自然的放松状态。

现代科学研究表明，瑜伽放松功使放松状态下的大脑皮层水平下降，交感神经系统的兴奋性下降，机体耗能减少，血氧饱和度增加，血红蛋白含量和携氧能力提高，消化机能提高，以及肌电、皮电、皮温等一系列促营养性反应，这对于调整机体功能、防病治病、延年益寿大有裨益，更能提高感知、记忆、思维、情绪、性格等心理素质。

2. 诱眠法

也称为放松催眠法或诱眠松弛法。施放松暗示指令，使受术者静卧微闭双眼，深沉吸气，慢慢呼气，精神安宁，注意呼吸节律；嘱全身放松，体验全身肌肉放松后的无力舒适感。同时暗示："全身肌肉放松后，精神得到充分放松，四肢不能动了，眼睛睁不开了，脑子也不想了，睡吧！睡吧！睡着了，精神彻底放松解脱了……"

（1）意境法。称为意念放松法或想象放松法。如静卧后，自我意念想象：心里出现了一幅幅图画，平湖如镜，清澈安宁；一只美丽的天鹅浮过湖面，天上洁白的雪花轻轻飘落着；美丽的、金光灿烂的日出，一个农民在田里犁地，一匹马拉着车子；一头母牛安详地站着，一只孔雀在开屏；海洋上浪花激扬，孩子们在嬉戏；清澈的蓝天，头上团团白云飘过；我在这诗情画意中，心旷神怡，感到格外的轻松、舒适和愉快；我被陶醉了，我心静极了。

（2）瑜伽语音冥想法。瑜伽语音冥想又称曼特拉（Mantra）冥想。梵语中"曼"（man）的意思是"心灵"；"特拉"（tra）的意思是"引开去"，"曼特拉"即能把人的心灵从其种种世俗的思想、忧虑、欲念、精神负担等引离开去的一组特殊语音。OM（ohm）是一种最古老、最常用也是最有效的Niguna语音冥想。OM有时被写成AUM，它表示"心灵迈向永远和平的历程"，这个语音就像我们闭着嘴巴"HOME"（家）的音，人们常常念诵这个语音就会有归属感。

选择一种自由的、轻松的坐姿，让身体慢慢放松下来，调整好呼吸。深深地吸气、吐气，同时唱诵或者念出这个语音，让"O"自然地从心底发出，然后慢慢转到"M"音上，让这个声音延长并通过整个身体和头部，让身心完全地放松。一般在刚开始时做5分钟"OM"语音冥想，以后增加到10分钟、20分钟或者更长的时间。

【阅读材料】

瑜伽冥想"十二原则"

（1）选择一个专门的地方来练习，这样可以帮助你找到安宁感，易于进入瑜伽冥想的状态。

（2）选择一个固定的时间——清晨和傍晚比较理想。

（3）尽量不在冥想前进食，因为这会影响你集中精神的状态。

（4）正确、稳定的坐姿是冥想成功的关键，选择一个你感觉很舒服、放松的姿势来练习，如果可以的话，用莲花坐的姿势。坐下来后，让背部、颈部和头部保持在同一条直线上，面向北面或者东面。

（5）在冥想的过程中，保持身体温暖（天凉时你可以给身体围上毯子），引导你的意识保持平静。

（6）让你的呼吸有规律地进行——先做 5 分钟深呼吸，然后让呼吸平稳下来。

（7）建立一个有节奏的呼吸结构——吸气 3 秒，然后呼气 3 秒。

（8）当你的意识开始游离不定，不要太在意，也不要强迫自己安定下来。在非常纯净的冥想状态到来之前，不要强迫，让游离的状态继续自然地存在。

（9）安静下来之后，让意识停留在一个固定的目标上面，可以在眉心或者心脏的位置。

（10）利用你选择的冥想技巧进入冥想状态。

（11）开始时试着每天做一次冥想，以后可以增加到每天两次。冥想的时间由 5 分钟慢慢增加到 20 分钟或者更长，但不要强迫自己长时间地静坐。

（12）经过一段时间的练习，游离的思想状态会慢慢消失，最终进入纯净三摩地（最高意识的知觉状态）。

（四）瑜伽姿势

瑜伽姿势就是瑜伽体位法，梵文的字面意思是"安详、稳定的体态、姿势"，它集呼吸、姿势和冥想为一体，三者缺一不可。

1. 半侧式

半侧式易于练习，其效果在腰部和腹部。它活动了身体腰部和腹部部位的器官和刺激内分泌腺。半侧式对于胰脏、肾脏、卵巢、睾丸有极大的益处。它还会治疗便秘、胃病、痔疮、脊柱疼痛、颈肌强直等。每天两腿交替练习4~10遍，最多不要超过10遍。

（1）坐在地上，两腿向前伸直，相互平行。背部挺直，手掌放在地面，正常呼吸。

（2）一条腿伸直放在地面，另一条腿自膝盖部弯曲，缓缓向后移动将弯曲腿的脚跟移动至另一条伸直腿的膝盖与脚踝中间的位置。然后，把脚跟放到这条腿的外侧，并将脚跟紧贴伸直的腿。弯曲腿的膝盖向上。

（3）将伸直腿一侧的手抬起，与伸直的腿平行。然后抓住弯曲腿脚跟与伸直腿相贴近的位置。用手臂反扣住弯曲腿的膝盖。如果手掌抓不住那条伸直的腿，那么，手指触到或放在中心点附近也可以。

（4）抬起另一只手，把手掌放在腰部。拇指、食指向上卡住腰，再弯曲肘臂，使之与伸直的腿成为90度。此时，头、颈和背部应该向上伸直（挺直）。

（5）慢慢呼气，同时在弯曲肘臂的带动下，扭转腰部、胸部、颈部和头部，扭转到你不需要费力就可以到达的程度。转体过程中，弯曲的臂肘转动90度，头和身体的上半部则要转动180度；转体到最大程度，屏住呼吸，保持这个状态10秒钟。此时，你的脊柱应该保持正直向上，并且你的视线应该达到最远的距离。

（6）慢慢吸气，并徐徐转体恢复至预备姿势；反扣的手臂松开，伸直腿，身体放松，手掌放在地上休息10秒钟；休息后，按照步骤，用另一条腿重复练习。

2. 反弓式

反弓式可以活动（刺激）内分泌系统所有分泌腺，对于肾上腺、脑下垂体及性腺都有很好的影响。对于关节、脊柱、肺部、胸部和腹部疾病也有疗效。还能治疗胃病，增强消化功能，并且有减肥作用。这个姿势对于妇女有特殊的益处，能够治疗月经不调和生殖器官的疾病。

（1）腹部贴地平躺，双臂在身体两侧伸直。一侧面颊贴地，两腿和脚踝并拢。正常呼吸。自膝盖处弯曲两腿，脚跟接近臀部。左右两手分别抓住同侧脚踝。如果两手难以碰到脚踝，可改为转抓住脚趾。然后牢牢抓住脚踝或是脚趾，两个膝盖和脚踝互相靠拢。一侧面颊贴地。

（2）缓慢而深长的吸气，屏住呼吸；吸气结束时，头部抬起并伸直；不需要停留很久，便开始向后拉动双腿。后拉时不要过急。做这个动作要注意缓慢、柔和。向后拉到力所能及的最大限度。

（3）目视天空，膝盖互相并拢贴着地面。注意，不要使膝盖离开地面。如果可能的话，踝骨可以并拢。屏住呼吸，保持上述姿势10秒钟。

（4）呼气，与此同时，头和胸部向地面放下；头部接触地面，用一侧面颊贴地。放开脚踝，使其慢慢的还原到地面。

3. 平衡式

平衡式是一种活动人体主要关节的姿势，它能消除关节的僵直状态，使之柔韧，还能让患部组织血液循环正常，肌肉强健，消除关节的疼痛。这个姿势对膝盖、脚踝、肩关节、腕关节、手掌和手指各部位关节疾病，有很好的治疗作用。

（1）地上铺垫地毯或软物，身体站立，保持正直，目视前方，双手放在身体的两侧。始终保持正常呼吸。

（2）右腿保持站立，左腿自膝盖处弯曲，上抬左脚跟贴靠到臀部；左手抓住左脚脚趾，再用手掌将它拖住，这样做你可以让左脚跟触到臀部或靠近臀部。凡是有困难的人，可以依靠柱子或是墙壁来做。

（3）向前伸直右手，手掌并拢，自下而上慢慢抬起，手臂抬起动作缓慢；手高举到头，保持手臂平直，手掌面向前方；保持身体平直，保持右腿平直，身体自上而下是在一条直线上。

（4）保持这个姿势10秒，按照下列步骤恢复到预备姿势，抬起的手臂慢慢放下，手掌始终保持绷紧；然后放下左腿，落地。休息10秒，换另一条腿练习。

4. 祈阳式

祈阳式用一种温和的方式促使所有内分泌腺活动，由于这种体内活动的结果，胰腺、肾上腺、甲状腺、脑下垂体以及其他一些内分泌腺得到正常的运转。胃部、脊柱、肺部和胸部的疾病同样可以采用这个姿势进行治疗。由于练习这个姿势时候，血液循环逆向流动，因此，可以使面部组织、中枢神经系统以及身体上肢的所有器官产生活力。

（1）两腿叉开站立，两脚距离大约与肩膀同宽。双手自然垂放在身体两侧，头部垂直，正视前方。正常呼吸。

（2）缓缓吸气，双臂自身体两侧向外画弧形举向天空。手抬向顶部时，吸气完成，手掌转向前方，两臂平行。

（3）呼气，身体上肢向前沿弧形向地面弯曲。向前曲身时，两手保持平行。当手触及地面时，停止呼气。屏住呼吸，保持这个姿势6～8秒钟。屏住呼吸时，重要的一点是身体上肢（腰部以上）自然放松，下肢（腰部和腰部以下）保持笔直，不可弯曲。头部也要屈向地面，位置始终处于两臂之间。双手放松下伸，伸至所能及得的高度。

（4）把双手放在小腿上，开始吸气并恢复到原来站立的姿势。做这个动作时，手掌触及两腿，沿腿部从下而上，慢慢吸气，再恢复至站立的姿势。

5. 胜利制气法（卧姿）

空气中孕育着生命，同时还具有吸收、活化以及按摩的能力。进行制气法练习时，人体充分利用了空气的这个特点，它能结合外部的控制和调节，使人体内部净化、活化、强化。对于哮喘患者和呼吸问题的人来说，这套制气法最大的功效是强健肺部和支气管，它同样可以改善人的情绪和放松身体。

（1）通过嘴将体内所有的气体持续并迅速的呼出。呼气的速度就像吹口哨一样。气体自两嘴唇之间呼出，面部其他组织不动。做这个练习时，身体要保持松弛。呼气时腹部收缩。当所有的气体排出后，马上开始做第二节练习。

（2）用两个鼻孔慢慢吸气，不要过分急促。在保证毫不费力的前提下，尽量多的吸入空气，但不要吸得过量。做这个练习时同样要保持身体的放松，吸气时腹部胀起。

（3）吸气结束时，屏住气，并做如下动作：两脚尖并拢并向前伸直，绷紧双腿。腹部逐渐向内收缩。两手伸开，整个身体肌肉绷紧到适中的程度，然后保持这个姿势。屏气姿势的持续时间越长越好，但又要以身体感到舒适为原则。

（4）姿势持续到所要求的时间后，按照第一节的方法，通过嘴呼气，气息平稳、不断而又有控制的呼出，不要过急。呼气时候，开始自上而下的放松身体各部位的肌肉。放松胸部，然后依次放松腹部、大腿、小腿和双手。当体内气呼尽后，全身肌肉应该同时放松完毕。休息5～6秒钟，通过鼻孔吸气和呼气。休息后，按照上述方法重复一遍。

第四节　时尚休闲运动

西方的体育休闲文化对我国休闲体育健身的影响很大，尤其是年青一代接受新东西非常快，如"蹦极"、"滑板车"、"街舞"等运动休闲活动在年轻人中开展的非常迅速。一些高贵运动也正成为都市中的时尚潮流，它们共同的特征是：在健体、愉悦身心的同时，还能体现高贵身份和儒雅品位。越来越多的人领悟到：运动，不仅仅是流汗锻炼，它其实是享受生活的一种方式。

一、户外项目

（一）热气球

热气球是人类最早的升空载体。1783 年 11 月，法国造纸商蒙戈菲尔兄弟在巴黎穆埃特堡进行了世界上第一次热气球载人空中航行，宣告了热气球运动的诞生。而随着热气球材料的改进，制作工艺的提高，驾驶技术的日臻完善，热气球飞行已成为任何地点都可进行，任何人都可尝试的新型空中体育项目，但仍不失为一种财富、身份和性格、勇气的象征。

1. 热气球运动的发展

热气球运动在国外已有两百多年的历史，众多企业家和飞行爱好者都从不同角度关注这项时髦运动的发展。世界很多精明的企业家都不惜掷巨资赞助热气球比赛和探险活动，如可口可乐、百事可乐、TDK、米其林和《财富杂志》等都有自己庞大的热气球队伍。日本本田公司连续十几年赞助日本举办百球规模的热气球大赛，柯达公司赞助美国的热气球比赛已经有 700 多个热气球参赛。

热气球运动在中国起步较晚，还是"贵族"运动。由于热气球的造价比较高，飞行的费用和学习考取飞行执照的费用也相对较高，在国内参与这项运动的人数还比较少，国内大约有 200 个热气球，200 人拿到了民航总局颁发的《热气球飞行驾驶证》。热气球的造价不菲，每只需要 8 万 ~ 10 万元，自行购买热气球只用于业余飞行的爱好者不多，一般是租用飞行俱乐部的热气球，或者在参与培训、比赛、商业活动的过程中飞行。国内目前普遍使用的是七型热气球，最大直径 17 米，高 23 米，体积约 2180 立方米，最高飞行高度可达 7000 米。在我国一些旅游景点还有"系留飞行"，即固定不飞走的热气球，虽然只能上升到 30 至 50 米的高度，但还是能初步体验热气球飞行时"君临天下"的感觉。

2. 热气球运动

（1）费用需在正规且专业的热气球俱乐部报名，先进行常规体检和民航体检，再经过 20 天左右的理论学习及飞行实践学习，达到独立单飞的水平，再经过民航检查员的考核，就可以申请热气球民航驾驶执照。学费 16000 ~ 18000 元。

学成之后，每次飞行不仅需要多名地勤人员配合，更要提前向民航管理部门和空军指挥部门申请备案。如果只是去俱乐部"体验一下"，体验飞行一次的费用每小时 400 ~ 500 元；如果你想买一个热气球，在自己的地区从事飞行活动，还需要在空管部门办理飞行空域审批和申报。买一个标准热气球需要花费 76000 元左右，一个热气球的使用年限基本上为 9 年，并必须进行年度检查和顺序检查。

（2）气候。影响热气球环球飞行的最大因素是气候。每年 12 月和 1 月，北半球高空气流的流速达到一年中的峰值，最快可达每小时 400 千米，所以通常选择冬季做该项运动。

（3）时间。日出后两小时内或日落前两小时是热气球飞行的最佳时间，因为此时的风通常很平静，气流也很稳定。大风、大雾都不利于热气球的飞行。按照规定，风速小于 6 米/秒，能见度大于 1.5 千米，而且飞行空域内无降水，才可以自由飞。

（4）地点。需 30 米×30 米的平整场地，周围无电线及高大建筑。新学员建议在 4 米/秒的气候条件下飞行，飞行中注意，飞过高压线、高大建筑、牲畜养殖场、村庄时保持安全高度。

（5）人员。高血压、心脏病患者不能进行热气球运动。

（6）装备。最好穿连身纯棉飞行服，乘客也建议穿纯棉衣物，身着长衣长裤，戴纯棉帽子，一旦失火不会粘在身上。不能穿着裙装、高跟鞋、凉鞋等，一定穿着运动鞋。高空飞行要注意防寒，每升高 1000 米，气温下降 6.5

摄氏度。除了必要的装备，还需要佩戴 GPS 全球定位系统、电子罗盘、对讲机、工具刀、打火机等。

（7）起飞。飘飞热气球需要一组人共同努力，因为热气球在地面上的工作是非常烦琐的，使一个热气球起飞至少需要四个人。先是将球囊在地上铺展开，然后将它与放在一边的吊篮连接在一起，用一个小的鼓风机，将风吹入球囊，使气球一点点地膨胀，当完全展开后，开始点火。将火点燃加热气球球囊内的空气，热空气使气球升到垂直于吊篮的位置，再加几把大火，气球就可以起飞了。

（二）高尔夫（Golf）

高尔夫（Golf）是一种运动，也是一种游戏（球戏）。权威性很高的《韦氏词典》高尔夫的释义是"高尔夫是使用若干支球杆，用尽量少的杆数在通常为十八洞的球场打球，在各个球洞连续击球进洞的运动。"德国《杜登大辞典》（Duden）这样来解释高尔夫："（源于苏格兰的一项运动）用硬橡胶球和球杆在草地上玩的一种游戏，目的在于用尽可能少的杆数将球击入各个球洞中去。"《中国大百科全书》体育卷（1982 年版）用一句话为高尔夫球下了定义："以棒击球入穴的一种球类运动。"

1. 高尔夫的魅力

关于高尔夫起源流传最广的一种说法是古时的一位苏格兰牧人在放牧时，偶然用一根棍子将一颗圆石击入野兔子洞中，从中得到启发，发明了后来称为高尔夫球的运动。因此，高尔夫这个词最早出现在十四世纪苏格兰议会的文件中。其中圣安德鲁斯球场被认为是高尔夫圣地，它还是高尔夫规则的制定机构，所有的大型比赛规则都必须符合它的基本要求。

高尔夫运动是一项在阳光下、绿地上，氧分充足的户外休闲运动，适合各种年龄、性别的人们参加。高尔夫运动注重人与自然的亲近与交流，它把文明礼貌与健体竞技融为一体，在任何高尔夫赛事中绝无吹哨或喧嚣，是世界公认的可以长时间接触、温和而智能的运动。

现在对于 Golf 比较多的解释是：G 代表绿色（Green），绿色是大自然的主色，在绿意盎然的大自然环境中打高尔夫球是回归大自然，享受大自然；而 Green 除了有绿色之意外，在高尔夫术语中又表示"果岭"这个绿中之绿的所在。O 代表氧气（Oxygen），氧气是人类生命中不可缺少的三元素之一。

有绿色植物的地方就有氧气，生命也会因此而充满生机，朝气蓬勃。打高尔夫球，就其运动量与强度来看，在运动生理学上叫做"有氧运动"（Aerobic Sport）。L代表阳光（Light），阳光是一切生命的开始，享受阳光，就是享受生命。F代表步履（Foot），打高尔夫球的主要运动形式是要走完几公里长的球道和用杆击球。在绿草如茵的球道上从第一洞走向第十八洞，自由自在地呼吸着郊野树林草地上充满的新鲜空气，沐浴着温暖的阳光、健步迈向目标。这就是高尔夫运动的魅力所在。

也有人说F代表友谊（Friendship），这是说球手们在打球的过程中各自遵守高尔夫的礼貌和礼仪，在彼此竞争的过程中建立起高尚的人际关系。友谊重于比赛的胜负，也是高尔夫运动所追求的高尚文明的最终目的。打高尔夫球，培养自信心，勇于克服困难，大胆面对人生和未来，追求事业的成功。翻开《高尔夫球规则》，第一章就是"礼貌规范"。在这一章里，包含了对他人的尊重、谦让、爱护环境等思想内容，还有诸如身份确认、奖金、关于赌博。在皇家古老高尔夫俱乐部（Royaland Ancient Golf Club）所有出版的《高尔夫规则》的首几页，都要用来讲述"高尔夫礼仪"，其中包括着装要求，以显示对高尔夫这项"皇家古老运动"的尊重。由于最早期的着装要求是西服，所以现在皇家古老高尔夫俱乐部仍要求它的会员必须穿着西服才能进入俱乐部会所。中国高尔夫球协会出版的《高尔夫球规则》封底有一段话，认为是规则的基石之言："在球的现有位置状态下打球，在球场的现状下打球，如果两者你都难以做到，那么按照公正的原则打球……"这些都充分体现了高尔夫运动的文化内涵：人文精神、实事求是、尊重和承认现实、诚实、公正，有规则的游戏等。

在所有这些文化内涵当中，高尔夫运动最突出的特点是自律。由于高尔夫场地的特点，在大多数情况下，打球者是在无裁判看顾的情况下打球，因此，要保证按公正的原则打球，就要求球员要有自律的精神。其实，在很多生活境况中（不仅仅是打球），每个人都首先是自己的裁判，因为公正的原则首先是在你心中，就是康德所讲的：心中的道德律。我们中国人其实也有类似的思想，如君子慎独，讲的也就是自律。正因为高尔夫如此强调公平、自律的特点，使球场成了我们认识各种不同的人，结交朋友的一个好场所。被誉为全球CEO第一人的杰克韦尔奇在其自传中用了整整一章的篇幅写了"来自高尔夫的启迪"，他曾说："我一生中最牢固的友谊就是在高尔夫球场上结下的。"

2. 运动特点

高尔夫球运动如果从 1860 年举办首届英国公开赛算起。至今 40 多年的历史发展表明，这项运动是现代体育运动中发展最快的项目之一。有些体育专家甚至认为，高尔夫与足球、网球并称"世界三大运动"。

根据《世界排行榜》一书所披露的材料，美国男子和女子在空暇时间最喜爱的十五项活动中，继吃喝、看电视、阅读、听音乐、户外活动（如打猎、钓鱼、滑雪等）、生活、社交活动等之后，排第十位的就是体育活动。而体育活动中排第一位的是打高尔夫球，其次才是打网球和游泳等。

高尔夫球运动的特点：第一，它是一项植根于大自然又最亲近与爱护大自然的运动。第二，高尔夫是适合各种性别、年龄、体态、体能状况者的运动项目。奥运会 10 公里竞走冠军的需氧量是每分钟每千克 58 毫升至 72 毫升，打高尔夫则连上述数值的一半都不用。在打高尔夫的过程中，以杆击球以及此前的准备就是徒步行走的间歇，或者说休息。打三四个小时高尔夫球的运动量还不如打半小时网球的运动量大。体育科学家还得出结论：就能量消耗而言，打高尔夫球仅及连续数小时徒步行走的六分之五，打 18 洞约消耗 2400 卡能量。

高尔夫球运动是最充满挑战性的运动项目。当职业高尔夫球员，确实可说是所有职业球类运动（包括职业的足球、篮球、棒球、美式足球和冰球等项目）中最困难的一个。单从技术上说，职业高尔夫球员掌握打好各种"技术球"的能力，即因地制宜的处理能力应当达到炉火纯青的地步才能够以不变应万变。除此之外，职业球员推杆是否稳准更是关键，搞不好就会前功尽弃。职业球员要打好比赛，除了在心理上能勇于面对上述种种挑战外，还应熟悉果岭的不同草种，风向和风力对球的影响，以及球场本身的设计特点与难易度。在高尔夫球运动中，球员要考虑这么多外在的变数，这在其他球类运动中是没有的。

高尔夫球运动是全部竞技体育项目中以选手自身为对手的特征最突出的运动项目。高尔夫具有较高的国际性。高尔夫球运动是运动创伤最少的项目。高尔夫是一项十分讲文明重礼貌的运动，也是一项对打球者文化素质要求较高的运动。没有任何一项运动可以像高尔夫这样做到选手与观众同乐，选手与观众同行。体育是一种文化现象。高尔夫的种种超凡脱俗的特点使它成为一种讲求文化含量的竞技与娱乐，从而造就了高尔夫文化和具备高尔夫文化特质的人。

（三）街头暴走

街头暴走是一种城市极限运动，源于日本，风靡欧美。走上街头一路暴走，大汗淋漓之余感受到了身心俱爽的绝妙体验。由于该运动强度高又简单易行，适合快节奏生活的都市人群，所以广受都市白领青睐。此运动不受装备及场地限制。

暴走族已经越过了最初单枪匹马纯属个人娱乐的阶段，更多崇尚运动与活力的时尚青年和都市白领参与到暴走活动中来将成为必然。暴走族兼具了时尚环保的生活方式与年轻活力的群体特质，原本只是舒缓生活和工作压力的暴走族在万众瞩目中有了更高的追求和期望，他们不仅通过自己的行动呼吁社会大众关注环保，多做公益事业，而且还希望这个清新健康的团队能够在未来倡导出一种健康风尚的生活方式。

暴走运动至少在三个层面上具备发展和普及的理由与潜质。首先，它是一种不拘泥于形式又不受过多条件约束的运动，随时随地可以自由进行，正迎合了现代青年自由、轻松的喜好；其次，暴走运动已经形成较稳定的队伍和中坚力量，其发展壮大是必然的事情；暴走运动已经脱离了最初的状态，时尚运动与环保等主题的圆满结合使其具备了足够的社会关注度和支持度，又符合知识型青年关注社会的心理需求，将暴走这一健康的生活和运动方式与环保等公益事业完美结合，引领城市时尚运动风潮与激发社会公益意识相得益彰，使越来越多的人加入其中。

二、益智游戏

（一）镭战（Ray War）

镭战（Ray War）是一种集娱乐和培训于一身的时尚军事体育运动，起源于美国和欧洲，现已经风靡全世界，成为继匹特博（Paint Ball）与 BB 枪（Air Soft）之后，21 世纪的军事战斗模拟运动。

1. 运动规则

镭战是使用改装的激光仿真枪与感应系统设备进行的一种军事对抗运动，

全套设备源于美国陆军迈尔斯（MILES）交战训练系统之技术精华，属于世界公认为最逼真模仿野战场景的系统。通过角色的扮演和团队协作，在体验快乐的同时达到健康休闲、团队建设的目的。根据场地分为野战（户外）和巷战（室内）。镭战使用的设备包括：激光发射枪（发射不可见光用以射击目标）；激光接收器（分布在头部和胸部）；状态显示器（位于背后显示生命数和战绩）。

参与者身穿迷彩服，手持模拟枪在丛林、废墟与壕沟间穿梭奋战，好比一场真实的战斗给人带来无比的刺激与成就感。参与者可感受真实的压力与快感。队友的呼喊声、敌人的脚步声、草丛里沾衣的露水、掩体后伸出的枪口，列队搜索时默契的手势，瞄准镜前致命的一次狙击。

2. 镭战魅力

无伤痛、无作弊、无污染、无弹药限制，镭战为参与者提供了无限发挥空间；练体魄、磨毅力、会协同、勇敢者的精神使参与者成为生活和事业的强者。

不管年龄和性别，也不管是新手还是久经沙场的老将，只要参与者梦想体验团队作战的刺激与快感，镭战运动都能够满足他们的需求。镭战运动使参与者成为战士的梦想成真，而且不会留下任何伤痛；先进的激光科技使参与者拥有无限的弹药库，在"战场"上发挥你最大的潜力；整个"战场"处于高科技的实时监控之下，电脑自动而公正的判别不给作弊者半点余地；无论参与者是狙击手还是突击队员，射程可达400米的镭战仿真枪使他们有充分施展技能的空间。

更重要的是，镭战运动对参与者的"情商"具有全面的培训功能。在活动中，参与者要不停地攀登、跳跃、掩护自己或袭击对手，在刺激的游戏过程中锻炼了自己的身体；以不同角色参加到组织中，参与者处于指挥他人或被指挥的地位，增强了领导能力和组织观念；只有组织内部的合作才能取得战斗的"胜利"，参与者学会了和他人协作，增强了合作能力；为了达到目标，需要参与者不屈不挠、敢于战斗的精神；参与者之间广泛结交"战友"，扩大了社会交往面。

（二）城市定向

城市定向是一项世界性的休闲健身活动，它融挑战、刺激、智慧于一身，既考验参赛者的体力，又检验思维判断能力，将体育项目的激烈竞争和探索的乐趣完美结合。这项简单的运动将会吸引更多的年轻人，吸引更多人关怀自己的城市，了解自己的城市。现在，全世界已经有 162 个国家和地区的几千个城市开展了这项活动。在欧美，几乎任何一个国家都可以看到城市定向爱好者的足迹，许多人甚至到世界各地参加城市定向比赛，以收集不同的城市定向地图为乐。众多电视机构参与拍摄转播城市定向的比赛实况，使观众能在电视机前欣赏到这项生动、刺激的趣味运动。

1. 体验城市遗忘之美

简单地说，城市定向就是在繁华都市里，设立起点和目的地，参赛者要灵活运用手中仅有的地图、相片、指南针及参考资料，按规定的顺序逐一寻找若干个标绘在地图上的目标，并以最短的时间完成全赛程。寻找的目标可能是喧闹的大商场，可能是静谧的社区小巷，也可能是某条大马路边的一口枯井。参赛者可以运用各种交通工具，如乘车、步行，甚至可以骑车穿行于城市的大街小巷中。

这项活动的意义在于，参赛者在享受着竞赛乐趣的过程中，还能关注到这个城市中被遗忘了的历史文化古迹，从而引起人们对所生活的城市的关注。一名参加过该项比赛昵称为"肥兔"的网友说："城市定向运动更强调一种对城市的体验和发掘。"

在城市现代化建设的进程中，越来越多的存在于城市中的历史文化古迹被"隐藏"和"遗忘"。在周末，人们不再去参观当地的博物馆，不再去走访本地的古庙，大家似乎更愿意到商业街逛逛，更喜欢在西餐厅里感受外国的文化。人们以为自己对自己的城市很熟悉，然而实际却不然。只要你随意采访任何一个参加过城市定向比赛的参赛者，他们都会很兴奋地告诉你，在活动过程中他们发现了这个他们住了许久的城市里，竟有那么多以前不曾知道的地方或历史。

另外，参加城市定向活动的参赛者中，还有相当一部分是外地人。由于工作忙碌，他们很少有机会认真了解当地的文化。通过这样的比赛活动，他们不仅加深了对所在城市历史文化知识的了解，在一定程度上，也加强了他们的归属感。

2. 形式多变引人入胜

城市定向比赛的方式有很多，依照地图找任务点是基本不变的。但找到任务点后，不同的比赛可能会有不同的任务要求。有的只要找到隐藏在任务点内的打点器，打好点即可；有的则需根据所发的问卷，在任务点内寻找答案；还有的需要你在到达任务点后完成一项游戏等。虽然活动主办方不会特意刁难参赛者，但有时候，有的问题还是隐藏着陷阱的。

一般来说，主办方设置的问题都是有一定的用意。问题可能是这样的："你知道六榕寺大门两旁的对联是什么？"、"某某名胜古迹门前有多少个石狮子？"、"某某菜馆的招牌菜是什么？"面对这些问题，你需要到现场认真地了解一番，从中也认识了不少当地的文化古迹和地方特色。不过，因为有浓郁的时尚气息，参赛者还可能遇到一些搞笑版的尴尬问题，例如："×路×号的咖啡馆女厕所共有几个蹲位？"组员里有女同胞的回答这类题目当然易如反掌，但如果全组都是男生，那就有点难办。

如果比赛形式是完成游戏，那么参赛者到达任务点后，也许会被要求拼拼图或转呼啦圈；倘若来到古代文字印刷遗迹，也许还要完成活字排版、雕版印刷、拓碑、穿竹简等文化项目。

三、室内项目

（一）沙狐球

沙狐球是新近从国外引进的时尚运动。亮闪闪的金属制沙狐球、洁白的合成球沙、光滑耐磨的长长滑道，将沙狐球在铺满球沙的滑道上滑向球桌的另一端，清脆悦耳的金属撞击声……这就是沙狐球。

1. 沙狐球的魅力

沙狐球在国外被称为 Shuffle – board，意为：在长板上滑动，已经有 500 多年的历史了。沙狐球起源于 15 世纪的英国，当时人们玩一种在桌上滑动银币的游戏，用的是一种相当大的英国硬币，当时这种游戏被称为推硬币或滑硬币。后来逐步出现了专用的沙狐球以取代银币。1897 年，沙狐球已从单纯的游戏演化成竞技比赛和休闲娱乐体育运动项目遍及欧美，沙狐球的各种消息成为媒体的谈资，被人们津津乐道。桌式沙狐球一直与职业拳击和棒球一起占据着纽约所有报纸的大幅版面。沙狐球锦标赛被广为宣传，球迷中包括来自商界、戏剧界、以及政界的重要人士。20 世纪中期，沙狐球这一古老的运动，焕发出新的活力，迅速普及，风靡全欧美。欧美各地纷纷成立各级沙狐球协会，并成功地举办了三届国际沙狐球比赛。

沙狐球运动是一项高雅、文化、时尚的游戏，追求的是意志、精神、修养的陶冶和体质的锻炼，倡导的是永远超越、永远拼搏的精神和友好、公平竞争的良好氛围。这种运动身体有障碍的人也可以正常参加，是一种很好的休闲消遣方式。

打沙狐球不仅仅只是推推球那么简单，实际上玩的是一种心跳、是一种心情、是一种文化。当一枚沙狐球被推出时，球与球沙及桌面摩擦发出着一种独特的奇妙声音。看着那沙狐球沿着无比光滑的长长球道向前徐徐滑去，亮闪闪的沙狐球，黄白色的球沙，镜面般的滑道交相辉映，创造出一种梦境。人们期待那枚带着希望的沙狐球能击落对手的球进入高分区，期待着它不要跌入球槽或在低分区停滞不前。那定乾坤的最后一个球，正是希望所在，它可能使你功亏一篑，也可能使你反败为胜，紧紧地抓住最后的机会，绝不放弃；那下一轮竞技，也是你的希望所在，你要超越自我、超越对手，为赢得最后的胜利，去克服困难、去努力、去拼搏。这就是沙狐球的魅力所在、精神所在。

2. 沙狐球的玩法

沙狐球有直滑式、反弹式两种玩法。可以分为双人、四人竞技和三人、六人、八人等多人游戏。

（1）标准竞技方法。双方站在球桌的同一端，通过抛硬币的方式决定开球方并确定双方球的颜色。开球方球手向球桌的另一端推出他的第一枚球、第二位球手也以同样方式推出他的第一枚球，并设法将对手的球击落或超过对手的球。双方交替出球，直到 8 枚球全部推出，至此，一轮比赛结束。推出最远球的球手为本轮的胜方，并按标准记分区的记分方法计算胜方的总得分（负方不得分）。双方走到沙狐球桌的另一端，以与上一轮完全相同的方式开始下一轮比赛，由上一轮的胜方先出球。比赛持续进行，轮数无限定，直至一方先达到或超过 15 分为止，该方即为本局的胜方。

（2）出球技巧。出球人站在球桌一端，身体与球桌成直角，面朝球桌的另一端。轻轻将球放到桌面上的发球区内，球的光亮、平整的一面朝下。将要出球的那只手的食指、中指和无名指伸平并轻放在球盖上，可以将不用的那只手置于背后或搭在球桌边缘以保持身体的平衡。瞄准你想让球达到的位置，然后通过你的手臂和手腕向前运动将球滑出。出球时要尽可能放松，避免僵硬、急剧或不连贯的动作。运用你的手指、腕关节及肩膀，同时将身体适当地顺势随球送出。此动作的"推力"大小将决定球滑行的距离远近。不要投掷或拍击球，以免损坏球桌发球区光滑的特殊涂层。

沙狐球要求双手具有同等的出球能力，运用英式旋转手法能够大大提高准确性。扭转手腕使握球的拇指和食指向内冲身体方向，在出球时顺势向身体外侧轻轻旋转。该手法可以大大增加被推出的球在碰到对手的球之后仍然保留在桌面上的机会，能发挥刹车作用；帮助球手使发出的球停到桌上已有球的后方，形成领先球的屏障，保护它不再被击到。不要用英式旋转手法进行反弹式沙狐球的发球，此手法发出的球在撞到侧垫后会发生不规则的偏转。

（二）台球

台球也叫桌球、弹子球、撞球，起源于欧洲。台球按玩法、规则可分为两大类，落袋式台球和撞击式台球。按地区而可分为：英式台球、法式台球、美式台球。英美属于落袋式，法国属于撞击式。美式台球（16球），美式台球在我国普及最广，玩法主要有：轮换球、8号球、唤击球、见子打子、定球打法。英式台球（22球），英式台球又叫斯诺克（Snooker），有15颗红球、6颗彩球、一颗白球，共22球，国际大赛一般多指英式斯诺克台球。20世纪80年代中后期，我国掀起了台球热潮，大街小巷随处可见一堆堆酣战的人群，台球给那个时代的年轻人带去了无尽的快乐和健康。此后，台球更加普及，现在已发展为一项受众广泛的大众运动。

1. 台球特点

台球是室内运动，不受季节、天气、时间等因素影响。对场地要求小。斯诺克台球桌尺寸：3820毫米×2035毫米×850毫米，美式落袋台球桌尺寸：2810毫米×1530毫米×850毫米，花式九球台球桌尺寸：2850毫米×1580毫米×850毫米，摆放球桌时外框四周一般留出1.5米的打球区域。台球的运动量不大，参加人数灵活，老少皆宜。台球运动不仅健身、而且益智。

2. 台球器材

（1）球桌。球桌形似长方形会议桌，因此台球又叫"桌球"。台球桌内框尺寸长宽比应为2：1，一般都是用坚硬的木材制成，特别是球桌四边的小帮，更是采用优质硬木，如柚木、橡木、柳按木等，这样边框弹性大，耐撞击，木质边框上还镶有一条三角形橡胶边，以增加边框的弹性。台面由 3 ~ 4 块石板铺成，石板表面光滑，经安装师傅调平后，接缝严密、平整，石板上再铺粘一层绿色的台呢，增加台面的摩擦力。球桌分为底台边、顶台边、左台边、右台边。

置球点：从顶台边到底台边的 1/4 处，与纵向中线相交的那一点，在此处摆目标球。

内区：在台面上距底台边的 1/5 处画有一条横线（分界线）把台面分为两部分，靠底台边的 1/5 的区域称为内区。

外区：从分界线到球顶台边的 4/5 的区域称为外区。

底袋：位于底台边的球袋称为底袋，左边叫左底袋，右边叫右底袋。

中袋：位于左台边 1/2 处的球袋称为左中袋，位于右边的称为右中袋。

顶袋：位于顶台边的两个球袋分别为左顶袋和右顶袋。

开球区：以球台宽的 1/6 为半径，在分界线的中点向内区画半圆，所形成的半圆区即为开球区。

（2）台球。早期的台球是用上好的象牙制成，现在使用的台球大多是用优质塑料制成，塑料球的弹性、韧性都比较好，表面光滑，质地均匀，重心位置准确，圆度精确，不易变形。

（3）球杆。球杆用优质木材做成。杆体呈圆形，前细后粗，长度在 1.3 ~ 1.5 米，可长可短，一般以齐肩长为宜，重心要正确，应在球杆尾部的 1/4 或 1/3 处，杆头直径在 9 ~ 12 毫米。球杆前端是金属或塑料制成的杆头，杆头前粘有皮头（又称枪头），皮头是用优质皮革制成，质量好坏直接影响到击球。皮头富有弹性，可以控制击球时的撞击力，同时防止打滑。击三四次球之后为了防止打滑，应在皮头上擦涂壳粉。皮头要不时修整打磨，以使之处于最佳状态。球杆架、壳粉、三角框等，这些设备、器具也必不可少。

（4）灯光。照明灯要装在灯罩中，有利于聚光，也避免刺眼。灯罩距球台上方 75cm，亮度需要 300 瓦左右。

（三）击剑（Fencingsword）

击剑的拉丁文叫做"Defendere"，意为守卫与防护。事实上，击剑本身就是"止戈为武"的最佳体现。这项运动产生于欧洲贵族与骑士阶层，作为业余爱好在中国内地开始出现是 20 世纪 90 年代的事，在此之前，击剑在中国内地一直是作为一项专业运动存在。

1. 击剑的魅力

在非法决斗夺走了太多绅士的性命后，击剑这种使用不开锋的剑支进行格斗的运动才逐渐风行起来。它在保留了决斗礼仪的同时，更加重视仪式性与诚实仁慈的骑士精神。通常击剑者都会参加击剑俱乐部，以获得与人切磋的机会。了解击剑这项运动后就会发现，击剑不像电视上看起来那么有趣，那么紧张。事实上，枯燥是击剑的一大特性，所以能够将击剑练下来的人要拥有持之以恒、韬光养晦的品质。另外，击剑还需要独立性和临场计谋。它是一项独自练习、独自作战的运动，任何一场比赛或对抗都只能依靠自己的反应与判断来获取胜利，没有队友的协助与配合。在这方面击剑和高尔夫很相似，不断重复练习同一个动作，刺击或挥杆，并且必须一个人解决面临的问题，从事这两项运动的人通常都会有着独立的见解与决断。

2. 击剑的分类及注意事项

击剑分为花剑、佩剑和重剑三种。花剑最重要一项技巧是"欺骗"，这也是击剑这项运动的一个特性——永远不能让对手知道自己的下一个动作将会是什么，并且以假动作扰乱对手思维和反应，趁机进攻。所以，花剑是三种剑的基础，也是打法观赏性最强的剑种，很多人学剑都是从花剑学起；佩剑是速度最快的，对于专业运动员来说，练好花剑可以转佩剑重剑，但是很少有练好佩剑去转花剑重剑的。

剑手在比赛前要在剑道中线 2 米以外站好，将手中剑尖放低，向对手、裁判、观众分别行礼。行礼的时候不能戴护面，比赛间如要发表意见也必须脱下护面。在剑上开锋刃被严厉禁止，这与用剑威胁没有防护的人一样，是严重的危险行为，将被立刻逐出俱乐部。在击剑的礼仪中，手握剑就意味着力量，对没有防具的人进行威胁意味着以强凌弱，这与骑士精神背道而驰。

四、水上运动

（一）有氧柔水操

有氧柔水操是在轻柔的音乐伴随下，健身者跟随健美教练在水中进行的一种有氧健身运动。有氧柔水操一般在齐腰或齐胸的水中进行，理想的水温一般在27～30摄氏度。健身者可以根据自身的身高，选择不同的位置，水位越深则做动作时难度就越大。一节有氧柔水操课程是50分钟，课程主要包括：暖身、伸展、有氧操、力量、灵敏、柔韧和放松的练习。

1. 有氧柔水操的作用

有氧柔水操可以有效地塑造身体各部位的线条，达到塑身的目的。有氧柔水操是一种新型的有氧健身运动，它结合了不同节奏的身体动作和舞蹈步伐，既有陆上动作，还有水中动作，可谓多种风格的大融合，不断变换的运动内容使健身者乐此不疲，比起单一训练让人更容易坚持下去。

有氧柔水操的锻炼目的主要是提高身体的有氧机能。水的阻力会加大运动的幅度，因此，在水中做动作所用的力量是陆地的20倍，人体可以消耗更多的热量。运动医学研究证明，人在水中活动的受阻感是空气中的800多倍，在水中跳操与在陆上相比，人们至少要多用6倍以上的力量。此外，由于水环境的热传导能力是空气的28倍，就像一个刚煮好的鸡蛋，把它放在水里冷却要比放在空气中快得多，即使人在水中静止不动也要消耗很多能量。有氧柔水操充分利用了水的阻力和浮力的特点，健身者跟着教练在音乐的伴奏下在水中进行跑、跳、走等运动，利用水的阻力、浮力和传热性进行全身耗氧运动，有效地分解全身的热量，锻炼人的力量、耐力、塑造完美的形体。

通过水的浮力，有氧柔水操可以锻炼人的柔韧、减少运动损伤。当人在齐胸的水中浮力可以达到体重的85%～90%，所以与陆地的运动相比，有氧柔水操对人在运动中关节、骨骼、肌肉的压力会相对减少，运动的疼痛感相对减少。水的浮力作用可大大减轻地面对身体各关节的冲击力，使人体各关节不容易受伤。有氧柔水操还可提高柔韧性，由于水的浮力，身体的关节活动更加自如。

有氧柔水操可以护肤。由于水中锻炼基本不出汗，减少了陆上训练后汗水中的盐分对皮肤的刺激。在水中运动能够提高皮下血管循环功能，有利新陈代谢增强。水还可以按摩，水流、波浪的摩擦和拍打具有特殊的按摩作用，可避免并减少肌肤的松弛和老化，使肌肤光洁、润滑、富有弹性。

2. 注意事项

有氧柔水操是一种耗能的运动，所以应注意以下事项：

（1）锻炼前要检查身体，注意过去的疾病情况及运动损伤、药物的服用情况；此外，孕妇、发烧或体温过低者及有运动损伤，如崴脚、拉伤者不宜参加水中锻炼。

（2）运动前、后需要各做 5 分钟的准备活动，让肌肉先预热一下，然后再下水不会受损伤。在下水前了解水的深度，投入浅水中会产生运动损伤。

（3）不要在水中单独锻炼，包括会游泳的人。

（4）为了达到减肥的效果，饮食方面也应注意：训练要在饭后 1 小时进行，运动之后 1 小时才可以吃东西，在水中运动时可以喝水，但不要过量。

（二）溪降

溪降是一种新兴的户外休闲活动，美国人叫"Canyoning"，是指进入峡谷溪流中体验大自然。溪降是由上游向下游，由瀑布主体随绳下跃，或顺水滑降，与溯溪运动方向刚好相反，溪降更重娱乐性，是适合大众的户外休闲活动。

1. 溪降常识

溪降指的是运用专业的装备在悬崖处沿瀑布下降的运动。它是溯溪运动中发展出来的一项新一类户外极限运动，相比其他户外运动来说溪降更加刺激精彩，对参加者的心理和技术要求更高，更具挑战性所以溪降比普通的岩壁下降更富变化，更有挑战性。欧洲人与美国人给溪降的名称不一样，前者把它叫做"Canyoning"，后者则叫它"Canyoneer"。溪降比较适合在温暖的南方玩，因为水比较大，而且气温较高。国外以及中国台湾、中国香港等地溪降运动开展较早，参加的爱好者众多，在装备技术运用方面较为成熟和全面。台湾是开展这一活动较早的地区之一，爱好者每周都组织进行溪降活动，并成立了不少推广这一运动的探险运动俱乐部。

溪降中最常用的技术为下降，即利用下降器进行瀑布下降，参与者还必须掌握横移和攀登的方法。地点应选择水流较小的路线，避开瀑布的主体水流。悬崖跳水比专业的跳水要求低，选择跳水的悬崖，首先必须探测悬崖高度和崖下潭水的深度，如高度在 5 米左右的悬崖，潭水深度一般需 2～3 米。滑降是利用水流冲刷而形成的自然光滑水面滑水，像幼儿园的滑梯一样。滑降有两种方式：一是匍匐头向下游坐"飞机"；二是仰身滑水，滑降的地形应较平滑，忌有突出的尖棱角岩块，坡度不易太大。另外，暴雨和水库泄洪所引发的"大炮水"相当可怕，应避免在暴雨天进行溯溪和溪降活动，以及汛期在修筑拦水大坝的下游溯溪。

2. 溪降的装备

由于溪降潜在一定的危险性，必须配备一些专业的装备和保护用品，尽量减少意外的伤害。原则上其装备是登山装备加上攀岩器材和水上设备，再予以防水处理。

（1）溯溪鞋。为溯行者必要的装备，不要使用磨损率大的草鞋和较无阻滑作用的运动鞋，要使用软胶底潜水布质料防滑设计的溯溪鞋，既有阻滑效果又可保暖。另外，防滑底运动凉鞋也是一个不错的选择，但要以防被岩石擦伤脚趾。

（2）手套和护腿。为潜水布质料，除可防寒外，又可免在杂木石头碰伤、割伤之虑，护腿分长统和短统两种，长统除护小腿外并可护膝。千万不要忽视它们的作用，特别是在瀑布溪降中，在被瀑布冲击的岩壁上有时很难保持平衡，身体经常被瀑布冲击撞向岩壁，没有它们的保护，下来以后肯定遍体鳞伤。

（3）安全头盔。可用轻便的攀岩头盔，或国内的内悬式工程头盔替代。头盔对溪降滑落及落石袭击，有保护头部免受直接伤害的作用。

（4）着装。溪降时切忌穿着牛仔裤和吸水性强不易干的棉质衣物，而以具伸缩性大的运动裤或游泳衣裤即可。

（5）专业溪降静力绳。瀑布溪降应选择长 50～150 米，直径 9～12 毫米的溪降专业绳，专业绳由合成纤维制成，具有防水防冻功能。目前世界著名的专业登山绳品牌大都获得多项国际认证（UIAA、USA、CE 等），绝对可以放心把整个身体交付给它。国内使用较多是 BEAL 的 Dry Topgun 系列的登山绳，价格在 1600 元之间，由于登山绳主要依靠进口，价格昂贵，使用寿命有限，是开展此项探险活动中较大的投资。

（6）STOP 单绳下降器。适用于 9～12 毫米单绳下降，里面有 2 个小滑轮，绳子缠绕在滑轮之间，制动把手松开即停，方便使用者能腾出双手应付紧急事件，多用于探洞、溪降等垂直下降及工业用途。

（7）座式安全带和铁锁。可使用获得国际质量认证的座式登山安全带和铁锁。

【阅读材料】

形体健美的标准

人的形体美应该是健、力、美三者的结合，健美的人体有着生长发育健康而又完善的机体，发达有力的肌肉，优美的人体外形和健康向上的精神气质。

一、形体美

人的形体美是由形式美的法则决定的，从外部形态上表现为：骨架美、肌肉美、肤色美和姿态美。苏联著名诗人马雅科夫斯基称颂结实的肌肉和古铜色的皮肤是世界上最美丽的衣裳。

1. 骨架美

骨架美，即人体各部分比例匀称、合度，这是形体美的基本条件。指根据个人的特点，在全面训练的基础上，采取相应的锻炼方法，使人体的各部分协调发展。男子要突出胸、背、肩的训练，使胸背丰厚，肩膀宽阔，使躯干呈美丽的 V 形，给人以强壮有力的感觉。女子要突出曲线美的训练，加强腹肌、骨盆底肌和臀本肌的锻炼，防止脂肪堆积。

2. 肌肉美

肌肉美，即人体肌肉完美发达，富有弹性，并充分体现人体形态的强健协调，它决定了人体外轮廓的线条美。肌肉是人体力量的源泉，同时也是力的象征，人体的线条美与发达的肌肉密切相关。根据人体肌肉的发达程度，脂肪比例，并参照肩宽和臀围的比例，可以将体型划分成胖型、肌型（或运动型）和瘦型三类。胖型上（肩宽）下（臀围）一般粗，躯干像个圆水桶，脂肪堆积，体重往往超过标准体重30%～50%。瘦型肩窄，胸平，四肢细长，体重小于标准体重25%～35%。肌型（运动型）肩宽、臀小，背阔肌大，上体呈倒三角形，四肢匀称，肌肉发达，体重少于或超过标准体重5%。经常从事各项体育活动的人，特别是运动员，多为肌型（运动型）。

3. 肤色美

人的皮肤似一面镜子，反映着人的生命活力和健康状况，也给仪表美增加了光泽。肤色美，即指皮肤红润，细腻且有光泽，可体现出人精神面貌和气质。参加有益的体育运动是保持肌肤健美的最好办法，拥有健康的身体，就能拥有漂亮肌肤。坚持进行面部以至全身皮肤的锻炼，包括按摩、擦身、适当的日光浴等方式，以使皮肤红润、细腻、有光泽，给人以良好的印象。

4. 姿态美

身体姿态包括：站、行、坐、卧，姿态要端正，动作必潇洒。自古以来就有"站如松，坐如钟，行如风，卧如弓"的说法，实则是对人体姿态的形象比喻和健美要求。标准站姿应该是头颅、躯干和脚的纵轴在一条垂直线上，挺胸、收腹、梗颈，两臂自然下垂，形成一种优美挺拔的曲线美。优美的坐姿应舒适自然，头正，颈直，下颌微收，挺胸收腹，腰背挺直，双目平视前方或注视对方。

二、内在美

歌德说过：外貌美只能取悦一时，内心美方能经久不衰。内在气质与外在表现完美结合才是真正的仪表美。因此，一个体形健美的人还必须精神饱满、富有朝气，必须具有勇敢无畏的精神，坚韧不拔的顽强意志，刚毅果断的性格和良好的品德修养。这种美发自心灵深处，却又能通过人的一举一动、一言一行表现出来，并使别人能够感受得到。一个人的内在美可以通过气质和风度展现出来。气质和风度是一个人智慧的体现，与人的文化修养、审美能力紧密相关，腹有诗书气自华。

本章总结

本章对休闲体育的类型和功能进行了分析，并对比了中西休闲体育文化的差异，介绍了具有中国特色的休闲体育项目太极拳的原理和锻炼方式。进行休闲体育活动可以塑造人的形体美，重点实训项目是体育舞蹈与瑜伽的类型和动作要领。最后，对暴走、高尔夫、热气球等现代时尚休闲活动做了集中介绍。

复习思考题

1. 什么是休闲体育？请举例说明其类型。
2. 请分析中西方休闲体育的不同特点及其本质原因。
3. 请简单阐述气功与体育休闲的关系。
4. 请结合书中介绍的时尚休闲运动，简单分析现代时尚休闲运动的发展趋势。

第五章　文化休闲活动

本章导读

　　从现代文化角度来讲，休闲是指人在完成社会必要劳动之后，为不断满足人的多方面需要而处于的一种文化创造、文化欣赏、文化建构的生命状态和生活方式。休闲的价值不在于实用，而在于它的文化性、社会性和创造性。休闲是一种文化基础，是人类对自身的人文关怀，是人类对真、善、美的追求，是使你在精神的自由中历经审美的、道德的、创造的、超越的生活方式，是一种对社会发展的进程具有校正、弥补功能的文化精神力量。

核心概念（关键术语）

　　休闲文化　节日休闲　民俗　博物馆旅游　乡村旅游　游戏　麻将

第一节　中国传统休闲文化

　　中国古代虽无休闲的概念，但休闲思想与实践源远流长。中国古代的圣贤们对"休闲"二字就有极精辟的阐释："休，倚木而休"，强调人与自然的和谐；"闲"，娴静，思想的纯洁与安宁。从词义的组合上，表明了休闲所特有的文化内涵和价值意义。

一、儒家休闲思想①

由孔子开创的儒家学派，以"仁"为学说核心，把社会外在规范化为内在道德伦理意识的自觉要求。儒家强调自我完善，即使是休闲，也是一种人生境界：自适、独善其身、中和。

（一）安贫乐道的自适情怀

儒家注重的并非外在的物质感官的享受，而是注重精神德性愉悦的休闲方式。对于儒家个体而言，是一种自适自得、自娱自乐的人生境界。孔子曾自许："饭疏食饮水，曲肱而枕之，乐亦在其中矣。不义而富且贵，于我如浮云。"推崇的是贫而无怨，贫而乐道的生活方式。贫寒弟子颜渊堪称孔子德行的代表，屡被孔子称赞："贤哉，回也！一箪食，一瓢饮，在陋巷，人不堪其忧，回也不改其乐。贤哉，回也。"孔子也曾赞子路："衣敝缊袍，与衣狐貉者立，而不耻者，其由也与？"

（二）独善其身的生存法则

儒家休闲是一个人的日常修养行为，是一种人生态度和境界，并上升为一种生存的原则。《孟子·尽心上》写道："得志，加泽于民；不得志，修身见于世。穷则独善其身，达则兼济天下。"以自我的完善来乐观积极地对待人生。孔子也曾说明自己的独处休闲之道："志于道，据于德，依于仁，游于艺。"闲处依然以道德为归依，但可通过"游"的各种方式充实和成就自我。

儒家"独善其身"的休闲之道，其一是"立言"。古代士人"太上有立德，其次有立功，再次有立言"的"三立"理想，立德是实现自我价值的最高境界，并具体通过济世骋志的政治实践"立功"来实现，如果政治渴望得不到实现，则退而求其次，通过发愤著书来"立言"抒解。通过休闲中的"立言"，文人们创造了浩繁的典籍、作品，丰富了中国古代休闲的文化资源。其二是隐逸。儒家的隐逸与道学的遁世隐居完全不同，儒家的隐逸是一种济

① 资料来源：《中国传统休闲文化对现代休闲旅游的启示》，吴永江，2009－06－02（有删减），国家哲学社会科学基金课题"休闲型旅游发展研究"（07XMZ038）系列论文。

世的补充，是一种文化性、精神性的隐逸。隐逸表现为时间意义上的空闲，但绝不是空虚，不是无所事事，无所用心。相反，一个人在休闲时更能表现出个性和志向。故古人有"隐居以求其志"的说法。在隐逸中重视现实生活，抒怀写志，有陶然于生活情趣的，如陶渊明、陆游等对生活琐事的品味；或纵情于山水的，如谢灵运、李白之流。隐逸为儒家的"独善其身"理想的实现提供了自由，也丰富了儒家休闲文化内涵，提升了儒家休闲文化的价值与美学意义。

（三）中和为美的悠游之道

儒家休闲之道以中和为贵，以中和为美。《中庸》里有"致中和，天地位焉，万物育焉"的说法。所谓"致中和"，从哲学意义上讲，包含人格精神的和谐、人与人的和谐、人与自然的和谐。儒家的"比德说"体现了人与自然的和谐理念，孔子讲："智者乐水，仁者乐山；智者动，仁者静。"把山水与人格相比照，把人的精神置于自然之中来玩味，对后世文人山水休闲方式及山水审美产生重大影响。《论语·先进》充分表现了休闲中人与人的和谐："暮春者，春服既成，冠者五六人，童子六七人，浴乎沂，风乎舞雩，咏而归。"

二、道家休闲思想

道家对自由精神的追求，最能体现中国传统休闲思想的精髓。道家休闲观是以自然为宗旨，以回归自然本真为最高境界，是无为不争、回归自然、逍遥自在的人生境界。

（一）老子的"无为"和"不争"

老子提倡"自然无为"，"无为而无不为"，阐述人与自然和谐相处的道理，从他对"小国寡民"的理想国描述中形象体现，这是一个完全无为不争，知足、知止，与自然交融一体的人间净土。人们遵守"无为"，并不是事实上的一无所为，不过要人们不做只凭主观意志而违反客观规律的事情，不为己有便不要去强求，"不争"则"不去"，要顺乎自然，自然而然。为追求"无为"的境界，道家的休闲方式趋于隐逸，不问世事，与儒家的隐逸风尚不同，儒家的隐逸是进退之间的操守，实则是一种形式，是隐而不隐；道家的隐逸是隐遁，出世，是以"无为"求"道"的行为，是真隐。

老子还提倡"知足"、"知止"和"回归自然"。老子说："祸莫过大于不知足，咎莫大于欲得。故，知足之足，常足矣。""知足者常乐"可以作为这一思想的注解。老子的"回归自然"，既是寄身于自然山水，也指返朴归真，老子说："人法地，地法天，天法道，道法自然。"这里的自然就是自然事物的本真状态或事物本来的面目，尊重自然规律，才是人与自然真正的和谐相处。

（二）庄子的"自在逍遥"

在中国古代，最能体味自然之美悠游之乐的人，当首推庄子。自古以来，几乎所有爱好旅游的人，都能在《庄子》一书中得到启发和共鸣。相对于老子，庄子学说则主要是指向"自在逍遥"。庄子的"逍遥"指的就是悠闲自得的人生状态，就是摆脱一切主观的限制和束缚，实现真正的精神自由的极致休闲。在庄子看来，人要获得休闲的极致状态，就必须超越形骸、功名的束缚，达到"至人无己，神人无功，圣人无名"的逍遥之境。这种逍遥自在的悠闲状态，是从是非、虚实、善恶、内外、物我、生死的区别中超脱出来，达到"天地与我并生，万物与我为一"的物我两忘的"齐物"之境。这种绝对的精神自由，在现实生活中虽难实现，但可以启迪人的智慧，怡养人的性情，使人可以超然物外，获得精神上的解脱。庄子为求不受羁束，宁可"无用"，鄙薄人间宝贵，而专注于自然之乐，庄子说："山林与，皋壤与，使我欣欣然而乐焉！"一切大自然的风光，都能使他欣欣然而乐，心领神会。休闲表现为时间意义上的空闲，但绝不是空虚，不是无所事事，无所用心。相反，一个人在休闲时更能表现出个性和志向。故古人有"隐居以求其志"的说法。

三、禅宗休闲思想

中国佛教，尤其是禅宗，其休闲理论植根于一种透视主义，是彻底非人类中心主义的。因此，一切对于价值与意义的理解，都仅仅是从某一个角度给予的解释。

（一）"妙有性空"观

所谓透视主义，是将宇宙终极实在视之为一个过程，否认有绝对不变的本体，世间的一切，都是既存在又不存在，非存在又非不存在。佛教的透视主义表现为一种"妙有性空"观。所谓妙有性空，是说世间万物都是"有"，但同时又是"空"；其中"有"非实有，"空"非虚无，而是有即空，空即有，而且宇宙的真实是"即有即空，非有非空，亦有亦空"。宇宙本体如何可能是这种即有即空，非有非空，以及亦有亦空的存在状态呢？显然，这只能从"透视主义"的角度才能得以解释。

终极实在如此，做终极实在表现的另一形态的生命本体亦是如此。既然人世间的一切都是既有非有，既空亦不空，而且空即是有，有即是空，那么，何必再纠缠与斤斤计较于何者为有，何者为空呢？在佛教禅宗看来，儒家的休闲哲学执著于礼乐、人间伦理等，这是一种执著；而道家高标超越，以"无"自诩，这又何尝不是一种执著呢？禅宗要我们用"缘起性空"的观点来理解世界，这就是"山是山，水是水；山不是山，水不是水；山只是山，水只是水"的哲理。

（二）随缘人生

从透视主义出发，禅宗提倡一种"随缘人生"。禅宗理解的随缘，只是一种凡事想做就做，不想做就不做，心目中不要有任何芥蒂，就是"无造作、无是非、无取舍、无断常、无凡无圣"。达到这一境界，一个人尽可以饿了吃、累了睡、想玩就玩，想歇就歇。总之，一切按照生活的本来面目生活，对生活保持一颗无所执著的"平常心"。所以，禅宗提出："不雕琢即大雕琢"，不经过雕琢的人生才是最美好的人生，不雕琢的生命才是生命的本真。禅宗肯定"有时"。所谓"有时"，是对"日日是好日"的一种哲理阐发，强调的是生命的当下存在即永恒。作为休闲哲学，禅宗教会我们如何化解生活中的种种苦恼与冲突，化解生命过程中遇到的种种不幸与苦难。将每一瞬间化作永恒，尽情地去享受生活中之美好，去发现与追求生活中每一时点都可能遇到或是碰到的生命"高峰体验"。

第二节 节日休闲

中西方节日包含着一定的风俗活动和某种纪念意义，具有很强的内聚力和广泛的包容性，一到过节，举国同庆。每一个节日都有它的历史渊源、美妙传说、独特情趣和深广的群众基础，它们反映了世界各民族的传统习惯、道德风尚和宗教观念，寄托着整个民族的憧憬，是千百年来岁月长途中欢乐的盛会。

一、传统节日的文化价值

传统节日的形成过程，是一个民族或国家的历史文化长期积淀凝聚的过程，是一份宝贵的精神文化遗产。传统节日在流传的过程中，逐渐衍生出欢快喜庆的风俗、丰富的文化内涵和享乐的活动内容。历代的文人骚客为一个个节日谱写了许多千古名篇，使我国的传统节日渗透出深厚的文化底蕴，精彩浪漫，大俗中透着大雅，雅俗共赏。

（一）节日的缘起

中国的传统节日主要是在农耕社会中形成的。农耕社会是一种自然经济，特别重视天人的关系、人和自然和谐的关系。我国古代的节日，大多和天文、历法、数学，以及后来划分出的节气有关，从文献上至少可以追溯到《夏小正》、《尚书》，到战国时期，一年中划分的二十四个节气已基本齐备，后来的传统节日均与这些节气密切相关。

大部分节日在先秦时期已初露端倪，但是，其中风俗内容的丰富与流行，还是一个逐渐形成、潜移默化地完善、慢慢渗入到社会生活的过程。最早的风俗活动与原始崇拜、迷信禁忌有关；神话传奇故事为节日平添了几分浪漫色彩；还有宗教对节日的冲击与影响；一些历史人物被赋予永恒的纪念渗入节日，所有这些都融合凝聚到节日的内容里，使中国的节日有了深沉的历史感。

汉代，我国主要的传统节日已经定型。发展到唐代，节日从原始祭拜、禁忌神秘的气氛中解放出来，转为娱乐礼仪型，成为真正的佳节良辰。从此，节日变得欢快喜庆，内容丰富多彩，并很快成为一种时尚流行起来，这些风俗一直延续发展，经久不衰。

（二）传统节日的功能

传统节日有着特定的民俗文化内涵，是一种特殊意义的文化资源。我们应很好地保护传统节日，充分发挥其巨大的文化功能和社会功能，有利于中华文化的传承，增强中华儿女的情感认同、民族认同。

1. 传统节日的文化功能

中国的传统节日形式多样，内容丰富，凝聚着中华民族的智慧，是中华文明的重要组成部分。第一批518个国家非物质文化遗产已经国务院批准。其中，包括春节、清明节、端午节、中秋节在内的中国传统节日都被列入了国家级非物质文化遗产保护名录。不少流传至今的节日风俗，蕴涵着深厚的历史文化内涵，也为全民族所共同享有，共同遵循。它的传播与传承，使民族文化遗产不断获得广泛、持久与必要的社会支持，有力地推动了传统文化的有效运行和健康发展。

从休闲的实践过程看，休闲不仅承载着文化、传播着文化，而且更重要的是创造着文化。在中华民族的历史发展进程中，传统节日以其丰富的文化内涵和周期性、民族性、群众性的特点，深深融入人们的日常生活和精神世界，滋养着民族的生命力、创造力和凝聚力，推动着中华文化历久弥新、不断发展壮大。

2. 传统文化的社会功能

节日是文化认同的主要象征。中国文联副主席冯骥才说，中华民族五千年文明之所以生生不息，在于我们民族心理最深层的一种东西，即民族的亲和力和凝聚力。这种亲和力很大程度上是靠节日等民俗维持下来的，它虽是潜在无形的，却是一种自发的情感，一种真正的文化的力量。中国传统节日凝结着中华民族的民族精神和民族情感，承载着中华民族的文化血脉和思想精华，是维系国家统一、民族团结和社会和谐的重要精神纽带，是建设社会主义先进文化的宝贵资源。

3. 传统文化的休闲功能

近年来，随着物质生活水平的提高，人们对精神文化生活的需求迅速增

长，传统节日越来越受到社会各界的重视和关注，传统节庆活动在各地广泛
开展，人们的节日生活日益丰富多彩，传统节日"复兴"为现代中国人提供
了休闲新时机。传统节日以节庆活动为载体，以丰富多彩的形式彰显民族文
化的优秀传统，营造了浓郁的节日氛围，吸引群众广泛参与。从节日文化的
角度看休闲文化，一个共性的东西就是祥和安逸、喜庆团圆、和谐共荣，人
们在休闲的时刻深深地沉浸在这种浓浓的情谊中。

二、中国传统节日休闲活动

中国古代是农耕文明高度发达的国家，受到农作物生长规律的影响，要
休闲只能是在农闲时期，而农闲往往是固定而有规律的，这就形成了中国特
色的民间节日休闲文化。中国民间传统节日中的休闲文化形式固定，内容具
体、丰富而实际，经过几千年的延续、传承，已成为中华民族生存的形式和
情感的依托。

生成于农耕社会的民间节日休闲文化传统，第一个特征是强调实用，"吃"
是休闲的第一要义。第二个特征是祈福娱神，祭祖拜神，由此产生了诸如贴对
联、起五更、放鞭炮、吃饺子、舞龙灯等多种以祈福为目的的娱乐形式。

（一）春节

春节，是农历正月初一，又叫阴历年，俗称"过年"。春节的历史很悠
久，它起源于殷商时期年头岁尾的祭神祭祖活动，是我国民间最隆重、最热
闹的一个传统节日。从国际范围看，由于历史影响，春节也是朝鲜、韩国和
日本等国家的重要节日。海外华人更是一直把春节视为民族文化的代表。

1. 春节的文化价值

春节作为中华民族第一大节，是节日体系中的核心大节，持续时间最长、
内容最丰富。春节蕴涵的辞旧迎新、合家团圆的意义，成为凝聚民族情感的
重要力量，也使它成为中华民族自我认同的一个文化符号。过年，中国众多
民族都有的风俗习惯，并且是一种继承性极强、最不易动摇泯灭的民俗事象。
我们常常形容美好的日子就说"像过年一样"。在过年的时候，大家都带着一
种理想的生活状态、人际关系也达到一种理想的、和谐的状态，这就是我们
所追求、所祈愿、所希望的生活方式，这实际上已经成为中华民族精神家园

的组成部分。

2. 春节休闲活动

传统意义上的春节是指从腊月初八的腊祭或腊月二十三的祭灶，一直到正月十五，其中以除夕和正月初一为高潮。千百年来，人们使年俗庆祝活动变得异常丰富多彩，带有浓郁的民族特色。节日的热烈气氛不仅洋溢在各家各户，也充满各地的大街小巷，一些地方的街市上还有舞狮子、耍龙灯、演社火、游花市、逛庙会等习俗。

（1）扫尘。每年从农历腊月二十三日起到年三十，民间把这段时间叫做"迎春日"，也叫"扫尘日"。"腊月二十四，掸尘扫房子"。按民间的说法：因"尘"与"陈"谐音，新春扫尘有"除陈布新"的含义，其用意是要把一切穷运、晦气统统扫出门，寄托着人们破旧立新的愿望和辞旧迎新的祈求。

（2）备年货。节前十天左右，家家户户就开始忙于采购物品，准备年货。年货包括鸡鸭鱼肉、茶酒油酱、南北炒货、糖饵果品，都要采买充足，还要准备一些过年时走亲访友时赠送的礼品，小孩子要添置新衣新帽，准备过年时穿。

（3）贴春联和门神。贴春联的习俗大约始于后蜀时期，最早为避邪防害的"桃符"。到了宋代，人们在象征喜气吉祥的红纸上写对联，新春之际贴在门窗两边，用以表达人们祈求来年福运的美好心愿。在民间，门神是正气和武力的象征。大门上贴上神荼、郁垒或秦叔宝、尉迟恭两位门神，祈求一家的福寿康宁。另外，贴窗花、挂大红灯笼或贴福字及财神等，都为节日增添足够的喜庆气氛。

（4）年夜饭。旧年的腊月三十夜，也叫除夕，又叫团圆夜，除夕的晚饭，俗称年夜饭，或团圆饭。它非常丰盛，要求全体家庭成员都在场，即团圆。中国北方在除夕有吃饺子的习俗。饺子的作法是先和面，和字就是合；饺子的饺和交谐音，合和交有相聚之意，象征团聚合欢，又取更岁交子之意，非常吉利。此外，饺子形似元宝，过年时吃饺子，也带有"招财进宝"的吉祥含义。在南方有过年吃年糕的习惯，甜甜的黏黏的年糕，象征新一年生活甜蜜蜜，步步高。

（5）守岁。除夕之夜，全家团聚在一起，吃过年夜饭，围坐炉旁闲聊，终夜不眠，等着辞旧迎新的时刻，称曰"守岁"。"一夜连双岁，五更分二天"，守岁象征着把一切邪瘟病疫照跑驱走，期待着新的一年吉祥如意。

（6）爆竹。爆竹是中国特产，亦称"爆仗"、"炮仗"、"鞭炮"。爆竹的原始目的是驱逐鬼怪，或迎神。后来以其强烈的喜庆色彩发展为辞旧迎新的象征符号，成为最能代表新年到来时刻的民俗标志。中国民间有"开门爆竹"一说，即在新的一年到来之际，家家户户开门的第一件事就是燃放爆竹，以"哔哔吧吧"的爆竹声除旧迎新。

（7）拜年。新年的初一，人们都早早起来，穿上节日盛装，先给家族中的长者拜年祝寿，然后出门去走亲访友，相互拜年，恭祝来年大吉大利。某个范围或团体圈子之内，在同一时间和地点，做有组织的集体互拜即"团拜"。春节拜年时，长辈要给晚辈压岁钱，"岁"与"祟"谐音，压岁钱可以压住邪祟，保平安。

（二）清明节

清明节是中国最重要的传统节日之一。它不仅是人们祭奠祖先、缅怀先人的节日，也是中华民族认祖归宗的纽带，更是一个远足踏青、亲近自然、催护新生的春季仪式。

1. 清明的文化价值

清明是中国人根深蒂固的一种家族、乡亲、爱国、爱乡土的文化含义。祭祀先人一直是中华民族民俗生活中的一件大事。清明时节，上坟祭扫先人显示了"慎终追远"的传统，大批旅居海外的华人、港澳台同胞也纷纷赶回故土，祭奠祖灵。每到清明节，黄帝陵、轩辕庙、炎帝陵都要举行大型公祭，海内外华人从祭祀的仪式中体会到血浓于水的同胞亲情。

2. 清明休闲活动

清明节的习俗丰富而有趣，除了讲究禁火、扫墓，还有踏青、荡秋千、蹴鞠、放风筝、打马球、插柳等一系列风俗体育活动。

（1）清明扫墓。扫墓俗称上坟，是祭祀先人亡魂的一种活动。按照旧的习俗，扫墓时首先整修坟墓，清除杂草，培添新土。人们还要携带酒食果品、纸钱等物品到墓地，将食物供祭在亲人墓前，再将纸钱焚化，然后叩头行礼祭拜，最后吃掉酒食回家。

唐代诗人杜牧的《清明》："清明时节雨纷纷，路上行人欲断魂。借问酒家何处有？牧童遥指杏花村。"写出了清明节的特殊气氛。

（2）清明踏青。清明节在每年阳历的四月四日至六日之间，正是春光明媚草木吐绿的时节，所以古人有清明踏青（即春游），并开展一系列户外体育活动的习俗，比如荡秋千、放风筝、蹴鞠、植树等。

（三）端午节

农历五月初五是中国民间的传统节日——端午节。端午也称端五、端阳、重午节、盂兰节、蒲节等。关于端午节最早的文字记载见于东汉，五月初五，人们用彩色的丝带系在手臂上，用来防避兵役和鬼魅，防病防瘟疫。

1. 端午的文化价值

围绕端午节及其习俗的来源，形成了一些影响很大的民间传说，诸如：纪念屈原说；纪念伍子胥说；纪念曹娥说；起于三代夏至节说；恶月恶日驱避说；吴月民族图腾祭说等，为端午节增添了新的习俗和文化内涵。吃粽子、划龙舟等习俗一般认为是纪念爱国诗人屈原。千百年来，屈原的民族气节、爱国精神和感人诗词，已广泛深入人心，故人们"惜而哀之，世论其辞，以相传焉"，给端午节增加了爱国主义的精神内涵。赛龙舟等体育竞技活动也有助于培养合作精神。

2. 端午休闲活动

（1）赛龙舟。"龙舟竞渡"盛行于吴、越、楚，早在战国时代就有。在急鼓声中划着刻成龙形的独木舟，做竞渡游戏，纪念屈原，以娱神乐人。1980 年，赛龙舟被列入中国国家体育比赛项目。每年举行的"屈原杯"龙舟赛，突破了时间、地域界线，成为了国际性的体育赛事。

（2）端午食粽。吃粽子的风俗，千百年来在中国盛行不衰，其由来已久，花样繁多。每年五月初，中国百姓家家都要浸糯米、洗粽叶、包粽子。从馅料看，北方多为包小枣的北京枣粽；南方则有豆沙、鲜肉、火腿、蛋黄等多种馅料，其中以浙江嘉兴粽子为代表。

（3）佩香囊。端午节小孩佩香囊，传说有避邪驱瘟之意，实际是用于襟头点缀装饰。香囊内有朱砂、雄黄、香药，外包以丝布，清香四溢，再以五色丝线弦扣成索，做成各种不同形状，结成一串，形形色色，玲珑可爱。

（4）悬艾叶菖蒲。民谚说："清明插柳，端午插艾"。在端午节，家家都洒扫庭除，以菖蒲、艾条插于门楣，悬于堂中，饮雄黄酒，激浊除腐，杀菌防病。

（四）中秋节

每年农历八月十五日，正是一年秋季的中期，月亮比其他几个月的满月更圆、更亮，所以被称为中秋（或仲秋），又叫做"月夕"、"八月节"。中秋是中国秋季的传统大节，它的地位仅次于春节。

1. 中秋节的文化内涵

中秋是"团圆节"，花好月圆之时，人们由天上的月圆联想到人间的团圆，因此，中秋在古代被视为"团圆节"。中秋节俗十分重视亲情的培育与表达，中国人的心态、情感在如水的月光之下，表现得生动而自然。此夜，人们仰望天空如玉如盘的朗朗明月，期盼家人团聚。远在他乡的游子，也借此寄托自己对故乡和亲人的思念之情。人月两团圆的意境对于中国人来说是生活中的理想，"但愿人长久，千里共婵娟"寄托了人生的美好愿望。这种团圆意识是民族凝聚力的一种表现，对于促进社会和谐有着不可替代的作用。（四大节日插图均为国画作品。版式设计：王舒怀）

2. 中秋休闲活动

中秋节的习俗很多，除了赏月、祭月、吃月饼外，还有香港的舞火龙、安徽的堆宝塔、广州的树中秋、晋江的烧塔仔、苏州石湖看串月、傣族的拜月、苗族的跳月、侗族的偷月亮菜、高山族的托球舞等，都带有浓厚的地方特色。

（1）赏月。我国自古就有中秋赏月的习俗，《礼记》中记载有"秋暮夕月"，即祭拜月神。宋代中秋赏月之风更盛，据《东京梦华录》记载："中秋夜，贵家结饰台榭，民间争占酒楼玩月"。时至今日，中秋节赏月风俗依旧。

（2）吃月饼。我国过中秋都有吃月饼的习俗，俗话说：八月十五月正圆，中秋月饼香又甜。中秋赏月，品尝月饼，以及把月饼当做礼品送亲赠友，以月之圆兆人之团圆，以饼之圆兆人之常生，寓意家人团圆的象征。

三、民族节日

我国是一个统一的多民族国家，各少数民族在长期的历史发展过程中，形成了各具特色的民族传统节日，是中华民族文化的重要组成部分。充分尊重少数民族的节日习俗，积极开展丰富多彩的民族节庆活动，对于进一步增强民族团结，维护国家统一作用重大。

（一）藏族的雪顿节

雪顿节是西藏传统节日之一，至今已有 300 多年的历史。雪顿节意为"酸奶宴会节"，最初为纯宗教活动。按照藏传佛教的戒律，在夏季蚊虫生长的六七月间，怕践踏地上的生灵，犯下杀生之罪，大部分寺院禁止比丘出门，须闭门修行一个多月，即长净、夏安居直到解制。在开禁的日子，他们纷纷出寺下山，山下的世俗百姓拿出酸奶等美味佳肴，宴请下山的僧尼，僧俗同庆，在林卡里尽情地歌舞、野宴，呈现一片欢乐的节日景象。17 世纪中叶，雪顿节的活动又从布达拉宫移到罗布林卡，开始演出藏戏，所以也称为"藏戏节"。

藏历六月底、七月初，是一年一度的雪顿节，一般欢庆 5 ~ 6 天。雪顿节第一天叫"哲蚌雪顿节"或"哲蚌晒佛节"，主要活动是晾晒佛像和观赏佛像。人们聚集在哲蚌寺，仰望那慈悲的佛的光辉，感受灵魂的净化和信仰的自由。后面的雪顿节，习惯上也叫"罗布林卡雪顿"或"藏戏雪顿"。雪顿节期间，节日组织者在罗布林卡公园内搭起了一个巨大的露天舞台，西藏各地的专业和民间藏戏演出队伍在这里进行连续几天的藏戏公演，整个拉萨沉浸在节日的欢乐中。

（二）蒙古族的那达慕

"那达慕"蒙古语，即娱乐、游艺的意思，是蒙古族喜庆丰收或欢度节日的盛大聚会，一般在 7、8 月份举行。那达慕大会的传统民俗活动具有广泛群众性、娱乐性和深刻的文化内涵，在蒙古人的心目中是古老而神圣的，反映了蒙古民族的价值观和审美观。现代的那达慕大会已发展成以民族体育比赛为主，兼有文化娱乐、信息交流、商贸旅游等内容的多功能文化体育盛会。

那达慕大会召开时，往日宁静的草原顿时沸腾起来，一夜之间，由蒙古包、售货帐篷及简易木板房组成了一座整齐美丽的草原新场面。男女老少乘车骑马，身穿节日盛装从四面八方涌向大会会场。牧民们喝马奶酒、唱草原歌、吃烤全羊、弹马头琴，通宵载歌载舞，让人体验到的是真正的古朴热情和畅快奔放。

1. 摔跤

摔跤比赛是那达慕大会最引人注目的项目。摔跤手，蒙古语叫"布赫沁"。布赫沁上身穿镶有铜钉的"卓铎格"，下身穿肥大的摔跤裤，足蹬传统的布利阿耳靴，头缠红、蓝、黄三色头巾，神情自信、傲然，跳着鹰步舞，唱着雄浑高亢的出征歌出场，使出浑身解数，捉对较技，场面热烈壮观，精彩纷呈。

2. 赛马

蒙古族的赛马，骑手们不穿靴子，骏马一般不备鞍子，不仅仅是比赛速度，而且要在不同形式赛跑中比技巧，如赛走马、赛颠马，还有马术表演。精湛的驭马之术演变为一种民族体育、娱乐项目。

3. 射箭

蒙古人自古崇尚弓箭，喜好骑射，把它视为男子汉的象征和标志，当做他们随身携带的武器和吉祥物。射箭，蒙古语叫"苏日哈拉布那"，分骑射和静射。比赛时，只见一个个骁勇善射的勇士身着窄袖紧身袍，飞骑张弓搭箭，数发劲弩，支支直中靶心，令人眼界大开。

4. 祭敖包

在传统的那达慕大会上，通常还要进行大规模的祭祀活动，最隆重的是祭敖包。敖包亦做"鄂博"，是土堆子的意思，以象征天地神。敖包上插一树枝或纸旗，树枝上挂五颜六色的布条，旗上写经文。人们通过祭敖包祈求天地神保佑人间风调雨顺，牛羊兴旺，国泰民安。

（三）傣族的泼水节

泼水节实为傣族的新年，傣语称为"比迈"，一般在傣历六月中旬（即农历清明前后十天左右）举行，为期三至四天。泼水节上除泼水外，还有赶摆、赛龙舟、浴佛、跳孔雀舞、白象舞等民俗活动，以及经贸交流等。泼水节是全面展现傣族水文化、音乐舞蹈文化、饮食文化、服饰文化和民间崇尚等传统文化的综合舞台，是研究傣族历史的重要窗口，具有较高的学术价值。同时，泼水节还是加强西双版纳全州各族人民大团结的重要纽带，对促进西双版纳与东南亚各国友好合作交流起到了积极作用。

1. 泼水节"祝福"：浴佛

在"麦日"，傣族男女老少穿上节日盛装，采来鲜花绿叶到佛寺供奉，担来清水"浴佛"为佛像洗尘。"浴佛"完毕，开始了集体性的相互泼水。"水花放，傣家狂"，"泼湿一身、幸福终身"！象征着吉祥、幸福、健康的一朵朵水花在空中盛开，泼水节成了欢乐的海洋。

2. 泼水节"爱情"：丢包

泼水节期间，傣族未婚青年男女喜欢做"丢包"游戏，来寻觅爱情、栽培幸福。姑娘们打着花伞，提着爱情的信物小花包来到"包场"，与小伙子们分列两边，相互丢花包，插鲜花，一段段浪漫的爱情故事就此展开。

3. 泼水节"力量"：赛龙舟

赛龙舟是泼水节最精彩的项目之一，在"麦帕雅晚玛"（第三天）举行。穿着节日盛装的群众欢聚在澜沧江畔、瑞丽江边，观看龙舟竞渡。江上停泊着披绿挂彩的龙船，船上坐着数十名精壮的水手，号令一响，整装待发的龙船像箭一般向前飞去，顿时整条江上，鼓声、锣声、号子声、喝彩声此起彼伏、声声相应，节日的气氛达到了高潮。

4. 泼水节"舞蹈"：象脚舞和孔雀舞

傣族人民能歌善舞，象脚舞热情、稳健、潇洒；孔雀舞优美、雅致、抒情。舞者围成圆圈，和着锰锣、象脚鼓翩翩起舞，一边跳舞一边喝彩"吾、吾"或"水、水"！

5. 泼水节"高升"：放高升和孔明灯

高升是傣族人民自制的一种烟火，将竹竿底部填以火药和其他配料，置于竹子搭成的高升架上，点燃引线使火药燃烧便会产生强劲的推力，将竹子如火箭般推入高空。竹子吐着白烟，发出"嗖嗖"的尖啸声，同时在空中喷放出绚丽的烟火。入夜，人们还在广场空地上将灯烛点燃，放到自制的大"汽球"内，利用空气的浮力，把一盏盏孔明灯放飞上天，以此来纪念古代的圣贤孔明。

（四）哈密休闲娱乐活动

哈密是一座多民族聚居的城市。这里居住着汉、维吾尔、回、哈萨克、蒙古、柯尔克孜、锡伯等28个民族的人民。民族团结，风情万种。十二木卡姆舞曲、麦西热甫舞蹈令人神往。赛马、叼羊、摔跤如醉如狂。海内外宾客一来到这里，就会被这座城市独特的、浓郁多彩的少数民族风情所吸引。

1. 歌舞

新疆自古就有"歌舞之乡"的誉称，维吾尔、哈萨克、柯尔克孜、塔吉克、蒙古、锡伯、乌孜别克、塔塔尔、满等民族都能歌善舞，伴随着丝绸之路的驼铃声，新疆歌舞流传到日本、缅甸、朝鲜、中亚、西亚乃至欧洲各地。龟兹乐舞、疏勒乐舞、高昌乐舞、伊州乐舞和天山以北匈奴族的悦般乐都是见之于史册的乐舞瑰宝。

2. 赛马

新疆的哈萨克、蒙古、柯尔克孜、塔吉克和维吾尔等民族都喜爱赛马，尤其是世代生长在天山、阿尔泰山草原上的哈萨克牧民，更是酷爱赛马运动，其竞赛技艺之高超，令人叹为观止。近年来，赛马又增添了许多新项目：障碍赛马、越野赛马、马球、马上射击、劈刺、盛装舞步赛，以及马车驾驭赛等，都十分惊险和精彩。

3. 叼羊

叼羊是新疆各兄弟民族群众普遍喜爱的传统体育活动，特别是哈萨克、柯尔克孜、塔吉克、蒙古族的牧民群众更擅长这种独特的马上运动。叼羊是一种对抗性强、争夺剧烈的运动，一般在节庆或表演时进行。叼羊有分队和不分队两种方式。主持人把一只割去头的羊放在指定处。枪响后，甲乙两队同时向羊飞驰而去，先抢到羊的同队队员互相掩护，极力向终点奔驰，双方骑手们施展各种技巧，围追堵截，拼命抢夺。叼着羊先到达终点的为胜方。获胜者按照当地的习俗，将羊当场烤熟，请众骑手共享，称为"幸福肉"。

4. 新疆蒙古族舞蹈

蒙古族舞蹈热情奔放、刚健，同时又细腻含蓄，伸展稳定，以优美挺拔见长，更以诙谐、爽朗明快、憨厚闻名中外，表现力极为丰富。"沙吾尔登"舞是流行于新疆蒙古族民间独具特色的传统舞蹈，"沙吾尔"，蒙古语，指马跑动时，马头上下不停地弹动的动作，"登"则是"托布秀尔"琴弹奏出的"登登"乐曲声音。"沙吾尔登"舞是一种乐舞一体的舞蹈艺术，在"托布秀尔"乐器的弹奏下，随着不同节奏的乐曲，变换舞姿。"沙吾尔登"乐舞的特点是舞的走动幅度较小，脚下节奏缓慢，动作较少，而上身动作却丰富多彩，舞姿翩跹，摇曳多姿，有如雄鹰抖羽，雁翔长空，还用双腿踢踏，变换马步，抖动双肩，做出各种风趣逗人的动作。

5. 高空走绳

维吾尔语称之为"达瓦孜"，它是维吾尔族民间传统体育活动之一。现在的高空走绳，表演起来惊心动魄，已兼有体育和杂技的双重特点。表演者手持长杆，不系保险带，在唢呐和羯鼓声中表演走绳；做侧身走绳、蒙眼走绳、倒立走绳、踩碟走绳、飞身跳绳等惊险动作。当表演者走到绳索最高处时，突然，他身子一歪从高空倒栽，不禁使人"啊哟"一声，大惊失色，吓得赶紧闭上双眼，待等再睁眼看时，表演者却含笑继续在绳上表演。原来是他施展绝招，故意制造一场虚惊！

四、西方节日

我们正进入一个现代化、城市化、商业化和全球化的时代，受西方文化的影响，青年人渐渐热衷于过洋节。不同质的多元文化的共同存在，是人类文明进步的表现。中西节日文化需互相借鉴，取各家之精华。

古希腊哲学家柏拉图说：诸神怜悯生来就劳累的人们，因而赐予他们一系列的节日，并由酒神（Dionysus）、诗神（Muses）、太阳神（Apollo）相伴，由此他们的身心获得滋养，他们变得高大、正直。

（一）圣诞节

圣诞节指圣诞日（Christmas Day）或圣诞节节期（Christmas tide），即12月24日至第二年1月6日这段时间。圣诞节本是一个宗教性的节日，后来逐渐演变成一个具有民族风格的全民性的节日，是西方国家一年中最盛大的节日，可以和新年相提并论，类似我国的春节。

圣诞习俗数量众多，为世人所熟悉的圣诞符号及活动包括：圣诞树、圣诞老人、圣诞礼物、圣诞大餐以及互赠礼物等。（如图5-1所示）

1. 圣诞树（Christmas Tree）

圣诞树是圣诞节最重要的装饰点缀物，一般是用杉柏之类的常绿树做成，象征生命长存。树上装饰着各种灯烛、彩花、玩具、星星，挂上各种圣诞礼物。树上的彩灯或蜡烛象征耶稣是世界的光明，大星则代表耶稣降生后将三

图 5 - 1　圣诞节符号

位东方贤人引到伯利恒的那颗星。

2. 圣诞老人

圣诞老人是西方老幼皆知的典型形象，一般认为圣诞老人（Santa Claus/ Father Christmas）是一个留着银白胡须、和蔼可亲的老人，是圣人与神灵的结合体，是仁爱与慷慨的代名词。他头戴红色尖帽，身穿白皮领子的大红袍，腰间扎着一条宽布带，在圣诞夜驾着八只鹿拉的满载着礼品的雪橇，从北方雪国来到各家，由烟囱下来，经过壁炉到房间内，把糖果、玩具等礼品装进孩子们吊在壁炉和床头上的袜子里。有不少百货商店在圣诞节期间会专门派人扮成圣诞老人，向来购物的顾客分发糖果和礼品。

3. 圣诞贺卡和礼物

按照习俗，过圣诞节时人们都互赠圣诞贺卡（Christmas Cards）和圣诞礼品（Christmas Presents）。圣诞贺卡上面印着关于耶稣降生故事的图画，以及"庆祝圣诞、新年快乐"之类的祝愿的话。同事、朋友以及家庭成员之间还要互赠礼品，礼品不求名贵，但包装精美。给孩子的圣诞礼物往往在圣诞之夜，父母们悄悄地放在孩子床头的长统袜里。

4. 圣诞大餐

西方的圣诞节是家人团聚，享受天伦之乐的日子。所有在外的家族成员都与家人一起度过平安夜，在烈火熊熊的壁炉旁吃圣诞大餐，然后在圣诞树下分拆礼物。圣诞大餐（Christmas Dinner）是圣诞节当天的主餐，其中，火鸡、烤鹅、烧牛仔肉和猪腿是必不可少的食品。按照习俗，吃圣诞餐时要多设一个座位，多放一份餐具，据说这是为了"主的使者"预备的。

5. 圣诞之夜

圣诞之夜必不可少的庆祝活动就是聚会。一家人围坐在熊熊燃烧的火炉旁，戴着圣诞帽，唱着圣诞歌，共叙天伦之乐。或者举办一个别开生面的化妆舞会，通宵达旦地庆祝圣诞夜，是一种友情，亲情，爱情会聚的好时光。近年来，中国人也把圣诞节过得越来越有声有色，酒店、迪厅、酒吧等地方都会举办别出心裁的圣诞晚会，许多外资公司也顺应潮流为员工在平安夜举办大型圣诞之夜。

6. 圣诞弥撒

圣诞夜（Silent Night / Christmas Eve），又称平安夜，即圣诞前夕（12月24日）。传统上不少基督徒会在平安夜参与子夜弥撒或聚会，通常在世界各地的教堂内举行，以表示圣诞日的开始。一些教会则会在晚上较早时间举行烛光崇拜，通常会有耶稣降生故事的话剧表演，亦会享用大餐。

7. 报佳音

在圣诞夜（12月24日晚至25日晨），教会组织一些圣诗班挨门挨户地在门口或窗下唱圣诞颂歌，叫做报佳音（Christmas Carol），再现当年天使向伯利恒郊外的牧羊人报告耶稣降生的喜讯。圣诞节时唱的赞美诗称为"圣诞颂歌"，曲谱多取自著名音乐家的名作，其中以《平安夜》（Silent Night）最为有名。

【阅读材料】

澳大利亚的圣诞节

澳大利亚是南半球的国家之一。十二月底，正当西欧各国在寒风呼啸中欢度圣诞节时，澳大利亚正是热不可耐的仲夏时节。因此，在澳大利亚过圣诞节，到处可以看见光着上身汗水淋淋的小伙子和穿超短裙的姑娘，与商店橱窗里精心布置的冬日雪景、挂满雪花的圣诞树和穿红棉袄的圣诞老人，构成澳大利亚特有的节日图景。这种酷暑和严冬景象的强烈对比，恐怕在西方国家是独一无二的。父母给子女最好的圣诞礼物，莫过于一副小水划，圣诞节弄潮是澳大利亚的一大特征。节日晚上，带着饮料到森林里举行"巴别居"野餐。吃饱喝足后，就跳起"迪斯科"或"袋鼠舞"，一直闹到深夜才结束。喝醉了，便往草地上一躺，在如雷的鼾声中迎接圣诞老人的莅临。

（二）狂欢节

在西方社会，狂欢节是人们一年中最为欢闹的节日。节日期间，各种花车游行、乐队表演、选美比赛、化妆舞会……令人眼花缭乱，目不暇接，人们纷纷涌上街头载歌载舞，纵情狂欢。而中国几乎没有这种狂欢的精神，中国给人的印象一般是沉静的，中国的传统节日也是沉稳有序的，踩高跷扭秧歌，舞龙舞狮，人们的心情总是欣赏大于宣泄，体现了一种秩序感，突出了理性的作用。

1. 英国诺丁山狂欢节（Notting Hill）

诺丁山狂欢节起源于1964年，由当时聚居在诺丁山地区的特立尼达移民发起，具有加勒比地区文化特点。这一活动至今已演变成规模宏大的多元文化节，其规模仅次于巴西里约热内卢狂欢节。狂欢节定在每年8月的最后一个周末，为期2天。第一天是儿童狂欢节，次日为成人狂欢节。论服装和面具，诺丁山狂欢节如同一场奇异华丽的化妆舞会；论音乐，钢鼓乐队、卡里普索歌曲（Calypso）、索加音乐则是诺丁山狂欢节的灵魂，像卡里普索歌曲常常根据最新时政和社会热点即兴改动歌词，具有讽刺幽默的特点。

2. 德国科隆狂欢节

德国科隆狂欢节规模极大，从每年的11月11日起，一直到次年复活节前40天为止，前后大约持续两三个月。节日的高潮是最后一个星期，女人节和"玫瑰星期一"是必不可少的内容。女人节那天，妇女们会闯入市长办公室，表示接管市政权力。许多妇女还拿着剪刀在街上专门剪男人的领带，拿回去钉在墙上欣赏。化妆大游行和狂欢舞会是"玫瑰星期一"的主要活动。游行时，"王子"和"公主"们一面向观众致意，一面抛撒糖果、食品和小玩具。活动当晚的狂欢晚会，人们穿着奇装异服，戴着夸张的面具，走上街头尽兴狂欢，一直闹到午夜时分。这天晚上，家家户户都要敞开窗户，迎接天使的到来。

3. 威尼斯狂欢节

意大利水城威尼斯的狂欢节为时 7 天。凡是参加狂欢节活动的人，都要按威尼斯的习俗把自己装扮起来。不分男女老幼，身着奇装异服，甚至包括 17 世纪的服装，脸上戴着面具或涂满油彩，模仿各种人的样子，或者扮成动物，踩着高跷，人们互相抛撒纸屑，素不相识的人也互送礼物，粘贴祝福的小纸条。

4. 里约热内卢狂欢节

狂欢节是巴西最大的节日，但最负盛名的当属里约热内卢的狂欢节。节日期间，最引人注目的就是数万名身穿华丽服装的各桑巴舞学校学员的游行表演，其场面之宏大，服装之华丽，气氛之热烈堪称世界之最。与此同时，还伴有盛大的彩车游行。围观的人们向演员们抛撒彩带和花絮，有的人还随着音乐狂舞。每次狂欢节都会对各类节目和演员进行评比，给优胜者颁发集体奖和个人奖，获奖者还要在规定的时间再次演出。狂欢节另一个重要的活动则是通宵达旦地举行室内化妆舞会。节日期间，巴西各城市的街道都会被装饰一新，更增添了狂欢的气氛。

（三）情人节

情人节（Saint Valentine's Day）是西方的传统节日之一，时间是每年的 2 月 14 日。男女在这一天互送巧克力、贺卡和花，用以表达爱意或友好。爱与和平是我们当今世界的主题，它们是相互统一的整体，值得我们共同尊重。通过交换礼物，情侣们会因在一起感到由衷的幸福。情人节不仅是欧美各国青年人喜爱的节日，在中国，情人节也已悄悄渗透到了无数年轻人的心中，成为中国传统节日之外的又一个重要节日。

1. 玫瑰花

通常在情人节以赠送一枝红玫瑰来表达情人之间的感情。一枝是情有独钟，三枝则代表我爱你，12 枝为一打，代表一年中的 12 个月，有追求圆满、年年月月献爱心之意。

2. 巧克力

相爱的人们用甜蜜的巧克力表达对爱人的浓浓情谊。巧克力的味道是爱情的味道。

3. 化妆舞会

参加舞会的人个个煞费苦心地将自己装扮起来,那么惟妙惟肖,人们便可以看到罗密欧和灰姑娘翩翩起舞;哈姆雷特同卡门谈笑风生;阿拉伯公主同查理二世共进晚餐。聪明的舞会主人常常给每位客人发一个带花边的瓦伦丁卡片,上面写着某个人的名字,这个人就成为你今晚的伙伴。

【阅读材料】

在巴黎过个时尚情人节

在巴黎过情人节,酒吧是不可不去的。位于香榭丽舍大街的皇后俱乐部是巴黎最著名的夜间酒吧之一。它通常在零时左右才开门营业,吸纳附近电影院在夜场结束之后大批无处可去的人群,以及众多越夜越兴奋的巴黎不眠人,一路狂欢直至第二天上午8点多才结束。

在情人节这天,皇后俱乐部自然成为追逐时尚和刺激的年轻人的最佳去处,皇后俱乐部的音乐以 HOUSE 为主,每个星期五晚上都有著名的外国 DJ 打碟,能让沉浸在爱河中的年轻人玩个不醉不归。

在巴黎同样不能错过的就是在情人节举行的冰上活动,现在这已经成为巴黎人和外国游客最热衷的项目之一。在银装素裹的大地上,两人随着音乐自由地牵手滑行,为情人节平添了几分特别的浪漫。更值得一提的是,这些冰场在这一天都是免费开放的,不由得让人为浪漫之都的平易近人而赞叹。

第三节　怡情休闲

文化依靠休闲滋养,休闲以直接、亲切、富于情趣、人文关怀的力量渗透在人的生活方式和行为方式中,休闲培育人的文化品质和生活品质。中华民族是一个具有高超休闲智慧的民族，古代圣贤常常将休闲与自然哲学、人格修养、审美情趣、文学艺术、养生延年紧密地联系在一起。现代社会的人们，在闲情逸致中涵养人性，用休闲开扩生活空间，丰富精神世界，完善生命过程。

一、艺术与休闲

"关乎人文以化天下"，文学艺术既是一种传统文化瑰宝，其所具有的民族性、文学性、艺术性和实用性特点，是中国人喜欢的休闲方式。艺术"是她在召唤处于长途跋涉中的人们，卸下俗务的重担，到艺术的殿堂里徜徉，给人性以光芒"。在中国，最有代表性的艺术休闲方式是弹琴、弈棋、书法、绘画四艺，合称琴棋书画，是文人骚客、大家闺秀修身养性，陶冶情操所必须掌握的技能。

【阅读材料】

琴棋书画

"琴、棋、书、画"是中国传统士人们的一种生活状态，一种将生活方式艺术化，艺术行为生活场景化的真实写照。古人们的弹琴、吟诗、下棋、作画等，既出于一种雅兴，更是一种典型的"寓教于乐"的方式。引导大众的文化趣味走向一个更为健康的方向，将传统文化中的某些"雅趣"融入到他们的生活和生存方式之中，并通过感同身受的玩味，达到一种对主流价值观念的无意识认同，进而意识到生命的意义。人们常说，生活要有诗意，就是要把某种"诗意"的人文精神移入到我们的日常生活中去。提倡艺术与生活的统一，绝不意味着泯灭或消解二者之间的界限，恰恰是要从艺术的审美活动那种超现实、超利害、超越官能欲望的精神意境中汲取意义，从而展示出一种高级的人生境界，一种高于物质利欲生活的情感世界。

（一）书法与休闲

书法是以汉字为基础、用毛笔书写的、具有四维特征的抽象符号艺术，它体现了万事万物"对立统一"的基本规律，又反映了人作为主体的精神、气质、学识和修养。书圣王羲之在《书论》这样定义书法："夫书者，玄妙之伎也"。

书法是一门揭示自然、表现自然的艺术，追求天地人和的境界。率真自然是艺术的灵魂。苏轼说："书出无意于佳乃佳尔"。书法和文学一样，是借用书法的形式，去表现书家学问、追求和内心的感受，反映作者的内心世界。书法有三种境界：心摹手追之境界、得心应手之境界、心手两忘之境界。其中心手两忘之境界是最高境界。如欣赏苏东坡的书法，美不仅是独特的"扁型"字，美更是"大江东去，浪淘尽，千古风流人物"的气魄；"横看成岭侧成峰，远近高低各不同"的变化；"卷地风来忽吹散，望湖楼下水如天"的境界。

（二）绘画与休闲

绘画是依赖于视觉来创造、感受和欣赏的艺术。除了具有造型艺术的"应物象形"的造型性，以及瞬间性、静止性、永固性的一般特征外，绘画还以概括化、个性化的外在造型抒写内心世界。绘画不是纯客观地描摹现实，而是融注了画家的审美感受、审美情感和审美理想，即使是最写实的绘画，也区别于摄影艺术，因为画家在摹写客观现实时，不是单纯地摄取和反映，而是通过自己的意志和技巧加以主观的表现，是主观与客观的统一。画家在对客观世界的观察、感受、理解和评价中，势必融入个人的修养、气质、性格、情思、才能等主观因素，按照美的规律进行艺术再创造。即使是现代超现实主义和照相写实主义的绘画作品，仍具有绘画的素质，绝非照相术所能替代。

（三）琴乐与休闲

琴棋书画中的琴，是指我国古代广为流传的瑶琴，是一种七弦无品的古老的拨弦乐器。现在所指的琴还包括钢琴、电子琴、手风琴等。琴既是一种娱乐身心的休闲工具，同时还有着更为内在的文化意韵，具有一种"无用之大用"的特点。2003年11月7日，"中国古琴艺术"被列入世界遗产代表作名录。

琴中滋味与儒家思想的"中庸之道"不谋而合，又与道家的修身养性观点殊途同归。孔子提倡琴乐：君子乐不去身，君子和琴比德，唯君子能乐。操琴通乐是君子修养的最高层次，人与乐合一共同显现出一种平和敦厚的风范。琴道讲求"琴韵"，心正才能意正，意正才能声正。自古以来，人们醉心于琴弦之间，借琴以完美自我的人格，修养身心，体悟大道。琴没有肆意的宣泄，只在含蓄中流露出平和超脱的气度，讲求韵味，虚实相生，讲求弦外之音，从中创造出一种空灵的意境。

（四）围棋与休闲

"棋者，弈也。下棋者，艺也。"博弈不同于一般的消遣游戏，方寸棋盘可以锻炼人的智力，磨炼人的意志，陶冶人的情操，振奋民族精神。"弈"中的恬淡、豁达、风雅、机智和军事、哲学、诗词、艺术共聚一堂。黑白之间，楚河汉界内外，棋艺带来的启悟和内涵被无限拓展，棋盘之外的天地被融合为一。

围棋形式简单，只有黑白两种棋子，规则也很简单，但是围棋之奥妙、精深，令人叹为观止，它是一种艺术，在很大程度上反映了中国传统思想文化的精髓。中国围棋大致包含"技"、"戏"、"艺"、"道"四个方面。"技"即"技艺"，"戏"即"游戏"，"艺"即"艺术"，"道"即棋道，指人生、宇宙之道。文人们以棋为一种爱好，就像他们好在绢、纸上随意挥洒、笔走龙蛇一样，便成了一种雅尚，一种赏心乐事。棋迷，他们是真正纯正的游戏者，沉迷其中，乐而忘返，"忘寝与食"，唯一所求的是一份精神的快乐。他们可以在工余、在田间、在极其困苦的日子里，"一枰忘万事"，空虚的心灵有了寄托，枯燥平淡的生活有了一丝色彩。

【案例精选】

棋行大地——世界围棋巅峰对决

北京天下凤凰文化传播有限公司策划并组织的"世界围棋巅峰对决"，这项两年一度的围棋大赛已经成为中国围棋文化的地标。世界围棋巅峰对决的口号是"棋行大地，天下凤凰"，2005 年，少林武童身着黑白两色衣服扮成棋子，在大地棋盘上演绎了常昊和李昌镐的精彩对局，气势磅礴；评书表演艺术家单田芳用评书的形式讲解棋局，给人耳目一新之感。而2007年的世界围棋巅峰对决，中国苗鼓对决韩国大鼓，1600架古筝在沱江旁边齐奏，余秋雨、易中天等文化界名人畅谈围棋与中国文化的关系，还有国画大师黄永玉献艺，成功地将各种文化艺术都融合在一起。

（五）戏剧与休闲

中国戏剧无论是京剧还是地方剧种，都是文学、音乐、舞剧、美术、武术及人物扮演等各种因素的综合艺术，是长期以来劳动人民和戏剧作者的伟大创造。戏曲作为一种古老的传统文化，经过800多年的发展演变，已经形成了300多个剧种，每个剧种都代表一方地域特色，有着深厚的地方文化积淀，是一方文化的一面旗帜。

戏曲有一个相当大的爱好群体，戏曲文化以人性化的方式吸引了更多的观者，从城市到农村，从剧院到荧屏，从家庭到公园，每个角落都有戏曲爱好者的参与。戏曲可以娱乐观众，并在娱乐的同时使观众得到某种教育。戏曲艺术向人们展示社会的各个层面，教人为善、为忠、为义、为孝，教人追求美好的爱情，是为社会教育作用之大者。在中国，广大民众以观赏戏曲艺术为休闲文化活动，是他们获取文化知识，了解历史传统，培养、陶冶内在性情的一个根本途径，更是他们休闲生活的一个重要部分。

二、民俗与休闲

（一）民俗的特点

中国有种说法，"千古中国，万种民性"，拥有数千年文明史的中国人既有共性，又有地域差异，形成了多种类型的国民性。最典型的就是民俗，民族风俗习惯是一个民族在其长期历史发展过程中逐渐形成的共同的喜好、习尚和禁忌，它表现在饮食、服饰、居住、婚姻、生育、丧葬、节庆、娱乐、礼节和生产等诸方面。自然环境、生产力水平、生产方式、重大历史事件和重要人物都是影响民族风俗习惯形成的因素。民族风俗习惯的特点，主要表现在以下几个方面：

1. 稳定性

民族风俗习惯是一定社会历史条件和生产力水平下的产物，具有深刻的社会、历史和自然根源，因此只要民族存在，民族风俗习惯就会长期存在。民族风俗习惯一旦形成，就蕴藏着该民族群众的共同心理感情。民族风俗习惯的变迁往往落后于社会经济文化的发展变化。

2. 民族性

民族风俗习惯反映着民族的生产和生活方式、历史和文化传统、心理素质和感情境界，是民族特点的重要组成部分，也是一个民族区别于另一个民族的重要标志之一，因而具有鲜明的民族性。

3. 敏感性

风俗习惯具有鲜明的民族性，一个民族往往会把其他民族对本民族风俗习惯的态度看做是对本民族的态度，因而风俗习惯具有非常敏感的特点。

4. 群众性

民族风俗习惯世代相传，渗透到民族日常生活的各个方面，影响着民族的每个成员，因此具有广泛的群众性。

5. 地域性

中国幅员辽阔，各民族居住地区的地理、气候等自然条件和经济状况有很大差异。这种情况影响到各民族之间和民族内部不同地区之间在风俗习惯上也不尽相同。

民俗活动体现了最深刻而持久的民族情感。在民俗生活中，每一个具体的事项都具有丰富的价值，包含着许多可以被解释的内容，也是休闲的产物。比如：养鸟、垂钓、曲艺、刺绣等，表达着"闲敲棋子落灯花，裛晴丝吹闲庭院"那样的优雅和闲适。

（二）手工艺与休闲

手工艺指具有高度技巧性、艺术性的手工，如挑花、刺绣、缂丝等。手工艺具有创作性、思考性的特点，它可以提高人们动手操作能力，培养智育，增强人们的审美能力。现在流行的手工艺很多，比如传统的剪纸、刺绣，以及风靡一时的十字绣，在女性的休闲生活中占据了很大的比重。

1. 剪纸

剪纸，又称为刻纸，窗花或剪画，是中国古老的民间传统工艺。剪纸作为中国本源哲学的体现，在表现形式上有着全面、美化、吉祥的特征，同时，民间剪纸用自己特定的表现语言，传达出传统文化的内涵和本质，表现了群众的审美爱好，蕴涵着民族的社会深层心理，反映百姓的审美意识和生活方式，具有浓郁的民间气息和地方特色。

早在汉、唐时代，民间妇女即有使用金银箔和彩帛剪成方胜、花鸟贴上鬓角为饰的风尚，后来逐步发展。剪纸艺术一般都有象征意义，曾被用做祭祀祖先和神仙所用供品的装饰物。现在，剪纸更多地是用于装饰，在节日中用彩色纸剪成各种花草、动物或人物故事，贴在窗户上（叫"窗花"）、门楣上（叫"门签"）作为装饰，也有作为礼品装饰或刺绣花样之用的。

剪纸不是用机器而是由手工做成，常用的方法有两种：剪刀剪和刀剪。顾名思义，剪刀剪是借助于剪刀，剪完后再把几张（一般不超过 8 张）剪纸粘贴起来，最后再用锋利的剪刀对图案进行加工。刀剪则是先把纸张折成数叠，放在由灰和动物脂肪组成的松软的混合体上，然后用小刀慢慢刻画。剪纸艺人一般是竖直握刀，根据一定的模型将纸加工成所要的图案。刀剪和剪刀剪相比，刀剪的优势是一次可以加工成多个剪纸图案。

剪纸制作简单，往往就地取材，最适合妇女闲暇制作，既可作实用物，又可美化生活。女红是我国传统女性完美的一个重要标志，作为女红的必修技巧——剪纸，也就成了女孩子从小就要学习的手工艺。无论是民间剪纸艺人或广大妇女，他们随时随地拿出剪刀和几张纸片，即时就能发挥他们内心蕴藏着的艺术创作才能，度过一段闲适的美好时光。

2. 刺绣

刺绣，古称针绣，是用绣针引彩线，按设计的花纹在布面上以针代笔，以绣迹构成花纹图案，以线晕色的一种工艺，讲究色彩和针法。江苏的苏绣，湖南的湘绣，四川的蜀绣，广东的粤绣，被公认为中国四大名绣。

民间刺绣渗透了无数妇女的聪明智慧和美好的愿望，十指春风充满了炽热的生命力和美好的情感。技艺高超的绣女手中的针线犹如画家手中的笔墨丹青，可以绣出璀璨精美的图画，并能表达绣女的个性，显示出不同时代的文化风貌和艺术成就。早期刺绣重在实用，直到纺织品出现之后，刺绣艺术才得到长足的发展，民间刺绣也就更加活跃起来。为了适应刺绣艺术发展的需要，各种刺绣针法应运而生，伴随着绣女的孜孜不倦和执著追求，刺绣针法不断完善丰富，形成了刺绣艺术品类万千、百花争艳的崭新局面。

【阅读材料】

十字绣

十字绣，最早诞生在欧洲宫廷，后来传入民间。十字绣与中国传统的刺绣不同，十字绣的绣法很简单，针法也只有一种——在带小十字方格的浅色硬布上，按照图纸标明的线号，利用其经纬交织的网纹，将不同颜色的线以对角线交叉绣在网纹上，不需花费许多工夫，便能绣出各式各样、生动传神的图案。绣完后还可以根据个人喜好进行装裱。相比传统刺绣工艺，十字绣简单易学，它不需要绷子和复杂的绣工技术，只要使用专门的针线，然后对照专用图案操作，任何人都可以一展飞针走线的技艺。除了年轻的女子们热衷于这种"十字绣"外，不少中老年人也学起了"十字绣"，试着体味远去的"唧唧复唧唧"的女红时代。一位痴迷于十字绣的中年妇女颇有感触地说："当我感觉紧张和压力的时候，在一针一线间我的神经不知不觉就松弛了，浮躁的心也平静下来。"

3. 皮影

"皮影"是皮影戏演出时使用的各种道具的通称。制作皮影的民间传统工艺非常复杂，要经过制皮、描样、雕镂、着色、熨平、上油、订缀7道工序。以陕西为代表的中国西北部地区传统皮影，人物造型的特点是精细秀丽，身条纤瘦，富有动感。而以河北为代表的中国东北部地区的传统皮影，人物造型是淳朴粗犷而不失典雅，抽象简洁。

皮影戏是我国最早出现的地方戏曲表演形式之一。演出时悬挂一幅白色布幕，幕布一侧坐着表演的艺人，另一侧坐的是观众，艺人们就在灯光的照射下，舞动着皮革制的各种剧中角色，演绎着古往今来的粉墨登场、出将入相。剧中的一应表情动作，唱、念、做、打，全都通过演出者操纵的皮影人偶表现出来。它的演出形式很独特，唱腔丰富优美，表演精彩动人。这种光与影配合的艺术形式在中华民族文化中占有非常重要的地位。

在民间乡村城镇，大大小小皮影戏班一直久盛而不衰。一乡一市有二、三十个影班不足为奇。不论逢年过节、喜庆丰收、祈福拜神、嫁娶宴客，还是添丁祝寿，都少不了要搭台唱影。赶上有大事，还要通宵达旦地演连本戏（连续剧）。有时，一个庙会甚至会出现几个影班搭台对擂唱影的场面，那热闹场面可以与鲁迅先生笔下的《社戏》相比。

（三）大众休闲

林语堂说："倘不知道人民大众的娱乐方法，便不能认识一个民族。好像对于个人，吾们倘非知道他怎样消遣闲暇的方法，吾们便不算熟悉了这个人了。"

1. 养鸟

养鸟是中国民间历史悠久的消闲玩项。我国人民自古以来就有爱鸟、养鸟的传统，《诗·小雅·斯干》中云："如鸟斯革，如翚斯飞"，诗句形容宫殿里因有鸟而华丽；历代文人也曾留下很多咏鸟的诗文，"手里金鹦鹉，胸前绣凤凰"（温庭筠诗），"百啭千声随意移，山花红紫树高低"（宋代的欧阳修）。

老百姓养鸟起源于明清时期。清代满族人非常喜欢射猎习武，在关外时专有捕鹰的鹰户人家，将捕获的鹰送清宫内务府饲养驯鹰，以供皇帝王族们围射猎物时使用。满族人在猎兽物时常顺便捕获一些禽鸟，他们将羽毛美丽又能啼鸣的鸟儿收入笼内饲养，听音观赏，调剂生活，形成最初饲养鸟类的习俗。清朝在北京建都后，把养鹰养鸟之俗从关外带到北京，当时八旗子弟们非常盛行玩鹰玩鸟，后来汉族的一些有闲阶级、文人雅士、梨园名伶、富贵人家，也将养鸟当做一项雅玩，鸟儿也成了大宅门四合院里的宠物中最受喜爱的，故有"公馆鸟"之称。听听鸟语，观赏彩羽，或仰望飞翔的鸽子，确实给生活带来不少乐趣，养鸟成为百姓休闲逸趣的一项雅乐活动，也曾成为老北京城里独特的文化特色。观赏鸟儿优美的姿态和华丽的羽毛，给人以精神上的享受，其乐融融。而其觅食、梳羽（理羽）、求偶（配对）、孵化和育雏等行为，更促使人们观察、思索、探求，并受到启发。闲时娱乐，修身养性，陶冶情操，并可适度活动筋骨，增进身心健康。

（1）观赏鸟。观赏鸟以其纤娇美丽的体态、色彩艳丽的羽衣、富有韵味的鸣叫声，深受人们的喜爱，观赏鸟主要应分为以下三大类别：

观赏型。该类型鸟一般外表华丽，羽色鲜艳，体态优美，活泼好动，令人赏心悦目，博得广大玩赏鸟饲养者喜爱。该类型鸟主要有寿带、翠鸟、三宝鸟、红嘴蓝鹊、蓝翅八色鸫、金山珍珠、白腹蓝翁、牡丹鹦鹉、高冠鹦鹉。还有一些体型较大的如孔雀、山鸡等。

实用型。该类型鸟较聪明，经训练可能掌握一定的技艺与表演能力。如鹩哥、绯胸鹦鹉、蓝歌鸲、白腰文鸟、棕头鸦雀、黑头蜡嘴雀等。这些鸟有的能模仿人语，有的能依照人指示叼携物体，逗人开心。有的甚至能帮人打猎，如猎鹰、猎隼等。

鸣唱型。该类型鸟善于鸣叫，鸣声悦耳婉转，动人心弦。如画眉、柳莺、金翅雀、云雀、树莺等。饲养这类鸟的目的就是欣赏其鸣叫声，尤其是如果饲养有几个品种时，鸟鸣声此起彼伏，明亮多变，让人感觉到妙趣横生，心旷神怡。

（2）斗鸟。斗鸟也是养鸟的一乐。斗鸟流行于江南地区。用鸟相斗取乐。好斗的鸟有八哥、画眉等。方式有两种：①隔笼相斗。将两只鸟放进一只大鸟笼，中间隔开，争斗几个回合后，高声鸣叫的即胜。②滚笼相斗。将两只鸟放入一只无隔离的大鸟笼里，任其厮斗，往往斗的羽毛脱落，头破血流，当场死亡。仍活着或后死去的鸟获胜。

2. 钓鱼

钓鱼起源于古代先民的生产活动，随着生活环境的安定和生活水平的提高，逐渐从生活活动中分离出来，成为一种充满趣味、充满智慧、充满活力、格调高雅、有益身心的文体活动。百多年前，世界闻名的钓鱼大师爱扎克·沃尔顿曾预言：钓鱼将成为全世界人民广泛喜爱的活动。今天，垂钓已经风靡世界。这项有益于身心健康的休闲活动也越来越受到人们的青睐，发展形势十分喜人。

钓鱼不但是一种高雅的休闲养生活动，更成为一种体育运动，创造了一种文化。垂钓文化透露出一种人生哲学。坐在河边、湖畔，静静地看着自己的鱼漂，一声不吭，怡然自得，感觉自然，融于自然，放逐心情，领略生命与自然相存相依，感受到"回归自然"的韵味，渔人之意而在山水间。钓鱼也是用智慧和耐心感受力的较量。人在岸上，鱼在水中，相互只是在梦幻中猜测、估计、判断、想象。抓住好的机会，随鱼所动，灵活运用，才能在垂钓中体验成功的喜悦，这要有经验，不是听了看了就会的，这就是钓鱼独特的魅力，更增添了钓鱼的乐趣和吸引力。

　　休闲钓鱼只要条件允许，随处都可以下竿。一竿在手，其乐无穷。古往今来，无数钓鱼爱好者陶醉于这项活动之中，他们怀着对大自然的热爱，对生活的激情，走向河边、湖畔，享受生机盎然的野外生活情趣，领略赏心悦目的湖光山色。深谷的清风吹走了城市的喧嚣，钓竿的颤动带给老人以童子般的欢乐，只要一竿在手，性情暴躁的小伙子也会"静如处子"，此中乐趣无法用语言来描述。

三、旅游与休闲

　　基于休闲目的，在异地寻找精神愉悦和内心满足的休闲旅游是人们普遍而积极的休闲方式。在欧洲和北美，休闲旅游已成为时尚。旅游活动是重休闲轻游览，重视度假休闲，旅游目的是使身心得到充分的休息和放松。当今的中国，旅游已进入了大众化消费的新阶段，正经历着从浅层的观光旅游，到放松身心和参加各种娱乐活动式的休闲性旅游转变。

（一）博物馆旅游

　　博物馆是一个地区历史文化的缩影，它会聚了当地长期积累的诸多先进优秀文化成果，集收藏、展示、教育、科研等功能于一身，深受广大人民群众的喜爱。据不完全统计，全世界每天约有数以亿计的游客涌向博物馆，他们把参观博物馆作为重要的休闲旅游活动。不惜重金修建图书馆、博物馆、艺术馆是西方国家的一大文化特色，此举一为文化传统所致，二为提供休闲消费场所，三为提升人的休闲生活质量，四为从根本上提高劳动者的素质。美国只有200多年的历史，而博物馆、艺术馆数量之多、规模之大堪为世界之最。

1. 博物馆的休闲功能

　　"博物馆"一词源于希腊语"缪斯庵"，它是祭祀希腊女神缪斯的祭坛和神殿，英文为 Museum，意为"缪斯的遗产"。英国《大不列颠百科全书》将博物馆分成艺术、历史、科技三大类。艺术博物馆展示收藏品的美学价值，包括绘画作品、雕塑造型作品、装饰艺术品、实用艺术品、工业艺术品等；历史博物馆以历史潮流观去展示收藏品，考古遗址、名胜史迹，名人故居纪念馆也属于历史博物馆；科技博物馆则展示自然科学、实用科学成就和技术成就的实物和图片。

博物馆的馆藏可以说无所不包，无所不容，内容数不胜数，并有着进一步扩大的趋势。博物馆深厚的历史积淀和丰富的文化内涵决定了依托其开展的旅游活动是一种高品位的特色休闲活动。它能使旅游活动由单纯的娱乐升华为与满足文化需要紧密结合的高层次的身心活动，它通过促进游客审美境界的提升，最终使其获得"悦志、悦神"的完美体验，进而提升整个旅游活动的档次。

1974 年，国际博物馆协会第十一届大会通过的《国际博物馆协会会章》第三条规定："博物馆是一个不追求赢利，为社会和社会发展服务的、公开的永久性机构，对人类和人类环境见证物进行研究、采集、保存、传播，特别是为研究教育和游览的目的提供展览"。博物馆是社会公共资源，这一性质决定了博物馆在经营的过程中大多采取免费参观或至多收取少许门票费用的经营形式，因此，游客参观博物馆的花费相对较少，从而有效地避免剥夺低收入者以及社会弱势群体享有参观博物馆权利现象的发生，体现了博物馆对所有公民一律平等的原则。

2. 博物馆的体验消费式休闲①

2008 年起，中国各级文化文物部门归口管理的公共博物馆、纪念馆、全国爱国主义教育示范基地全部实行免费开放。我国未来的博物馆正逐渐向国际接轨，不但继续承载着公益服务的功能，还必须最大限度地实现博物馆的教育功能，同时需要不断提高博物馆的服务能力和服务水平，让免费开放的博物馆真正成为人们共享的文化发展成果。希望免费制度能够培育出公众的博物馆情结，从而使走入、参观、利用、享受博物馆成为人们的一种必不可少的生活方式和生存状态。

（1）"六元要素"构建博物馆新博览模式（如图 5 – 2 所示）。

闻。每件展品都有属于它的精彩，如它们在何时代产生，出自谁人之手？是否曾属于某个重要的历史人物？或在历史中有何重要意义？让博物馆所展示的沉寂的"死"的文化具象开口说话，"诉说"其产生的背景和时代的文

---

① 资料来源：《"体验消费式"构建博物馆展览模式创新——"主动式展览"时代来临》，绿维创景 http://www.lwcj.com，日期：2009 年 03 月 12 日（有删减）。

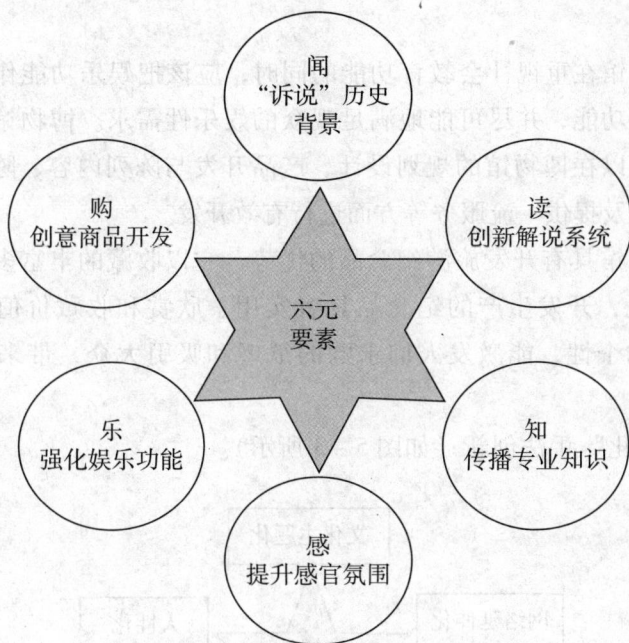

图 5-2　博物馆新博览模式的"六元要素"

化气象，这就是博物馆的文化解读功能——让人们通过展品了解展品所发生时代的社会文化，以引发参观者各种丰富的联想。

读。冰冷的文字配合冰冷的展品很难激起游客的认知欲，而长时间的阅读更会造成视觉的疲劳，严重降低游览体验。语音讲解、3D 模拟动画、情景展示空间、卡通形象导示系统等声音、影像、模拟场景等多元手段对文字说明的替代将大幅减少游客文字阅读数量，让游客在轻松、愉悦、动感的环境中"读"懂博物馆，"读"透展品。

知。博物馆作为文化、历史和知识的综合体，完全可以利用自己的人才优势和展品优势。结合自己的展品来开办相关的知识讲座，既普及知识，又满足了大众对收藏和历史文化的求知需求；同时，可以让博物馆走出去，让更多人了解到博物馆。

感。博物馆的建筑达到一定的规模后，会成为一个城市、一个地方的标志，成为一个城市的代表性建筑，其本身就是一个标志性景观。在内部设施建设上，更要注意细节管理。要营造一个良好的展出环境，功能齐全、实用舒适、清洁干净的展厅，使参观者有良好的视觉享受，有宾至如归的感受。

乐。博物馆在重视社会教育功能的同时，应该把娱乐功能作为自身的一项重要的社会功能，并尽可能地满足观众的娱乐性需求。博物馆的休闲娱乐功能开发，可以在博物馆的规划设计、产品开发与陈列内容、陈列、展览的形式和手段以及提供一流服务等方面进行有效开发。

购。博物馆具有开发旅游纪念品的优势，它以收藏的丰富多彩的历史文化资源为依托，开发生产的纪念品具有实用、欣赏和收藏价值，能彰显地方历史文化的个性，能激发人们求购的欲望和吸引大众，带来丰厚的经济回报。

（2）"五化"手法创新（如图5-3所示）。

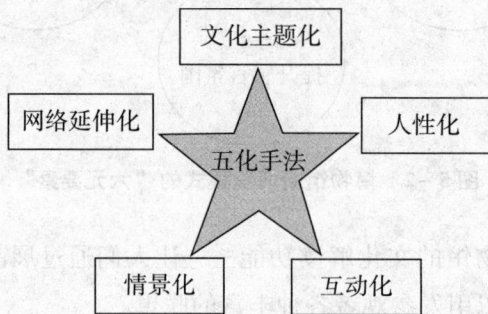

图5-3 博物馆新博览模式的"五化手法"

文化主题化。基于每一个系列文物独特的历史背景，提炼一个能够吸引观众的体验主题，能够使观众在难忘的体验中受到历史的熏陶，做到寓教于乐。如南京博物院艺术陈列馆玉器馆，专门创作了一个巨大的泥人工艺作品《琢玉图》，显示古代玉器从采料、开料，到粗坯、精加工、成品以及商品出售的全过程，加之鸡鸣蛙叫的音响效果，既紧扣主题，深化主题，又让观众从泥人工艺中进一步获得南方民间艺术的审美享受，引人入胜。

人性化。陈列展览是博物馆面向大众发挥文化休闲功能的主要方式。打造以观众为本的陈列展览，要由封闭逐步向互动、开放的动态形式转变。增设互动项目，让观众零距离接触一些展品，把参观变成一种交流、娱乐活动，应该成为博物馆陈列展览追求的目标和发展方向。

互动化。玩，是体验式消费的重要环节。当前比较典型的互动有模拟考古，即游客在工作人员的辅导下，在一个模拟考古区内用指定的工具进行一系列考古发掘，并将相应的发掘物免费赠送给游客（进场可以收费，以解决费用问题，甚至可以是一条增收渠道）。这种模拟发掘很能够提升游客对于考古的兴趣。

情景化。文物都是劳动的结晶，单调地展出文物，并不是一个绝佳的传承历史的方法，博物馆应该通过声、光、电一系列的科技手段，加强观众对于历史的体验。比如，上海博物馆的青铜馆编钟展位附近，观众可以听到悠扬的编钟演奏，这就是典型的情景互动。

网络延伸化。现代社会是一个网络时代，网络是博物馆调整服务方式、延伸文化休闲服务功能的良好平台。博物馆应充分发挥现代传播网络的巨大作用，通过网上发布文物、博物馆知识、展览资讯、本地区历史文化介绍及网上办展的形式扩大传播的辐射范围，使博物馆能够跨地域发挥作用，延伸博物馆的传播范围。

（二）乡村旅游

现如今，城市居民到大城市边缘的旅游小镇和乡村度周末成为非常普遍的现象。乡村旅游迎合了 21 世纪全球人居与旅游回归自然的生活质量意识。当人们亲临那些贴近自然与历史的乡村风景之中时，往往能找到心灵的情感共鸣和身心的惬意放松。

1. 乡村森林休闲旅游[1]

重庆市九龙坡区金凤镇森林资源丰富，景区内白塔坪森林公园林地 663.0 公顷[2]，北部的九凤山也有 5000 多亩林地。由于地域的广阔，以及景区内历史文化遗迹的丰富，我们把白塔坪森林公园划分为养心天、无穷天、自在天三个部分，分别以文化、生态、养生为主题进行森林旅游开发，产品项目各具特色互为补充，体现绿色休闲、健康度假的旅游理念（如表 5-1 所示）。

---

[1]　重庆工学院课题组，杨梅执笔. 2009.
[2]　1 公顷＝10000 平方米。

表5－1 　　　　　　　　重庆九龙坡金凤镇森林旅游产品设计

区域	二级分区	旅游产品	主题理念	线路及景点
白塔坪森林公园	无穷天	森林观光（生态＋文化）	探古思幽无穷天	海兰湖→龙潭沟→龚二老爷神仙茶馆（原龚二老爷庙）→宝善门古寨→白塔→知青岁月（知青点遗址）→云台山→飞流瀑
	养心天	森林浴（养生休闲）	天道怡然养心天	海兰湖→通天路九千九百九→平步青云路（足浴区）→吐纳服气台（洗肺区）→上天谷（醒脑区）→入空巷（养心区）
	自在天	森林专项旅游（DIY产品）	闲云野鹤自在天	白塔坪森林公园其他区域
九凤山	风声水起	森林生态休闲	行到水穷处坐看云起时	九凤山山地区域

（1）养心天："森林浴"。森林里空气清新，林荫下气候宜人，树木分泌的芬芳气息使人心情舒畅，森林里高浓度的负氧离子具有降尘杀菌功效。"森林浴"就是指利用森林中优美的环境，清新的空气，通过适宜的旅游活动，使人的身心得到彻底放松和恢复，达到"修身养性"的目的。山清水秀、草木丰茂的森林正是气旺的风水宝地，是天然的大"氧吧"。在养心天"森林浴"设计中，我们引入中国传统医学"以气养身"之道，选择负氧离子含量高的森林区域，进行森林氧吧的开发，实现天人合一的养生境界。

● 项目一：平步青云路（健足区）

在路旁小径铺设"健足步道"，由山溪鹅卵石砌成，长约数百米，终点有自然流水可供游客沐足上路。脚底被称为人体的第二心脏，游客赤脚行走于平步青云路上，通过鹅卵石与人体的亲密接触，反复刺激人体足部穴位及足部反射区，可以释放身体的静电，协调脏腑，促进气血流畅，使身体更加苗条健康。

健足步道命名平步青云，借用其中所蕴涵的吉祥意义，提升了休闲健身的文化境界。

- 项目二：吐纳服气台（洗肺区）

选择负氧离子含量极高区域，设吐纳服气台，供游客在此"吹嘘呼吸，吐故纳新"。吐纳服气台应配有道教吐纳、服气方法的文字或图示说明。如"六字气吐纳法"，以呵、嘘、呼、哂、吹、嘻六字的吐音，对治人体内脏的疾病。

- 项目三：上山谷（醒脑区）

设石凳、茶座供游客休憩，背景音乐引导游客进入冥思境界。配专业医护人员，为游客提供按摩等服务。石壁上刻画五禽戏、导引图等，游客可打太极，练瑜伽，舒筋活血。

- 项目四：入空巷（养心区）

设若干土石矮台，游客可在上打坐，氧吸丹田，禅定修持。指引牌上标出负氧离子含量，并与主城区对照。

（2）无穷天：森林文化观光。考察发现在海兰云天景域内遗留有众多的历史遗址和遗物。在白塔坪区域有宝善门古寨、龚二老爷庙（龙居寺）、龙王庙、钟峰寺、白塔遗址、知青点遗址等，这些古建筑及庙宇遗址如粒粒珍珠，撒落在林间、小溪、峭壁、岩洞，与山水交融、相映成辉，在无穷天，我们以森林为背景，用文化串联起森林观光，用人文弥补森林林相的单调。

- 项目一：龚二老爷庙、宝善门古寨"废墟文化"（遗址文化）展示

一流的遗产如果加上一些现代化的符号，就会成为一件赝品，那是"焚琴煮鹤"之举。所谓"废墟文化"强调的就是原汁原味的保留。文化遗产的建设不能大兴土木、大搞建筑，主要是保护性的环境和文化建设，即文化内涵的挖掘、提升和展示。"废墟文化"的概念体现了人们对文化的尊重，体现了一种新的文化品位、文化理念和文化潮流。

龚二老爷神仙茶馆（原龚二老爷庙、龙居寺），建于清咸丰年间，寺门尚存，上书"洞天"二字，寺内文物埋于地下，散落林间及民间。不搞原貌修复，保留天井和四合院布局，现有状况稍加修整改造成为茶馆，作为游客休憩、品茶和闲话聊斋的场所。龚二老爷及诸位神仙像原貌散布于庭院，或分别放置各茶室，作为茶馆的文化主题。茶馆取名龚二老爷神仙茶馆，一指其历史由来，二来引申为游客自在山中游，快乐如神仙。在此又沉浸在神仙怪异传说中，大家神吹、神侃、大话聊斋。

● 项目二：知青岁月（原知青居住点旧址）关注足下文化

足下文化所要体现的是脚下的文化——日常的文化、作为生活和作为城市记忆、昨天的记忆的历史文化。通过对足下文化的关照传达出对人性的深刻理解和关心。知青生活给每个经历过那个火红年代的人们留下不灭的记忆，给没有经历过的人们留下丰富的想象空间。通过保留和利用原有场地，引入新的设计形式，比如，知青生活和场景的再现，打谷、碾谷、（风车）吹谷、筛米、做饭等参与性强的主题旅游活动，屋外空地用植物或花卉勾画"广阔天地，大有作为"等来显示场地精神。那一代人的汗水和青春，使原址有了一种需要吟唱出来的东西，使旅游设计摆脱形式的"悬浮"而充满"意蕴"。

（3）自在天：森林旅游"DIY"。旅游也是一种时尚和流行，要保留并强化未来的发展空间和机会。"DIY"即英文"Do it by yourself"的缩写，"DIY"代表了一种生活模式，旅游的"DIY"开发模式的核心，就是在开发者和游客之间形成一种互动，给他们一个自由的旅游空间，任他们去"DIY"，去创造个性化的旅游项目。

海兰云天毗邻重庆大学城，可特别为大学城师生提供场所和必要的设施，邀请大学生们在周末或元旦、教师节、生日等一些特别的日子，有组织地设计并参与专项"DIY"产品。如"森林里的情人节"、"到森林去，听新年的钟声"、"十年树木，百年树人，教师节我和老师种下一棵树"、"大地见证我的成长，今年的生日不一样"等，很有创意，不落俗套，也显得另类、前卫，在特立独行的大学生中很有市场。

2. 乡村休闲旅游的主题策划[①]

我们可以把乡村旅游资源概括为色、形、传、俗四个方面，并以此去把握乡村旅游的主题。色，即是指直接以乡村景致的色调为主题，或提炼色彩的深层含义去演示乡村旅游的个性主题。形，即外形，就是乡村旅游资源的组成实体，以形为主题依据。传、俗即农村当地的神话传说和风俗习惯，在开发时可以追寻当地的历史脉络，以此为主题让城市人领略别样的风情。

（1）色的四季风景。自然景观的美态虽然不完全一样，但具有一个共同特点，即在一定的地形范围内，利用并改造自然地形地貌或者人为开辟和美化地形地貌，综合植物栽植或艺术加工，从而构成一个供人们观赏、游憩的

---

① 重庆工学院课题组，杨梅执笔. 2005.

具有特定主题的环境。

　　重庆市九龙坡区海兰云天景区采用抽象手法，通过农作物的大面积种植来构图"大地艺术海洋"。充分利用乡村景致色调的四季变化，通过人工设计开辟出独树一帜的主题景观，引导游客欣赏自然、发现自然、感受自然，形成氛围，达到人与自然高层面的和谐。这样一来，自然资源的初级吸引力转变为更高的吸引力，产品的特色逐渐显示出来。而九凤山寨子坡千亩梨园、李园则以春花、夏果、秋叶、冬枝为主题。春赏花漫山野，夏品果熟田间，秋观红叶枝头，冬思枝横影疏，四季皆成美景。

　　（2）形的意义升华。主题创造不能只依据其表象，这样很容易使旅游产品缺乏区分度，特色不显，降低主题景区吸引力。主题的塑造不仅要立足于景观实体，还要通过充实深化、添加附会、联想延伸、剪裁组合等方法，提炼景观内涵更深层的理念。

　　重庆市江津笋溪河景区桃李村，因遍植桃树、李树而得名。春季花开，桃红李白煞是好看。夏季果熟，桃李满园着实喜人。观花赏果是浅表层面的旅游主题，我们把桃李芬芳、桃李无言，下自成蹊这两句成语的象征意义逐层展开，设计了以"学子谢师"和"教师度假"为主题的乡村旅游产品。学业有成，学子难忘恩师情怀。中考、高考之后，倡导学子谢师来旅游的新风尚，住桃李村，谢老师情，品农家状元饭。平时吸引文教系统人员来休闲度假游。

　　笋溪河另有荷塘村，村口河道右岸有一支流长约两里，因为遍植荷花，形成掩映在竹林深处的荷花走廊。笋溪河历年护士节都有医护人员前来度假休闲。医护人员被称为"白衣天使"，荷花，亭亭玉立，濯而不妖，即可喻示医护人员品质高洁，以此为主题开展"白衣天使游"。同时荷花又称莲花，利用莲与廉的同音，以周敦颐的《爱莲说》为文化主题，针对公务人员开展"爱莲（廉）之旅"。其实一种事物的延伸底线是不可估量的，关键看开发者的挖掘度、想象力，只要合情合理，别具一格，受人欢迎即为一个好的主题。

　　（3）传说的现代演绎。乡村流传着许多动人的传说故事，由于历史久远，其中的真伪难辨。乡民们过度的渲染和鬼神的庸俗附会，让人以为是乡言野语，荒唐又荒谬。不论真假，有一点是肯定的，这些神话传说寄托着当地百姓美好理想和追求，饱含对家乡山水的赞誉。点染或借用这些传说故事，以此为主题，旅游项目具有更为原生的地域文化特色。

在江津笋溪河两岔古镇太公沱大路边有圣旨碑，相传莘启贵之妻刘氏因夫早死，含辛茹苦抚养孤子，终身未嫁，受到皇帝的赞赏，立碑表彰其贞洁和操行。另外，与全国各地水乡一样，每年两岔古镇都要举行端午龙舟赛，源于纪念伟大的爱国诗人屈原，现已成为乡间的群众性文体活动。两个原来看上去毫不相干的事物，因主题策划而成为笋溪河极具特色的名牌旅游产品。以圣旨碑命名的龙舟赛每周举行小规模比赛，主要是游客参与组队比赛。每年举行一次大规模的龙舟赛，邀请附近村社和市镇组队参加。比赛时，人们唱山歌，吼号子，盛况空前。比赛结束，在圣旨碑举行仿古发奖仪式，赛会组织者着清朝官服颁奖，奖状为仿古圣旨，可作为旅游纪念品收藏。

3. 民俗的文化粘贴

乡村民俗开发有几个问题值得注意：第一，乡村旅游主题可以沿用和继承当地原生民俗，也可借用或移植异地、异族民俗，如何选择和嫁接？这就是要考虑民俗文化与旅游活动项目成功粘贴的问题。第二，民俗作为一种世代相传的文化形态，其本身就是鲜活的现实生活的一部分，可以触摸和感悟，如何集中展现和活化民俗？第三，民俗旅游满足的是一种高层次文化需求，旅游者正是通过民俗活动，咀嚼和体会乡村居民的生活方式与思想意识，在追求文化差异或文化认同的过程中实现审美与自我完善。活动项目如何以生动活泼、强调参与的方式，深层次挖掘文化内涵，充分显示民俗旅游的"增智性"？重庆四面山乡村民俗旅游开发为我们找到了答案。

民俗文化主题的选择，国内景区大多借用少数民族民俗做文章，四面山旅游开发另辟蹊径，以"西南汉民族民俗旅游活动"为表现民俗事象的主要内容。

春有"踏青节"：以踏青、赏花、观瀑、荡舟（画舫）、野炊为主要内容。民俗安排情歌对唱、栽秧歌表演、竹制鸟鸣器等传统娱乐、祈婚求子祭拜仪式等。

夏有"欢乐节"：以游泳、戏水、瀑降、溪降、龙舟、洗礼为主要内容。民俗安排薅秧歌、薅草锣鼓（打闹草）、诙谐歌（扯谎歌）；劳动号子竞赛。

秋有"丰收节"：登高、赏月、赏桂、采果、尝新、赏秋、唱打谷歌、丰收歌、祭庙还愿。

冬有"闹春节"：贴春联、挂灯笼、杀年猪、赶场、守岁、压岁、拜年、祭祖、闹元宵、龙灯、狮子、猜灯谜；祭灶、祈福、敬财神等。

　　川东汉民族民俗和民间艺术特色鲜明，无论是婚丧、节庆、农耕、劳动、情爱、生产、山歌、民谣、故事、戏曲、游戏等，其内容博大精深。如"薅殃歌"歌舞系列，同一主题的就有七八种曲调和表演形式，这就可以借用为旅游产品。通过旅游者的参与，巧妙串联特色民俗活动，文化性、知识性、生态性、趣味性、观光性相结合，超越了一般的猎奇览胜，达到启迪美感，提高修养的文化高度。

第四节　游戏与休闲

　　玩即休闲，也叫游戏。游戏是丰富人的日常生活的一种行为方式，是人们为了缓解压力、放松心情而进行体验与欣赏的过程。我国著名学者于光远先生说："玩是人生的根本需要之一，玩是人的一种本能；它是人处于放松和自由的一种状态。"著名德国思想家席勒在《审美教育书简》中说，"只有当人是完全意义上的人，他才游戏，只有当人游戏时，他才完全是人"。

一、游戏的休闲功能

　　古希腊思想家柏拉图说过："人就像是上帝手中的玩具；而作为游戏之资，事实上正是最可称道的品质。因此，跟现今流行的意见相反，每一个人都要以此为职志，让最美丽的游戏成为生活的真正内涵。游戏、玩乐、文化——我们认定这才是人生中最值得认真对待的事情。"我国的古代圣人孔子也竭力称许同样的人生至境，"暮春者，春服既成，冠者五六人，童子六七人，浴乎沂，风乎舞雩，咏而归"。

（一）游戏的本质

1. 游戏是无邪的

　　在席勒看来，游戏的本质在于自由。他把审美视为生命的游戏，"而每个人都会由此联想到童年时代无拘无束的玩闹是多么的悦性怡情。只有在这种审美之游戏中，人才能由'断片'变成完整的人，由分裂走向统一的人，完整而统一的人就是自由的人。"游戏状态中的主体一般不存在对谋利或物质利益的趋从，所以游戏是"无邪"的。"人在游戏中趋向最悠闲的境界，在这种境界中，甚至连自身都脱离了世俗的负担，它和着天堂之舞的节拍轻松晃动"。当人们只为了美而游戏，并且在游戏中创造出自由的形式时，这样的游戏才是高级的，通过"审美的创造冲动给人卸去了一切关系的枷锁，使人摆脱了一切成为强制的东西"。

2. 游戏是健康的

游戏必须是在健康、积极、向上的基础上，使你心智得到提高，并促进德、智、体、美、劳的全面发展。游戏不当，或者说沉湎于那些低级趣味的娱乐项目，必然会损其心智、伤其筋骨、毁掉德行。在当今，一些人利用网络技术沉溺于色情、凶杀、赌博等游戏中，每日通宵达旦；还有一些人整日无所事事，整日与电视为伴，最终是身体透支、情性变形、心态扭曲，生命颓废。古人同样强调游戏不可无节度，晋代颜之推在《颜氏家训》中谈到"弹棋也近世雅戏，消愁释愦，时可为之"，"但令人耽愦，废丧实多，不可常也"。玩物丧志出自《尚书·旅獒》"玩人丧德，玩物丧志"，常用来指醉心于玩赏某些事物或迷恋于一些有害的事情，就会丧失积极进取的志气。

【阅读材料】

网络游戏

中国社会调查所在北京、上海、广州、南京、沈阳、武汉、哈尔滨、郑州等城市对 1000 位青少年（男女比例为 7∶3）进行了问卷调查，结果显示玩电脑游戏已经成为广大青少年学生的主要娱乐方式。89% 的被访者经常玩电脑游戏，只有少部分青少年表示不玩，其中女孩占多数。

调查同时显示，50% 的被访者每天都玩电子游戏，36% 的人每周至少玩 3 天，只有 14% 的人每周玩游戏少于 3 天。

在问到"玩电脑游戏时什么样的游戏情节最吸引你"时，有 63% 的被访者选择了带有暴力打斗情节和成人内容的游戏。

据了解，目前出现在市场及互联网上的游戏，约有 80% 为进口。许多游戏中充斥着暴力、色情等不健康内容。"这些情节的游戏最能影响青少年。因为成长中的青少年善于学习和模仿，但识别能力和自控能力比较差，心理还不成熟，容易受到来自各方面事物的影响"。"这些游戏已经成为我国青少年暴力犯罪、性犯罪以及行为偏差、心理不健康的重要诱导因素"。参与调查的中国社会调查所研究员徐泽林说。

2005年11月公布的中国首个网瘾报告显示，网瘾青少年约占青少年网民总数的13.2%，也就是约有200万名青少年网络成瘾。另外还约有13%的青少年存在网瘾倾向。网络成瘾对青少年的危害比较大。网络成瘾者对网络有强烈的心理依赖感，他们一般上网时非常快乐，一旦停止上网就会出现失眠、头痛、消化不良等症状，或者变得孤僻，不愿参加社会活动和与他人交往，经常以幻想代替现实，缺乏同情心，生活没有目标，甚至出现精神问题，成为社会和家庭的负担。据调查，网络成瘾者中厌学、成绩下降的学生几乎是100%，因网络成瘾而失学占成瘾者的20%，这其中通过治疗脱离网瘾的只占50%。而网络成瘾的学生再回学校是难上加难，大约只有20%的学生能摆脱网络继续上学。

电脑网络游戏是导致青少年网络成瘾的主要原因。《2005年度中国游戏产业报告》显示，我国网络游戏六成玩家年龄在19岁至25岁，大多尚未独立生活和工作的16岁至18岁青年占10.4%；16岁以下未成年人占3.4%。对于网络游戏，这个让很多人酷爱又让很多人头痛的新型娱乐方式，不能让它变成"脱缰野马"，我们需要寻找一个平衡点。

（二）游戏的特征

于光远说，"母亲是人的第一个老师，玩是人类第一部教科书"，因此，要"活到老、学到老、玩到老"。玩教给我们的是分享、欣赏、好奇心、想象力、勇气、信念、镇定、秩序、和谐、审美。

1. 游戏的学习特征

在中国，游戏最早被古代文人看做是一种有益的治学经验。《礼记·学记》中提到"故君子之学也，藏焉、修焉、息焉、游焉"。游戏是人的学习课堂，游戏可以促进大脑运动、活跃思维、激发想象力、培养人的兴趣、获得心理的满足，对新生事物永远充满好奇心。事实上，人类的一切发明创造，也包括"哲学和生物学、伦理学和美学、人类学和教育学、科学和宗教都在游戏中找到了共同的基础"。因为，"只有人们觉得他们的玄想或一些貌似幼稚的做法不会产生意义重大的结果时，他们才能带着最大的自由去进行哲学思考或作出那些游戏性的行为……促成发明的导因不是'必需',而是休闲所提供的游戏时的自由,是游戏所提供的尝试新事物的自由"。

2. 游戏的娱乐特征

我国古代汉语中常用"游"、"戏"、"遨"、"嬉"等来指代游戏,其本义都与动作或运动有关,其特点是"逸",是一种轻松自在的活动。孔子提出了"志于道,据于德,依于仁,游于艺"的思想,注意到"游艺"的娱乐功能。游戏活动的目标是享乐和发展,即满足人愉悦身心的需要、满足人发展身心的需要。因此,游戏的休闲价值就主要在于它的娱乐特征,无论是大人还是小孩,都可以从游戏这种活动里面体验到放松和快乐的感觉。

3. 游戏的健身特征

传统游戏以集体游戏和户外活动为主要载体,玩不同的游戏,能够充分发挥游戏的健身价值,可以强健体魄,促进健康和发育。《燕京岁时记》中记载:"风筝即纸鸢,缚竹为骨,以纸糊之,制成仙鹤、孔雀、沙雁、飞虎之类,绘画极工,儿童放之空中,最能清目。""毽儿者,垫以皮钱,衬以铜钱,束以雕翎,缚以皮带,儿童踢弄之,足以活血御寒。"

【阅读材料】

传统游戏玩出健康

跳皮筋:灵活腰腿。经常做跳皮筋这种以跑、跳为主的传统游戏,不仅有效地增强内脏和血液循环系统的功能,而且能够增强腿部和腰部的灵活性。

滚铁环:练就平衡感。滚铁环是将眼观、手推、慢跑融为一体的全身运动,有利于身体定向的准确性、稳定性和平衡感。

打陀螺:坚实臂膀。打陀螺可让臂腕部关节灵活,使整个臂膀更加坚实有力,在观察陀螺旋转时也可锻炼眼神敏锐。

丢沙包:培养敏捷反应。在游戏中不仅可以锻炼身体敏捷,更能使眼手更加协调。此外,还可以提高上肢的力量。

跳山羊:锻炼爆发力。游戏以跑、跳动作为主,结合了蹬腿、收腹等动作。跳山羊,从冲刺跑到腾空而起的瞬间都是对爆发力和胆量的锻炼。

4. 游戏的体验特征

游戏的行进是一个舒展和流动的过程，规则成为内在的，不需要外部的强制和约束，体现了心灵的自由；不存在游戏之外的功利目的，游戏就是为了当下的存在，就是为了充分地感受和表达。因此，行为不再是手段，而是一种自足和完满的表现。玩使人性得到张扬，个性得以显现，心灵获得释放。荷兰学者胡伊青加指出：最纯正的游戏精神是自由和和谐，即游戏中的人创造着的人、游戏中人的主客观世界和谐融合。体验为本的游戏才是充满游戏精神的游戏，游戏的价值就在于这种体验带来了一种状态：人整个身心的自由与和谐，这是一种完整的状态，一种生命的状态，一种最富动力性的状态，是人可以达到的最美好的状态。

二、儿童游戏

俗话说：三岁看大，七岁看老。西方心理学大师弗洛伊德特别强调，一个人的人格是由幼年的经验所决定的。正处于人格塑造过程中的孩子，需要在游戏活动中发展运动能力，锻炼意志，养成合群和开朗的心态。

(一) 儿童游戏与完整生活

"乐嬉游"是儿童的自然性情，游戏给儿童提供了机体运动的、情绪情感的、认知的、社会交往等多样化的活动方式所构成的完整生活，使儿童在快乐的童年生活中获得有益于其身心发展的经验。

1. 身体活动的生活

游戏是儿童一系列感官与机体运动机能的发挥和运用的活动过程，儿童身体的各种生理器官和系统在游戏中处于自觉的活动状态而得到协调和自然的发展，实现着机体生活的新陈代谢和生长发育。

2. 情绪情感的生活

游戏中的角色扮演为儿童提供着丰富的、积极的情绪情感体验。游戏中的自我主张，助长着儿童的自信与成就感；游戏中的欣赏与表现发展着儿童的审美意识；游戏中的情绪情感宣泄，消除着儿童的焦虑与不安；游戏中的规则，让儿童学会自我控制。游戏就是儿童情感生活的方式，它陶冶着儿童的性情。

3. 认知的生活

游戏中的儿童有对物的操作，有与人的交流，在直接经验中，扩展和加深着对环境及自我的认识与理解、体验与感悟。在流传下来的游戏中，有许多是能够传递知识、开启儿童心智的。儿歌和童谣让儿童在吟唱嬉玩中得到了语言能力的提高，而唱歌谣、数鸡兔、巧栽树等数字游戏能培养儿童的数字概念和运算能力。儿童在游戏中，好奇着，探索着，发现着，与外界实现着互动，特别是儿童自主的幻想与假装，成为儿童在内心世界和外部现实世界之间进行从容转换的途径和中介，有效地建构着儿童渐趋理性化、科学化的精神家园。

【案例精选】

儿童游戏中的认知[①]

幼1：吃完饭我们去海边，那里有海盗。

幼2：海盗在哪？在海边？（爬上地毯，假装找寻海盗）

幼1：你们有没有看见海盗？

幼3：看见了，他们在船上！

幼1：我们赶紧躲进山洞吧！

幼2：好！

幼1：山上有老虎，要小心。

幼3：看，凯凯受伤了，我们去救她。

幼1：把她带过来。

幼2：放在地毯上吧，我去烧开水，给她洗洗澡，你们去买点吃的回来。

案例点评：幼儿在游戏中获得的经验包括了身体、认知、情感、社会性等各个方面，具有完整性，而且，这些经验来源于幼儿自身，是一种有意义的经验。

在此，幼儿显示了各种相关的社会生活经验，游戏可以被解释为对这些经验的学习和理解。

---

① 黄进．论儿童游戏中游戏精神的衰落．中国教育学刊，2003，9．

4. 社会交往的生活

儿童在游戏活动中结成两种类型的人际关系：一种是在游戏本身之外所结成的现实的伙伴关系，一种是通过扮演等在游戏内部所结成的虚拟的角色关系。这两种关系的存在成为儿童在游戏中充分开展社会交往的背景和依托，从而为儿童以人际交往为主题的社会生活提供了广阔的空间。游戏中，儿童在达成自身职责言行与身份、扮演角色的协调一致的尝试中，不断克服着自我中心，在群体游戏中学会宽容、理解、合作、关心和沟通。在对游戏（特别是规则）中所体现的（真实和模拟的）人与人之间的关系处理及其行为准则的体验和感悟，儿童的规范意识和伦理精神得以最初的启蒙。

（二）传统儿童游戏

《儿童权利公约》（1989）第 31 条规定："儿童有休息、娱乐和游戏的权利，应鼓励他们参加游戏、娱乐和文化艺术活动。"我国有大量种类齐全、花样繁多的儿童游戏活动。游戏给予儿童以儿童的生活，给予儿童以灵性。为了儿童的未来，应该让传统游戏复归，把快乐还给儿童。

（1）跳橡皮筋："小皮球，香蕉油，马兰花开二十一；二五六，二五七，二八二九三十一……"听到这首童谣，相信很多人都会回想起孩提时和同伴玩的各种游戏——跳皮筋。跳皮筋是两人或多人腿拉橡皮筋，其他人在皮筋上跳出各种花式，成功完成的就可以升级，否则就要换人。

（2）击鼓传花：击鼓传花，也称"传彩球"。十几人或几十人围成圆圈坐下，其中一人拿花，一人背着大家或蒙眼击鼓，鼓响传花，鼓停花止。花在谁手中，谁就摸彩，按纸条规定行事，多是唱歌、跳舞、猜谜和答问等健康有益的活动，内容丰富，形式多样。

（3）踢毽子：踢毽子多在冬季。踢毽子的技巧因地区而异，但最基本的技巧只有四种，即"盘"，双脚向内侧交替的踢法；"磕"，屈膝弹毽；"拐"，又称外拐，是外侧反踢的方法；"蹦"，用足尖正踢的技法。踢毽子还进行花样技巧比赛，常以肩、背、胸、腹、头与两脚配合，做各种姿势，使毽子经久不落地，缠身绕腿，翻转自如，令人眼花缭乱，叹为观止。

（4）辘铁圈：是用一条"Y"形铁支（或树枝）滚动一个大铁圈，边跑边滚，看谁先到达终点。

（5）"斗鸡"：先将做游戏的人按实力平均分成人数相同的两组。游戏开始时，游戏者分别在对方的小组里物色"斗鸡"对象，两人一组面对面站立。两人均用手抱起一腿，单脚跳互相碰膝盖，能站立不倒的就算赢，也有"画地为牢"的，出圈即输。此游戏可以锻炼孩子的对抗能力、竞争能力和身体的平衡能力。

（6）丢手绢：大家推选一个丢手绢的人，其余的人围成一个大圆圈蹲下。游戏开始，大家一起唱歌谣"丢，丢，丢手绢，轻轻地放在小朋友的后面，大家不要告诉他。快点快点捉住他，快点快点捉住他。"一人拿着手绢在圈外走，歌声一停把手绢丢下，被丢到手绢的人马上追，若追不到丢手绢的人就算输。

（7）翻花绳：把一根绳两头系上，一个人把绳圈套在双手上用手指挑出花样，另一个人则把绳子变成其他形状。如此循环，可以变换出如"面条"、"金鱼"等许多花样。

（8）过家家：一种儿童在室内模仿成人家庭、社会生活过程的游戏，大多流行在四五岁儿童中间，以女孩为主，人数不限，大致二至四人。常以扮演妈妈、爸爸、姐姐、哥哥等角色，模仿居家过日子、操持家务、社交往来等生活现象，比如哄小孩睡觉，做饭切菜之类。即兴表演，相互编排，十分有趣。

三、民间游戏

民间游戏是指流传于广大人民生活中的嬉戏娱乐活动，俗语称"玩耍"。游戏是竞技民俗中最常见、最普遍、最有趣味的娱乐活动，它主要流行于少年儿童中间和节日里成人娱乐节目之中。有些游戏项目在发展中逐渐完备，最后形成了竞技项目或杂技艺术。民间游戏可划分为五类：室内生活游戏、庭院活动游戏、智能游戏、助兴游戏、种类博戏。

（一）麻将

麻将（Mahjong，Mah – jong 或 Mah – jongg），四人骨牌博戏，流行于华人文化圈中，不同地区的游戏规则稍有不同。麻将的牌式主要有"饼（文钱）"、"条（索子）"、"万（万贯）"等。麻将的基本打法简单，容易上手，但其中玩法复杂多变，刺激有趣，因此，成为中国历史上一种最能吸引人的博戏形式。麻将被胡适称为"国戏"，今又普及成健康娱乐活动。

1. 麻将的由来

麻将在清朝基本定型，是以纸牌为基础，吸收了骰子与宣和牌的成分，交汇融合所形成的一种新牌戏。

由来一：麻将本名应是"抹将"，抹的是《水浒传》的 108 个好汉。相传，元末明初有个名叫万秉迢的人，非常推崇施耐庵笔下的梁山好汉，将水浒英雄融入这个游戏中。麻将分为万、饼、条三类则是取其本人姓名的谐音。每类从一到九各有四张牌，刚好 108 张，隐喻 108 条好汉。如牌中九条喻为"九条龙"史进，二条喻为"双鞭"呼延灼。108 条好汉从四面八方会聚梁山，所以加上东、西、南、北、中各添四张牌计 20 张。"发"、"白"隐喻好汉们的富有或穷白，加上八张牌，整副牌共计 136 张。后来又加上各种花牌，整副牌共计 144 张。

由来二：在江苏太仓县曾有皇家的大粮仓，每年因雀患而损失了不少粮食。管理粮仓的官吏奖励捕雀护粮，并以竹制的筹牌记捕雀数目，凭此发放酬金，这就是太仓的"护粮牌"。这种筹牌上刻着各种符号和数字，既可观赏，又可游戏。"发"，即得赏发财。"碰"，即"砰"，枪声。成牌之"胡"，实为"鹘"，属鹰的一种，有高强的捕鸟本领，故每局牌胜皆曰"鹘"。除此，麻将中的"吃"，"杠"等术语几乎都要与捕捉麻雀联系起来。太仓方言的"鸟雀"就叫做"麻将"，"打鸟"或者"打麻雀"统称"打麻将"，故麻雀牌也叫"麻将牌"。

由来三：明朝的三保太监郑和率数万将士七次下西洋。郑和利用船上现有的毛竹做成竹牌，刻上文字图案，再制定游戏规则，放在吃饭的方桌上供将士们娱乐，以解思乡之苦。红"中"代表中原大地，"发"则迎合大家的发财心理，"饼"是将士们的日常主食烙制的圆形大饼，"条"表示捕食的鱼，"白皮"即白茫茫的沧海。竹牌刻置"东"、"南"、"西"、"北"风是航海最关心的风向。"春桃"、"秋菊"、"夏荷"、"冬梅"四朵花来代表一年四季，尽管后来竹牌上的图案发生了变化，但"花"的叫法仍然没变。

2. 麻将的休闲功能

由于麻将复杂多变，刺激有趣，因而自诞生后很快成为整个中国最为盛行的博戏形式，流行范围涉及社会各个阶层、各个领域，已经进入千家万户。作为一种中国传统的文化现象，麻将运动内涵丰富，底蕴悠长，表现形式多元，集益智性、趣味性、博弈性于一体，其独特价值堪称国之瑰宝。

麻将只有一百余张，打起来却丰富多彩，既斗智又斗勇。前人对参加打麻将的牌手曾有要求："入局斗牌，必先炼品，品宜镇静，不宜躁率，得勿骄，失勿吝，顺时勿喜，逆时勿愁，不形于色，不动乎声，浑涵宽大，品格为贵，尔雅温文，斯为上乘。"这正体现了麻将娱乐本身的旨意和精神。

麻将是中国的国粹，中国人总是爱以搓八圈或是以桌上游泳来称呼，近来更有医学研究发现，老年人多打麻将可以预防老年痴呆症。离退休的老同志有闲暇时打上几圈，精神焕发。家庭里，逢年过节，举家团聚，打几圈麻将，也洋溢着节日的欢快。

在我国，麻将牌在一个时期内曾被打入冷宫。不可讳言，麻将是一件令人不能自已的博弈游艺，但麻将与赌博并没有必然联系。今天，当有人用麻将作赌具的时候，其罪责当不在麻将。"桔生于淮南谓之桔，植于淮北谓之枳。"正所谓事在人为。大量的事实证明，麻将运动能够以健康、文明的体育竞赛的形式存在和发展。开展健康、积极、规范的麻将竞赛，不仅有利于弘扬传统文化，推动我国社会主义精神文明建设，更是与满足人民群众日益增长的物质文化需要的根本目标相辅相成。

【阅读材料】

成都麻将风

麻将在成都开展的普及范围之广、群众热情之高举世无双，大街小巷、茶馆饭庄、公园商铺到处都有麻友奋战的身影。四川人特别喜欢打麻将，有人调侃道：飞过成都，在飞机上都能听到打麻将的声音。

四川麻将采用四川地区流行的麻将打法，尤其是成都及周边比较盛行的打法。成都麻将主要规则：去掉所有的字，仅有筒、条、万三门花色；不能吃牌；打缺门，刮风下雨，都计番，流局查卫生（查花猪）。

成都麻将规则的灵活性也是其他地区不可比的，分别有两人麻将、三人、四人至七人以上麻将。

两人麻将：必须是清一色，不能吃、碰，打出的牌背面向上以使两人都不知对方打出了什么牌；

三人麻将：可商量是否必须打清一色；

四人麻将：为正常麻将；

五人麻将：每方起手只拿十张牌；

六人麻将：每方起手只拿七张牌；

七人以上：每方起手只拿四张牌。

另外，有一种"血战到底"打法，即和牌者只需声明自己和了，并不将自己的牌亮开，余下之人继续战斗，直至最后一人。

（二）放风筝

我国风筝传说最早出自春秋战国时代，古代称"纸鸢"。在美国华盛顿宇航博物馆的大厅里挂着一只中国风筝，边上写着："人类最早的飞行器是中国的风筝和火箭。"到五代时，纸鸢乘风上天，鸢上系竹哨升空，迎风哨响，其声如筝鸣，才改称"风筝"。风筝的技艺主要表现在美工上，民间放风筝近似游戏和竞技，是著名的民间传统游戏项目。

1. 制作风筝

扎风筝、画风筝、糊风筝、放风筝被称为风筝"四艺"。手工自制风筝，就是完成风筝"四艺"中的扎风筝、画风筝和糊风筝，这是一个繁杂的过程。竹子要自己挑选，"要三四年的成竹，经纬直"；把竹子刨开后，用酒精灯烤弯，达到自己想要的形状；然后是绑线，线要扎得结实均匀，要达到对称，左右吃风面积相当，绝不能过密过厚，否则会影响飞行；"糊"即要保证全体平整，干净利落，最后还要在缎子上画出图案，要做到远眺清楚，近看真实的效果。在式样上，除传统的禽、兽、虫、鱼外，近代还发展出人物风筝等新样式。

2. 放风筝

每逢春季来临，草长莺飞，在郊外总有不少人放风筝。天空中是翩翩起舞的风筝，地面上是快乐奔跑的人们，构成了一幅生意盎然的新春风情图，令人心醉、令人依恋。风筝在空中受风，空气会分成上下流层。通过风筝下层的空气受风筝面的阻塞，空气的流速减低，气压升高；上层的空气流通舒畅，流速增强，致使气压减低；扬力即是由这种气压之差而产生的，这正是风筝能够上升的原因。放风筝要依据风力调整提线角度，一般是一抽一放。"硬膀"风筝翅膀坚硬，吃风大，飞得高；"软翅"风筝柔软，飞不高，但飞得远。

中国有句古话："鸢者长寿"。人们踏青放风筝,沐浴明媚的春光,舒展筋骨,让身体随放飞的风筝不停地移动以活动四肢筋骨;尽情地呼吸新鲜空气,吐故纳新,促进体内新陈代谢,改善血液循环。放风筝时,双眼极目蓝天,远望风筝千姿百态的飞行动作,还可调节视力,消除眼肌疲劳,对改善视力、预防近视有较好的效果。此外,放风筝还有助于人的心理健康。当放飞者全神贯注地放风筝时,大脑高度集中,心无杂念,胸中的种种忧愁自然也会消散于万里晴空之中。

【阅读材料】

潍坊国际风筝节

山东潍坊被各国推崇为"世界风筝之都",1989 年国际风筝联合会正式成立,总部设于山东潍坊。潍坊是我国著名风筝产地,制作历史悠久,明代就已在民间出现扎制风筝的艺人,属中国三大风筝派系之一,与京、津风筝齐名鼎立,享誉中外。潍坊风筝题材多样,具有浓郁的乡土风味和民间生活气息。每年 4 月 20 日至 25 日举行,每年都有来自 30 个国家和地区的代表团参赛。节庆的活动内容包括:举办开幕式,放飞仪式,国际风筝比赛,国内风筝大奖赛,评选风筝十绝,参观风筝博物馆,观看杨家埠民间艺术表演,参观民俗旅游村,与农民同吃、同住、同娱乐等。

(三)扭秧歌

扭秧歌(又称秧歌)是中国(主要在北方地区)广泛流传的民间舞蹈的类称,不同地区有不同称谓和风格样式。在民间,对秧歌的称谓分为两种:踩跷表演的称为"高跷秧歌",不踩跷表演的称为"地秧歌"。近代所称的"秧歌",大多指"地秧歌"。在表演形式上,开始和结束为大场。一般是舞者扮成各种人物,手持扇子、手帕或彩绸等起舞。秧歌既有表演性的,也有自娱性的,自娱娱人,深受老百姓的喜爱。

1. 陕北秧歌

扭秧歌在陕北地区称做"闹秧歌",各村的秧歌队在一名持伞的"伞头"

带领下，和着锣鼓声的节拍起舞，跑"大场"（群舞）、演"小场"（双人、三人舞），并且到各家表演，以此贺新春，祈丰年。领舞的伞头要善于领唱传统的歌词以及因地制宜即兴编唱新词，以适应不同场合的需要。一般是先唱后舞，演唱时，众队员重复他所唱的最后一句，形式简便，生动热闹。灯节期间，当地还要设置名为"九曲黄河灯"（俗称"转九曲"）的灯阵，群众随着秧歌队进入其内，观赏各种秧歌表演，此活动具有消灾驱邪的含义。

2. 北京的秧歌会

北京的秧歌会常见的有两种形式：一为高跷秧歌；一为地秧歌。高跷秧歌是演员脚底下绑上 1 米多高的木棍，谓之"踩高跷"。地秧歌是不上跷的纯秧歌会，与高跷秧歌大体一致。地秧歌有它一套独特的角色结构和表演形式。角色共计十余人，除文扇、武扇、渔翁、樵夫外，其余均为双上（头陀、小二哥均为二人，锣鼓均为四人）。整个演出分"堆山子"、"走场"、"别篱笆"、"逗场"和"演唱"五部分。在人们心目中"闹秧歌"是欢乐吉祥的象征。大杆唢呐是地秧歌主要伴奏乐器。虽然乐器比较单一，但它的能量很大，唢呐一响，花扇一扭，乐中有舞、舞中有乐，深受群众欢迎。

本章总结

本章对中国传统休闲文化思想进行了梳理，表明了休闲所特有的文化内涵和价值意义。节日休闲是人类延续和传承几千年的休闲文化传统，介绍了中西方主要节日所包含的风俗活动和文化价值。怡情休闲介绍了人们在闲情逸致中涵养人性的休闲活动的诸多形式。人在游戏中趋向最悠闲的境界，系统分析游戏的本质和休闲功能，并介绍了若干深受欢迎的儿童游戏和民间游戏。

复习思考题

1. 中国儒家和道家休闲文化思想的主要内容是什么？你认为这两种休闲思想对现代休闲活动发展的影响表现在哪些方面？

2. 你如何看待包括春节、清明节、端午节、中秋节在内的中国传统节日被列入了国家级非物质文化遗产保护名录的意义？我们该如何保持传统节日文化休闲习俗？请举例说明。

3. 文化休闲活动包括哪些？举例说明。

4. 现在的年轻人热衷于过洋节，请分析其中的原因，并谈谈你对此的看法。

5. 分析游戏的本质和休闲价值，并谈谈你对网络游戏的看法。

6. 什么是休闲活动的民族特点？民族风俗习惯的特点能否体现休闲活动的民族特点？

第六章　休闲活动策划案例

第一节　重庆市九龙坡区 2008 年主题旅游宣传季总体策划书[①]

前　言

重庆市九龙坡旅游产业经十几年发展，已经初具规模，农业观光、温泉疗养、宗教文化、节会项目已经颇具市场影响力。现已成为旅游大区，正向旅游强区升级。2008 年面临两大任务，一是按照市旅游局部署积极进行营销宣传，并组团参加重庆西部旅游博览会；二是为明年成功承办第 13 届重庆都市旅游节做好准备。为了顺利实现升级，完成上述任务，亟待加强营销传播，提升整体形象。当前旅游市场出现了重大变化，机遇和威胁并存。

（1）市场需求多元化、短途化渐成主流，观光游大幅下降。旅游市场历经四年，基本完成了从观光游到多元化旅游的转型。

（2）休假新制度促使短途旅游大幅升级，郊游蛋糕急剧增大。

（3）各区县为分食短途旅游蛋糕，纷纷加大了短途旅游市场营销宣传力度。

根据市场调查，九龙坡许多游展（景区和节会）都建立了较高的品牌知名度和美誉度，但九龙坡整体形象与此形成了一定反差。加大整体品牌塑造是九龙坡形象塑造面临的一个重要任务。2008 年重庆市九龙坡区旅游主战场——郊游市场的竞争将会十分激烈，形象塑造工作十分迫切，急需加强九

---

① 重庆工学院旅游管理系课题组，丁钢、牟红执笔. 2008.

龙坡在公众面前整体亮相的力度。

形象塑造和传播是一个长期的过程。应按照阶梯形层次，分阶段达成相应的传播目标，一年一个台阶。2008 年有必要挖掘旅游特色和构造旅游产品概念结构，分阶梯提升重庆市九龙坡区旅游整体形象，并对重庆市九龙坡区旅游产业结构进行一定的梳理和充实，为明年成功举办第 13 届山水都市旅游节打下一定的基础。

在没有长期形象传播规划条件下，本案为体现城区旅游品牌传播工作的系统性和前瞻性，对长期品牌塑造问题进行了初步调研和梳理。为此对下列问题进行了初步思考。

立题：公众对典型的都市后花园的期望是什么样的？这个都市后花园是什么样的？九龙坡区对都市后花园的期望形象是什么？当前是什么样的？未来是什么样的？两者有多大的交集？

初解：都市后花园是用来调节和丰富生活、提升生活品质的，使人经常脱离日常生活的单调和烦恼，体验多样化生活。九龙坡经过短期挖掘，能够在一定程度上满足公众的期望。

这两个问题的回答，不是短期内能够完成的，尚需要进一步明确。2008 年的形象塑造和旅游宣传月活动，尚需进一步根据九龙坡区的发展战略和整体形象的长远方向，以及重庆旅游经济发展战略，进行进一步的研究。

第一部分　背景篇：整合营销传播分析

一、形象跃升条件具备

（一）新领导新气象
市、区两级党政领导新组合，是营造新气象的好时机。

（二）领先经济支撑
重庆市九龙坡区经济全市领先，发展中的多产业领域（都市农业、创意产业），旅游开发价值显现。

（三）城乡统筹发展
示范区建设快速发展，品牌塑造易引发社会关注，亦可促进示范建设，并促进未来经济发展。

（四）旅游初具规模

目前，旅游产品结构呈 21351 格局，资源多样、点状优势、初具特色、缺乏精品、潜力较大。

1. 二独占一领先：周君记、川美/黄桷坪、华岩寺

周君记：全国独占（或许举世无双）、排他性、唯一性优势。独特的火锅气味体验和口味体验空间，火锅底料国标起草者，国家级工业旅游示范点，火锅文化代表之一，九龙坡吸引外地客源的亮点之一，旅游带动性潜力巨大；

川美/黄桷坪：全市独占性、排他性优势。涂鸦一条街颇具影响力，川美开放月（每年六月）已成惯例，创意旅游和大众艺术品市场（非收藏品市场）的重要极点；3＋1（巴国城）创意园组合具备发展重庆个性化旅游纪念品行业的软硬条件。

华岩寺：独具重庆佛教文化中心地位，2007 年创办的智慧丛林庙会/仲夏荷花展颇具发展潜力。

2. 三群落：西部、中部、东部各有特点

西部：花卉园区现后花园雏形、天赐温泉、天醉园（农旅示范点）、桃花节等系列花节颇具影响，第四届花博会将成亮点。

中部：华岩寺、巴国城、周君记、中梁山，构成了多样化中部群落，加上待建的龙门阵，潜力巨大。

东部：涂鸦街、动物园、直港大道三足鼎立。

3. 五多种

景区多（含国家级旅游示范点、4A、3A 景区）、种类多、节会多、可游季节多、可重复购买产品多。

4. 二缺乏

在现有产业结构中，缺乏一个顶级观光型资源、一个可以带动全区旅游的市场影响力巨大的全市领先品牌。市场开发呈哑铃型现状：西部高购买力游客较多，中部游客多购买力低，东部顾客购买力强劲。部分景区营销很有成效。

二、整体品牌形象低于真实水平

（一）总体公众形象偏低

据问卷调查，重庆市九龙坡区郊游形象在主城八区中排名第六；73％的

应答者认为九龙坡郊游休闲娱乐资源少；80%的公众认为九龙坡郊游休闲特色不明或无特色。（如图6－1～图6－3所示）

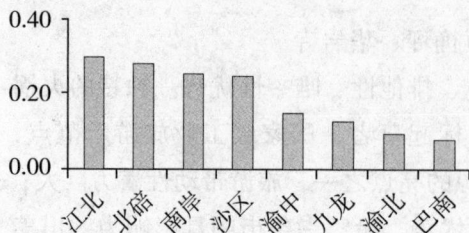

图6－1 郊游休闲娱乐公众评价值

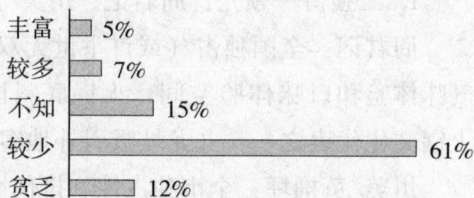

图6－2 公众对九龙坡郊游丰富性的看法

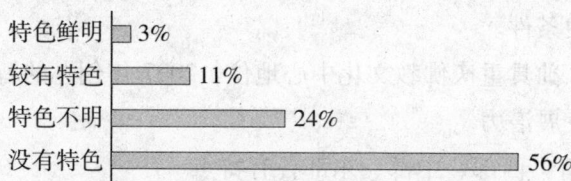

图6－3 公众对九龙坡郊游特色的看法

（二）都市后花园评价分散

针对"提到都市后花园，你联想起哪些区"，公众的排序是：南岸、北碚、沙坪坝、渝北、九龙坡、江北。这对重庆市九龙坡区品牌塑造提出了很大的挑战。同时表明，在公众心目中，后花园尚未被任何区独占。

（三）关键公众认知极低

深度访谈表明：90%的关键公众（消费意见领袖）认为九龙坡郊游资源贫乏；不认同都市后花园品牌。受访者为36位政界、新闻界、高校、工商界、法律界的中高层管理者和专业人士。但对于访谈者在访谈后期列举的九龙坡众多游展项目，多数受访者都知晓，不少受访者还去游玩过，随即认同该区郊游娱乐资源较丰富的说法。这说明受访者没有在头脑中将九龙坡与其旅游资源联系起来，部分游展项目的较高知名度并没有对都市后花园起到应有的支撑作用。同时也说明要扭转九龙坡整体品牌形象值偏低的陈见，已经具备比较充分的产业结构基础。

结论：产业基础具备，整体形象亟待升级，传播对象亟待上移。

三、市场机遇

（一）郊游市场剧增　需求多元化

需求多元化、日常化、短途化日益成为旅游市场主流。重庆旅游市场持续三年向短途、休闲体验、互动参与、健身、心灵感受转型，观光游下降。郊游增长新驱力强劲：休假新制度、奥运年健身游、交友游、有车族速增等；

（二）观赏要求降低

市场对旅游资源的观光性品质要求降低，多元化需求增加，有利于九龙坡。

（三）旅行社发力短途旅游

新休假制度促使旅行社积极开发郊游线路，部分旅行社对于与九龙坡合作表现出了一定积极性。重庆旅游商会愿意积极与九龙坡合作。

（四）三个潜在机遇

1. 旅游商品行业薄弱

重庆旅游商品缺乏特色，九龙坡有发展特色纪念品产业的优势。

2. 群友聚会市场激增

重庆上万个大渝吧、QQ 群等网友群体，在主城及近郊经常聚会，市场规模在 10 亿元，间接规模 30 亿元。其独特的聚会需求服务尚未得到有效满足，这是巨大的机遇。

3. 旅游吉祥物真空

各地命名旅游标志物的不多，无命名旅游吉祥物的先例。重庆则是空白，是一个纪念品市场机遇和潜在造势机遇。一枚产于九龙坡的九龙戏珠雕文物现身，给九龙坡命名吉祥物提供了一个可供选择的契机。

（五）渠道动态

旅行社业为适应市场变化，正积极开发短途旅游市场。他们更关注远郊游。

（六）不利因素

（1）缺乏观光性高端资源和大品牌项目；没有项目入选新巴渝 12 景 30 强。

（2）特色挖掘不够，参与性游乐项目少。

（3）营销整合度低，游展品牌未支撑整体形象。

（4）各区看好短途旅游，竞争加剧；轿车族使得远郊旅游更具可进入性。

公开机遇：

```
┌─────────────────────────────┐
│ 需求多元化、短途化、日常化    │
│     观光游大幅下降            │────┐
└─────────────────────────────┘    │        ╭──────────────────╮
┌─────────────────────────────┐    │       ╱                    ╲
│        休假新制度            │────┼──────│      郊游市场        │
└─────────────────────────────┘    │       │   蛋糕迅速增大      │
┌─────────────────────────────┐    │        ╲                    ╱
│ 对资源观光性品质要求降低      │────┘        ╰──────────────────╯
└─────────────────────────────┘
```

潜在机遇：

```
┌─────────────────────────────────┐
│ 网友聚会市场逾10亿元/年，无人开发 │────┐
└─────────────────────────────────┘    │      ╭──────────────────╮
                                        │     ╱                    ╲
┌─────────────────────────────────┐    │    │     先发优势        │
│ 重庆缺个性化旅游商品，本区潜力大  │────┼────│     潜在蛋糕        │
└─────────────────────────────────┘    │     ╲                    ╱
┌─────────────────────────────────┐    │      ╰──────────────────╯
│ 缺郊游领先品牌；无旅游吉祥物      │────┘
└─────────────────────────────────┘
```

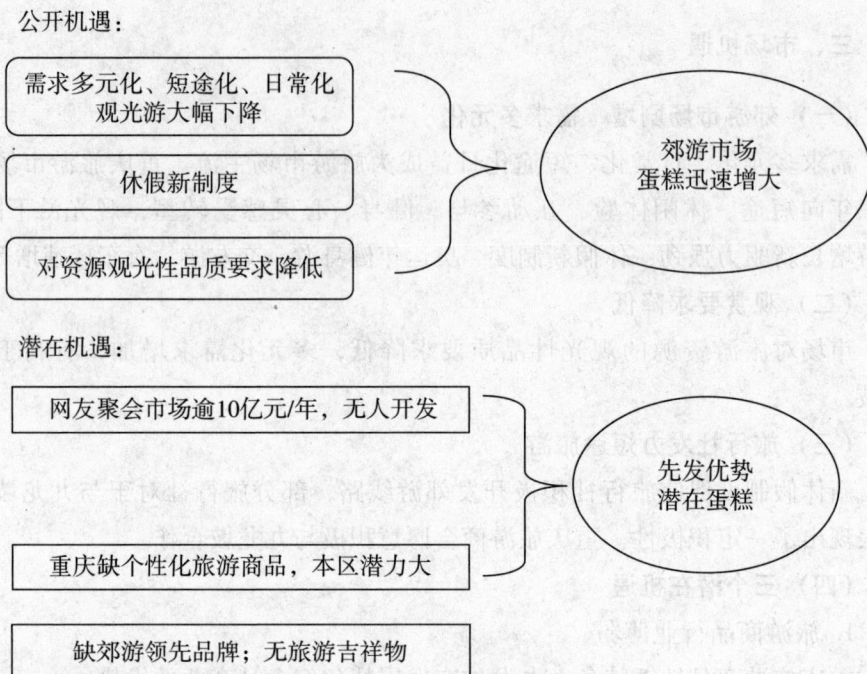

图 6 - 4 机遇分析

四、SWOT 简析

（一）优势

产业结构优势：独占性、多样性、特色性产品兼具；

（1）独：周君记、黄桷坪；

（2）特：华岩寺、花卉园区、天醉园、花博等；

（3）多：景区、节庆、种类、游季、重购，满足多种郊游需求；

（4）近：西部离主城近，东部则是主城的一部分；

（5）升：华岩、周君记、巴国城初具吸引高购买力游客的基础；

（6）活：部分景区、节庆颇具活力（如天赐温泉）；

（7）潜：周君记、华岩、黄桷坪、龙门阵等潜力大；

（8）动物园年客流量 100 万人次，是宣传的好阵地。

（二）劣势

（1）缺乏观赏性高端资源/产品、带动性强的产品和大品牌；

（2）无景区入围新巴渝 12 景（市旅游局主办，市政府将命名）30 强；

（3）旅游产品结构与需求结构契合度不够；

（4）特色挖掘不够，参与、刺激、吸引青少年和白领的游乐项目少；

（5）整体形象偏低，与实际情况反差较大；品牌识别度低、独占性差；

（6）营销活动整合度低，游展品牌优势未转化为整体品牌优势；

（7）总体来看，乡镇节庆主办方的营销意识不足，营销方法滞后；

（8）内部信息整合度比较低。

（三）机会

（1）旅游需求日趋多元化、日常化、短途化；

（2）各种近郊旅游市场快速增长；

（3）对资源的要求明显降低；

（4）区内的整合协同发展空间很大；

（5）区委区政府成功争取到了第四届花博会在本区举办；

（6）发展旅游纪念品的潜在机遇；

（7）重庆旅游商会愿意积极参与九龙坡旅游活动。

（四）威胁

（1）各远郊区看好短途旅游，竞争加剧，日益增长的轿车族使得远郊旅游更具可进入性；

（2）旅行社更看好周末远郊短途旅游，积极开发这一市场，有利于远郊；

（3）远郊观光资源和品牌优势明显；

（4）重庆各优秀旅游城区具有资源和品牌优势；

（5）新巴渝12景仅有华岩寺入围64个候选名单；

（6）由市政府同意，市旅游局、园林局、规划局、重庆晚报主办的新巴渝12景将于2008年评选揭晓，由市政府正式命名。市旅游局将进行大力宣传推广。新巴渝12景各地宣传力度大，30强入围者都在加大力度进行形象塑造；如果最后揭晓时间是在2008年春夏，将对九龙坡旅游形象塑造造成明显的冲击，是最大的威胁之一。

潜在优势与市场趋势有较高契合性，有条件改善目标市场的结构，增加高购买力顾客的比例。

五、问题与对策

表 6 – 1	问题与对策分析
重要而紧迫的问题	本年度对策
1. 如何分享剧增的郊游市场蛋糕问题 2. 城区旅游品牌形象提升问题 3. 提高区属乡镇节庆的综合效益问题 4. 挖掘潜产业潜在价值问题	1. 目标市场向高经济层次和高活跃层次提升 2. 避开观光资源劣势，打造组合优势，突出多样化、特色化，强化多样化的统一、内部差异化的统一，扭转九龙坡旅游资源贫乏的陈见 3. 挖掘资源特色，将周君记、华岩寺、黄桷坪等景区的优势和巴国城的硬件优势进行挖掘、完善和包装，形成多个亮点，加强参与性、刺激性、体验性节目的开发，提高与市场需求结构的契合度 4. 以联合营销弥补资源劣势，以特色游展项目为核心，将游展节目变换组合成几大系列特色节目，支撑旅游产品多样化丰富化的形象 5. 密集宣传"九龙坡—都市后花园"独特概念产品体系，以特色多样化满足需求多元化，以区内代表性资源组合表现和传播重庆市九龙坡区资源的多样性和丰富性 6. 个案举例——周君记：强化"火锅底料国家标准起草者"这一独占性、排他性优势，作为市场定位核心（一流企业卖标准，二流企业卖品牌），将其他非排他荣誉作为支撑；强化现场气味感觉分区体验体系，营造一个世界上独一无二的火锅气味和其他巴蜀餐饮文化气味体验中心，以嗅觉、味觉作为双核心，并与巴国城、华岩寺黄桷坪等特色景区联手促销，实现多赢。周边景区也要先挖掘和表现自己的特色

第二部分 战略篇：年度整体品牌传播

一、营销传播目标

（一）知名度目标
初步在公众心目中为"九龙坡"与"都市后花园"建立条件反射式联想，改变公众对九龙坡资源少的评价。

（二）美誉度目标
初步将"重庆九龙坡 都市后花园"变成公众心目中较有特色的立体形

象。正面特色评价比例分别上升20%。

（三）产品概念

形成多样化、特色化、组合化大旅游产品概念结构，支撑品牌形象。

（四）市场目标

提高到游率和高购买力游客比例；提升乡镇主办的节事活动的影响力和经济效益。

（五）产业结构

引入旅游商品行业，促进旅游产业顺应市场需求趋势，促进旅游产业结构的动态升级。

二、年度主题：九龙如此多娇　引无数市民乐逍遥

三、营销传播战略：八化战略

营销传播方式统御化、目标公众优选化、产品与需求同构化、产品多样化、特色化、产业结构充实化、传播诉求过程阶梯化、强力化。城区品牌营销传播战略如下：

（一）以都市后花园统御营销传播活动

以都市后花园城区品牌、"九龙如此多娇，引无数市民乐逍遥"主题，统御营销传播活动。

（二）优选目标公众、吸引高购买力活跃游客

（1）重点传播对象：关键公众（消费意见领袖）：各界中高阶层人士、各单位的管理层。

（2）主要传播对象：郊游活跃群体——中产阶层及其子女、中青年白领、网友群。

（3）目标需求结构：根据产业结构功能，满足目标顾客多元需求：好奇、刺激；互动、参与、交友；休闲、健身养身、心灵感受；观花、购物需求。

（三）产品结构与需求结构同构化

以产品的多样化组合满足需求的多元化。以产品的特色化来吸引目标顾客群，对抗竞争者的优势。

（四）产品概念结构：多样化、特色化、组合化

以产业结构为基础，按目标需求塑造产品概念结构，体现多样化、特色化（产品概念结构是从消费者角度对全区众多旅游产品的形象描述和表达，用于支撑战略形象）。在产品概念结构体系中为今后新产品预留空间。

1. 完善产业结构，建立旅游商品、魔术道具市场

在巴国城建立个性化旅游纪念品、魔术道具品市场，2008 年初步引入，品牌塑造先行，六月初开展览会，分成艺术品和魔术道具两板块（巴国城艺术街现有100 余间门面，可以分割成200 多间门面，愿意在旅游节期间免费提供给美院师生开工作室和销售场所）。以此推动九龙坡中部地区各景区的旅游发展。

2. 产品概念结构体现多样化、特色化，充实短平快项目

在 2008 年的节庆和景区中快速引入魔术道具展/艺术秀、水上行走（华岩风景区）等特色游玩项目，吸引最具活力的年轻白领和青少年。按照客源需求，将特色代表性项目（周君记、华岩、花卉园区、黄桷坪、花博会等）梳理成几大特色产品线，包装改造。产品概念结构体现郊游资源多、玩法多的信息，以多样化支撑都市后花园的品牌形象，契合需求的多元化。

3. 以现有游展产品为元素，组合成多个产品系列（五味之变，不可胜尝）

（1）花卉之旅系列：以系列花会为主线，桃花节、梨花节、春花游、荷花节、花博会、采果节；

（2）神秘之旅系列：巴渝神奇气味、神秘的东方智慧/佛教文化、魔术道具及艺术市场/个性化旅游纪念品市场、神奇的艺术创意、神奇的荷花仙子诞生源；

（3）气定神闲系列：华岩灵境、登山康乐、温泉休闲、田野风光、园林观光、特色美食；

（4）激情动感系列：各节庆中的参与互动、交友情谊、刺激兴奋节目，成组推出；

（5）变换活法系列：策划换一种活法，当一当悟空系列活动，将旅游的本质需求推向极致；

（6）各显神通系列：各游展各自进行宣传推广活动。协调其传播内容，如地址强调九龙坡，广告内容体现战略主题。

（五）阶梯化：传播过程呈阶梯化上升，按照多样化→特色化→组合化过程逐步升级

四、营销传播阶段（阶梯）

形象诉求目标分成三个阶梯（三个阶段），第一阶梯着重诉求多样化与特

色化，第二阶梯着重诉求特色化和参与性，第三阶梯诉求创造性重复化。

第一阶段：3～5 月，主要形象诉求：多样化特色化，内容以各时令节会为重点；

第二阶段：6～7 月，主要形象诉求：特色化，内容以各时令节庆为重点；

第三阶段：9～12 月，主要形象诉求：以花博会为核心，带动西部景区定点。

4～7 月，开展主题旅游宣传季活动，以都市后花园旅游节的方式，作为旅游形象提升和吸引游客的年度重头戏。9～12 月，借承办花博会大力强化都市后花园的品牌形象。

五、旅游宣传季总体思路

（1）三个 1：

一个主导：以区委区政府为主导；

一个品牌：都市后花园，重庆九龙坡；

一个主题：九龙如此多娇，引无数市民乐逍遥。

（2）三个 2：

展开两条主线：游展节事、形象传播；

服从两个战略：九龙坡区社会经济发展战略、重庆市旅游经济发展战略；

突出两个特征：多样化、特色化。

（3）三个 3：

借助三大机遇：郊游市场猛增、旅游商品薄弱、游展领先品牌空白；

抓住三大板块：西部、中部、东部各推出精品项目；

坚持三项原则：部门联动、商务运作、投入产出（经济效益）。

（4）三个 4：

贯彻四大思想：创新、精品、非均衡、超战略（跳出旅游看旅游、推出眼前看眼前、跳出九龙看九龙）；

政府四个重点：开幕式、荷花节、闭幕式、整体宣传；

倡导四季郊游：多姿都市后花园，春夏秋冬连环游。

（5）三个 5：

创新五大节庆：魔术展销会、乡野春花节、白鹭回归节、创意游乐节、龙舟赛；

升级五大项目：荷花节、智慧丛林庙会（九大方丈华岩经坛）、梨花节、登山节、龙舟赛；

开展五项活动：神秘之旅、吉尼斯纪录、网友聚会市场开发、个性旅游纪念品/魔术道具产业创新、换活法当悟空系列。

第三部分　行动篇：系列活动总体策划

（1）名称：重庆九龙坡都市后花园旅游节

（2）主题：九龙如此多娇，引无数市民乐逍遥

九龙连珠繁花似锦，春夏秋冬风情无限（备选）

都市后花园，城乡大舞台（备选）

（3）时间：2008 年 4 月 18 日至 2008 年 7 月 26 日

（4）活动目标

①提供系列郊游产品：为主城区游客准备丰富多彩的郊游休闲娱乐服务；

②塑造形象吸引游客：在公众心目中为九龙坡与都市后花园建立条件反射式联想，将都市后花园变成多样化、特色化鲜明的立体形象，提高知名度、美誉度、到游率；

③顺应市场促进升级：推动重庆市九龙坡区旅游休闲界顺应市场趋势，进一步向参与、体验、休闲旅游转变，促进都市后花园相关产业发展；促进关联性产业和城乡统筹、社会经济发展。

（5）总体部署（244569 布局）

- 两条主线：节事活动、景区活动
- 四个阶段：（如图 6 – 5 所示）
- 四大主题：

主题一："花果之境"——青山绿水，繁花似锦

走马桃花节、寨山坪梨花节、白市驿春季花展、华岩荷花节、花博会（重庆市九龙坡区花办）、铜罐驿采果节。

主题二："养健之境"——奥运健身，气定神闲

中梁山登山节、温泉节　天赐温泉、贝迪园、海兰云天、龙舟赛（海兰云天）。

1.走马观花旅游节	1.都市后花园旅游节开幕式		
2.寨山坪梨花节	2.九龙坡吉祥物命名活动	1.重庆创意艺术游乐节（川美巴国城/联动荷花节）	
3.新闻发布会。新闻、广告、九龙坡旅游概念性宣传	3.重庆乡野赏花节暨生态美食节等花博会预热活动	2.首届重庆华岩荷花节	1.重庆第四届花卉博览会
4.拍、播九龙坡形象片	4.中梁山登山节暨运动会	3.中部协同营销活动	2.重啤集团50周年庆典
5.展览、展板巡展，等等	5.重庆青少年科技赛（动物园）、迎白鹭回家、温泉节等	4.龙舟赛等	3.第十届铜罐驿金秋采摘节

"变一种活法当一当悟空"系列、网友聚会市场开发系列、周君记、天醉园等旅游企业呼应性自主宣传促销活动

| 序曲阶段
3.8～4.17 | → | 开幕阶段
4.18～5.27 | → | 端午阶段
5.28～7.27 | → | 花博阶段
7.28～12.31 |

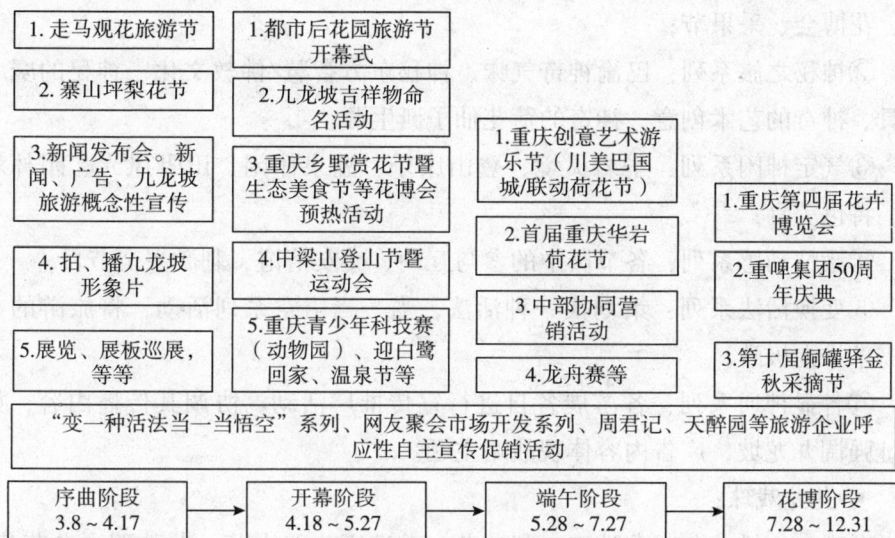

图 6-5　活动四阶段示意图

主题三："乡野之境"——花都农家，和谐城乡

都市后花园鲜花展、景区系列促销（天醉园、白市驿农家乐、白市驿各园区、白彭路鲜花大道、花都农家）。

主题四："创意之境"—— 创意原生态，艺术灵感源

创意艺术游乐节（川美/黄桷坪、巴国城）、青少年科技大赛（重庆动物园）、魔术道具与艺术参与展。

- 六大类别：

①核心品牌项目：桃花节、登山节、荷花节、采果节；

②轰动性活动：开幕式、九龙坡吉祥物命名、网友聚会市场开发活动、吉尼斯纪录活动；

③神秘之旅：换活法当悟空系列活动；中、东部系列协同营销活动；

④关联性项目：重庆青少年科技大赛、重庆创意参与游乐节、重庆市第四届花博会；

⑤呼应性促销：周君记、天醉园、白鹭归来、天赐温泉、花卉园区（春季花展）；

⑥辅助性活动：旅行社郊游线路、饭店配合活动。

- 六组体验：

①花卉之旅系列：以系列花会为主线，桃花节、梨花节、春花游、荷花

节、花博会、采果节；

②神秘之旅系列：巴渝神奇气味、神秘东方智慧/佛教文化、神秘的魔术道具、神奇的艺术创意、神奇的荷花仙子诞生源；

③气定神闲系列：华岩灵境、登山康乐、温泉休闲、田野风光、园林观光、特色美食；

④激情动感系列：各节庆中的参与互动、交友情谊、刺激兴奋节目；

⑤变换活法系列：策划换一种活法，当一当悟空系列活动，将旅游的本质需求推向极致；

⑥各显神通系列：各游展各自进行宣传推广活动。协调其传播内容，如地址强调九龙坡，广告内容体现战略主题。

• 九龙戏珠：

龙珠一：桃花节；龙珠二：梨花节；龙珠三：登山节；龙珠四：乡花节；龙珠五：龙舟赛；龙珠六：温泉节；龙珠七：创意节；龙珠八：荷花节；龙珠九：采果节。

（6）活动内容（见表6-2）

①序曲（春季）活动

表6-2　　　　　　　　　　序曲（春季）活动

序号	时间	地点	实际主办单位	名称	主题	创意	费用
1	3.8~3.31	走马	走马镇政府	桃花节：第十届走马观花文化旅游节	十年桃花笑春风	融入"走马故事"元素；非物质文化物质化	风向公司运作
2	3.15~3.26	寨山坪	含古镇政府	梨花节：第五届九龙坡寨山坪梨花节	后花园：古寨含湖、乡野名花	梨花丛里观名花；农活比赛；农村露天电影周	费用：10万元　政府启动：8万元
3	3.21	巴国城或天醉园	区旅游公司或其他公司	群友聚会服务：网友聚会服务联盟大会	突破重重网幕；走入真实世界	开发网友聚会休闲市场，创立新形象，引发媒体关注	费用：成员AA制

费用小计：10万元，政府启动：8万元

②开幕阶段（春季）活动

表 6－3 　　　　　　　　　　　开幕阶段（春季）活动

序号	时间	地点	实际主办单位	名称	主题	创意	费用
1	3.28	巴国城	九龙坡区人民政府	开幕式	九龙如此多娇；引无数市民乐逍遥	一个狂欢活动；一个与九龙坡地名相连的吉祥物	费用：200万元政府启动：70万~120万元
2	3.31~4.7	白市驿花卉园区	区花办、白市驿镇	乡花节：重庆乡野赏花节暨乡村美食节	后花园：花开白市驿·魅力九龙坡	室外乡野花卉的大地艺术；千湖捉田螺，千人农家宴	区花办自筹
3	4.12	华岩镇	华岩镇政府	登山节：第六届中梁山徒步登山节	后花园：迎奥运、聚雄心	登山健儿祝福奥运签名；直壁云梯攀岩秀	费用：20万元政府启动：10万元
4	4月（待定）	动物园	市科协、动物园	重庆市青少年科技大赛	后花园：童梦奇缘	走近科学、迎接奥运；寻找逝去童年的心灵之旅	大赛组委会自筹
5	4.15~6.30	天赐温泉贝迪园	业主单位	温泉节：现代园林型温泉群洗浴艺术展	后花园：洗浴万花筒	全方位感受温泉文化	业主单位自筹

费用小计：220万元，政府启动：80万~130万元

③端午阶段（初夏）活动

表6-4　　　　　　　　　　　　端午阶段（初夏）活动

序号	时间	地点	实际主办单位	名称	主题	特色	费用
1	5.28~6.30	黄桷坪	区人民政府、川美	创意节：重庆创意艺术游乐节	后花园：创意之花	变一个活法、当一回艺术家；创吉尼斯纪录活动	创意办自筹
2	5.30~6.2	巴国城	区旅游局巴国城承办	魔术道具、个性化创意艺术节	神奇的艺术、魔术，让生活充满快乐	神秘、神奇、创意、快乐	巴国城自筹
3	6.8~6.30	华岩景区	九龙坡区旅游局	荷花节：重庆华岩荷花节	后花园：华岩灵境荷花盛宴	荷花仙境游展、荷塘月色夜游华岩、荷花仙子总决赛	费用：100万元政府启动：60万元
4	6.8	海兰云天	业主单位	龙舟赛	后花园：激情放飞划龙舟	宜人的居住空间与休闲文化的结合	业主单位自筹
5	6.16~6.28	华岩寺	华岩寺	智慧丛林庙会	后花园：佛教智慧	九大方丈高峰论坛	华岩寺自筹

费用小计：100万元，政府启动60万元

④花博阶段（秋冬）活动

表6-5　　　　　　　　　　　　花博阶段（秋冬）活动

序号	时间	地点	实际主办单位	名称	主题	创意	费用
1	9.29~10.6	白市驿	区花办	花博会：重庆第四届花卉博览会	鲜花盛开的都市后花园	规模盛大的室外花展；园林艺术成果展示	花博会组委会筹集

续　表

序号	时间	地点	实际主办单位	名称	主题	创意	费用
2	待定	重啤集团	重啤集团	重庆啤酒集团50周年厂庆	豪情畅饮后花园		业主单位自筹
3	11.22~12.31	铜罐驿	铜罐驿镇政府	采果节：第十届铜罐驿金秋采果节	后花园：丰收季	千家合欢柑橘文化大观园；万人同跳丰收舞	费用：20万元政府启动：10万元

费用小计：20万元，政府启动：10万元

费用总计：330万元，政府启动：158万~208万元

（7）旅游节总费用估算

表6-6　　　　　　　　　旅游节总费用预算　　　　　　　　　单位：万元

序号	项目		费用	政府启动费用	招商、赞助	备注
1	节事	开幕式	200	70~120	80~130	其中包含部分宣传费用
2		其他节事活动	130	88	42	其中包括部分宣传费用
		小计	330	160	170	
3	宣传	媒体协办	50~60	20	30~40	每个媒体5万~10万元，视介入程度而定
4						
5		形象片摄制	20	20	0	
6		巨幅户外广告	40	10	30	5幅×3~4个月
		其他宣传	80~90	30	50~60	
		小计	200~210	80	120~130	
		合计	530~540	240	290~300	

第二节 中国西部旅游创意论坛策划案
——创造、创新、创业[①]

第一部分 总体策划

本部分是对西部旅游创意论坛的战略策划，力图体现长远性、全局性、纲领性、竞合性；是站在重庆旅游产业立场上进行的策划，宗旨是促进重庆旅游产业的发展。重庆面临三峡游尚未根本解困、旅游市场快速转型等新旧挑战和机遇，亟待创新，亟待通过创造、创新、再创业，谋求进一步发展。

创新是发展的动力，创意是创新的核心，人才是创意的源泉，论坛是聚才的途径。薄熙来同志十分重视并看好重庆旅游。我们深感振奋，决定以此为契机，（与旅游商会联合）创办中国西部旅游创意论坛，建立创意交流与创新合作的机制和平台，聚合领域的政界、商界和学界三方专家，聚合创意，促进创新能力提高，催生重庆旅游创新体系，推动其成为创新型产业，为政府分忧。

一、可行性

西部旅游创意论坛创办的环境和条件已经具备。

（一）形势

重庆旅游产业面临众多新旧交织、长短并存的挑战和机遇，亟待创新。

（1）重庆三峡旅游困境尚未根本改观，亟待取得新突破。

（2）全国旅游快速转型。多元化旅游崛起，动摇了观光游地位，旅游面临新机遇新挑战。

（3）奥运会、休假新制度分别带来了来华旅游高潮和短途旅游热；等等。旅游产业急需通过创新应对挑战抓住机遇，谋求发展。

---

① 重庆市工商联（总商会）旅游商会，丁钢执笔. 2008.

（二）需要

重庆旅游创新急需聚合人才共谋创意，急需引入先进创新方法，急需提高创新能力。

（1）创新需要聚合旅游领域政商学三方专家和业外、市外专家，共谋创意。旅游创新是系统工程，创意是先导和核心，需要聚合旅游界内外专家交流、碰撞与合作。

（2）重庆旅游创新意识和能力有待增强，急需创新理论和方法指导。从总体上看，重庆旅游产业对商务创新方法论较陌生，创新实践处于自发探索阶段，创新能力处于初级水平，亟待增强。

（3）政商学三方各有需求，旅游商业界呼声尤其强劲。政商学三方期望通过创新分别获得政治效益、经济效益和实践效益，各方皆需通过交流获得创意启发、合作机会、传播效益和形象效益。这尤其是重庆旅游企业家的迫切呼声。

（三）可能

重庆旅游产业初具聚才谋新基础。

（1）市委市府及市旅游局和工商联对创新一贯支持，为聚才谋新提供了政策保障。

（2）创新方法论已成体系，有待重庆旅游领域大规模引入。商务创新方法论历经七十余年研究和应用，已初步形成理论和方法体系，并在商务创新实践应用中取得了丰富的成果。

（3）重庆和全国学界、商界和政界的创新方法论研究和实践专家队伍已经形成。可以有效满足将商务创新丰富论和多样化创新方法引入旅游产业的需要。

（4）市工商联及旅游商会（旅游协会）专家众多，适当的机制和平台可聚合人才和创意。

（四）条件

会员单位积极投入。

会员单位愿投入人、财、物，并已经积极筹备首届论坛。重庆旅游产业的形势，呼唤旅游创意论坛的产生。旅游创意论坛具有可行性。

二、论坛战略规划

（一）名称：中国西部旅游创意论坛

"西部"旨在吸引社会关注，并促进创意流通、自主创新和协同创新。论域是西部，论者不限于西部，吸引全国专家参与，并将此作为创办名牌的措施之一。

（二）宗旨和功能

将论坛建成创意流通与创新合作的机制和平台，打造六项功能，聚合各方专家，共谋旅游创意，促进创新合作，提升创新能力，催生创新体系，推动旅游发展。

（1）聚合功能：聚合人才、聚合创意、探索西部旅游创新之路，聚合范围超越西部；

（2）参谋功能：每届汇集优秀创意方案，供政府及主管部门、相关企业参考；

（3）提高功能：普及创新方法论，交流创新经验和方法，增强旅游产业创新能力；

（4）促进功能：促进旅游创意流通、业内及产业间合作，促进旅游产业成为创新型产业；

（5）交易功能：为相关旅游区和旅游企业提供低成本高效率的交易场所和机会；

（6）催生功能：催生重庆旅游创新体系的建立。

（三）指导思想

（1）在市工商联和市旅游局直接领导下，坚持先进文化，弘扬创造创新创业精神。

（2）以大旅游超战略为指导，跳出旅游、地域和眼前，以宏大胸怀聚合人才，共谋创新。

①跳出旅游论旅游，依托工商联，聚合旅游专家并引入产业外专家，杂交成优；

②突破地域界限，广邀专家，重庆为主、西部及东部为辅，促进市内外创新合作；

③打造可持续论坛，设立常设机构，会后持续促进，建立长效创新机制。

（3）需求导向，服务会员，满足政界、学界、商界三方需求。

（4）品牌导向，质量第一，建立长效机制，将该论坛打造成有影响力的创意品牌论坛。

（5）实效原则：突出应用性理论和创新实务，力求以创新方法解决旅游创新实际问题。

（6）论坛论题叠加重点产业和社会热点，服务重庆发展大局；适度安排旅游产业与支柱重点产业（创意产业、工业等）的协同创新论题，促进旅游产业与其他产业的协同发展；适度关注时事热点问题。

（7）以整合营销传播为指导、统一策划宣传活动和招商活动。

（四）经营战略与策略

1. 虚实战略

以必要形式引发社会关注，提高论坛和承办地知名度；以有效组织服务确保质量，确保旅游领域政商学三方需求的充分满足。

2. 质量战略

选人策略：优选与会者，以嘉宾新闻价值提升影响力，以人才提升论坛质量。

选题策略：论题针对产业重点、适当叠加重点产业和社会热点，服务重庆发展大局。

论文质量：打破学商壁垒，开幕前从实践中筛选论题，协调调研，确保针对性有效性。论坛闭会期间，组委会持续跟踪论坛促成的创新合作活动，提供帮助，确保实效。

选址策略：以论坛质量为本，优选承办地，以论坛提高其声誉，借其保证论坛举办。

3. 营销策略

组建专题策划小组，策划营销宣传；承办地招商和布展应按照整合传播统一标准进行。

4. 经费策略：以会养会，招商筹集经费。

三、论坛产品结构

论坛产品结构由组织机构、人员结构、活动结构、协办媒体构成。

（一）组织机构

指导单位：全国工商联旅游商会；

主办单位：重庆市工商联、重庆市旅游局、承办地政府；

承办单位：重庆旅游商会、旅游协会、重庆四旅游院校、承办地政府；

支持单位：部分省级旅游商会、部分旅游院校（含川美）、重庆创意商会和创造学会。

（二）人员结构（政界、商界、学界、外部专家）

（1）全国知名旅游、创意、营销、策划、经济专家；

（2）主办承办方领导和专家，部分省级旅游商会、旅游协会领导和专家；

（3）全国部分院校旅游及相关领域专家（立足重庆，西部、中部、东部各有代表）；

（4）市内外地市州、县旅游局领导和专家；

（5）重庆及西部旅游企业家或高管和专家（旅游商会和协会成员）；

（6）新闻记者。

（三）活动结构

（1）主旨演讲：政界、学界、业界专家（企业家）各1人、重庆旅游商会会长；

（2）论文交流：旅游创新主题论文大会交流、分组交流，评奖颁奖；

（3）现代旅游创新方法论小型演讲：创造力开发专家；

（4）小型研讨、联谊活动；

（5）实证研讨（由专家对相关政区和景区旅游创新进行研讨）；

（6）信息发布（2～5个地区、景区发布合作信息，促进景区与旅行社合作）；

（7）议题发布（为后续旅游创新研究确定方向和目标，为第2届做准备）；

（8）论文发表：联系一家核心期刊，优选部分论文集中以专栏形式发表，由协办媒体报道精彩论点，联系重庆日报理论部，择优发表精彩论文摘要；

（9）大型活动：策划若干大型健康活动，引发新闻报道和社会关注。

（四）合作媒体

协办媒体：重庆商报、大渝网

支持媒体：中国旅游报、重庆主要新闻单位、西部部分城市媒体

论坛品牌打造是一个长期的过程，尚需在调研的基础上，进行分阶段策划。论坛的质量和声誉是论坛的生命力。第一次亮相的机会只有一次，需要特别关注第一次的质量。

第二部分　首届论坛方案

一、名称：雨台山·中国西部旅游创意论坛

二、地点：重庆市涪陵区雨台山风景区

三、时间：2008 年 5 月 16 日至 18 日

四、第一届论坛产品策略（略）

主要参加人员：

（1）特邀主旨演讲人：知名旅游、策划、政界专家和创意专家（3~5 人）；

（2）各主办承办方领导和专家委员会成员（15 人，不计涪陵与会者）；

（3）特邀官员：全国工商联旅游商会、市创意办、市文化局、市社科院高层（5 人左右）；

（4）定向邀请的相关地区旅游局领导（重庆及西部部分区县地市州，15 人左右）；

（5）部分西部兄弟旅游商会代表（3~5 人）；

（6）高校旅游、管理、策划和创意专家（重庆为主、西部和东部为辅）（10 人左右）；

（7）重庆旅游商会理事单位高管（缺席者应请假）和部分会员单位领导或高管（15 人左右）；

（8）重庆市以旅游体验为特色的创意产业园区高管（巴国城、黄桷坪、洪崖洞等，3 人）；

（9）西部其他定向邀请的旅游企业家或高管、学界专家（10 人左右）；

（10）根据论坛邀请函报名的参会者（收费，不超过60人）；

（11）重庆有关旅游院校优秀学生代表（2人）；

（12）相关记者（重庆主流媒体、西部相关城市主流媒体、财经媒体）（20人左右）；

（13）其他相关人员。

人数预计：免费110人＋收费60人＝170人。

五、主要活动

（1）主旨演讲：政界、学界、商界专家（企业家）各1人、重庆旅游商会会长。

（2）论文交流：旅游创新主题论文大会交流、分组交流，评奖颁奖。

（3）现代旅游创新方法论小型演讲；创造力开发专家。

（4）小型研讨、联谊活动。

（5）实证研讨（由专家对相关政区和景区旅游创新进行研讨）。

（6）信息发布（2～5个地区、景区发布合作信息，促进景区与旅行社合作）。

（7）议题发布（为后续旅游创新研究确定方向和目标，为第2届做准备）。

（8）论文发表：联系一家北大认定的核心期刊，购买其部分版面，优选部分论文集中以专栏形式发表；由协办媒体报道精彩论点；联系重庆日报理论部，择优发表精彩论文摘要。

（9）大型活动：策划若干大型活动（包括1～2项创吉尼斯纪录的轰动性活动，已经有预案，待实地考察后专文提交）。

六、论题和主题

（一）论题选定

通过从实践中来到实践中去的方式确定论题，通过以下方式确保论文和交流的质量、多样性、针对性。

1. 请相关旅游企业和旅游局提出课题，学者推荐课题

在论文征集函和邀请函中邀请相关单位和个人提出与主题相关的课题；并有针对性地选择一批相关企业和旅游局、旅游院校，专门邀请其推荐课题，

于四月上旬反馈给论坛组委会，由组委会和专家委员会整理后转发推荐给四方专家，供其选择研究。

2. 召开论坛课题项目通报交流会

于四月中上旬商会主持召开一次课题项目通报与策划会，聚合重庆四方（政界、业界、学界、业外）专家进行课题题目交流，通报各地旅游局和旅游企业需要专家研究探讨的问题，确定有代表性的重点研究课题，落实重点项目研究者及其团队。

3. 协调组织专家进行实地调研

如果相关政区和旅游企业需要，可由商会搭桥，协调组织专家前往相关单位进行调研，以保证相关研讨和论文的质量和针对性。

（二）主题

（1）年度主题：引入创新方法论，推行多样化创新，顺应多元化市场

（2）核心议题：旅游创新与旅游目的地打造

特别欢迎旅游创新方法论和旅游创新实务研究和工作研究论文，包括区域性（省级、地级、县级）和企业级的创新实务论文。

（3）推荐论题（课题）

所有论题，既欢迎旅游创新成功经验介绍，也欢迎创意（创新型论点）首次发表。

①旅游创意与旅游目的地打造；

②旅游创新的多样化途径；

③如何通过创新应对旅游市场需求多元化；

④旅游及相关产业的创新与合作；

⑤旅游产业与创意产业的创造性整合；

⑥旅游产业与文化产业的创造性整合；

⑦旅游创意的理论研究；

⑧旅游创意、旅游目的地打造与重庆旅游发展实战研究；

⑨提升西部旅游业竞争力研究；

⑩旅游人力资源管理创新、提升旅游从业人员创新能力方法；

⑪旅游资源开发的文化导向与创新；

⑫政府主导旅游业发展的创新研究；

⑬旅游企业管理的新趋势、新理念、新方法、新服务；

⑭旅游高等教育与旅游人才培养模式创新探讨；

⑮文化、创意、旅游有机结合研究；

⑯旅游产品开发设计创意；

⑰旅游及相关产业的创新与合作。

可围绕旅游创新主题自主选题。

七、第一届论坛组织机构

（一）主办单位

重庆市工商联（总商会）、重庆市涪陵区人民政府

（二）指导单位

全国工商联旅游业商会

（三）支持单位

重庆市创意产业办、重庆市文化局、四川省旅游商会、贵州省旅游商会、云南省旅游商会、陕西省旅游商会、重庆市创意产业商会、重庆市创造学会、四川某某大学旅游学院、贵州某某大学旅游学院、云南某某大学旅游学院、陕西某某大学旅游学院、东部某某大学旅游学院

（四）协办单位

西南大学经济管理学院、重庆教育学院、四川美术学院（正打造艺术旅游目的地，重庆市重点工程）、重庆科技学院管理学院

（五）承办单位

重庆市总商会旅游商会、重庆市旅游协会、重庆师范大学旅游学院、重庆工商大学旅游学院、重庆交通大学应用技术学院、重庆工学院工商管理学院、雨台山风景区（重庆蓝妮实业股份有限公司）

（六）协办媒体

重庆商报、大渝网

（七）支持媒体

中国旅游报、新华社重庆分社、重庆日报、重庆晚报、重庆晨报、重庆时报、新女报传媒、旅游新报、重庆青年报、渝报、重庆电视台教育、旅游频道、新华网重庆频道、新浪网、华龙网、华西都市报、华商报等西部相关城市新闻媒体和网络媒体；相关财经媒体

八、论坛组织工作步骤

（1）审定方案，组建论坛组委会；

（2）主、承办方落实工作细项，确定"论坛"时间；

（3）调研旅游商界需求、政府需求和学界需求、筛选论题和确定研究者、帮助调研；

（4）有针对性地向各地区旅游业界、旅游院、校发出邀请函；（另拟）

（5）收集参会反馈情况，组织论文；邀请有关参会人员；

（6）组织实施"论坛"；

（7）总结、整理、汇编、送发"论坛"论文专辑。

九、论坛活动经费来源和预算

（1）重庆蓝妮实业股份有限公司（涪陵雨台山风景区业主）负责"论坛"组织实施经费（享受独家冠名、景区推介、媒体报道、随论文专辑后续宣传等权利对其给予回报）。

（2）对其他代表收取一定的会务费以补充会务、资料经费（350 元/位）。

十、会议营销策划

在主办地涪陵区策划 1～3 项新闻事件（杜绝负面新闻），已经策划了若干备选方案。

重庆市总商会旅游商会

二〇〇八年三月

第三节　龙门阵故事会总体策划案[①]

一个支点撬动正在失落的文化现象；一个节会焕发古老艺术的迷人风采；龙门阵里的走马故事——乡村画卷，故事世界；易中天独品三国演义，

[①] 重庆工学院课题组，牟红、刘聪执笔. 2008.

魏显德摆坛走马故事，龙门阵上演激情故事。谨以此文献给还能想起故事的人们！

一、总纲

（一）前言

位于重庆九龙坡华岩风景区的"重庆龙门阵国际旅游度假区"引资14亿，分两期建设，第一期为龙门阵主题景区，投资8亿，已于2008年3月动工，在2009年7月投入运行。

2009年7月"龙门阵主题公园"开园仪式与"龙门阵故事节"结合，借助宏大的"龙门阵主题景区"开园仪式为旅游节造势，同时用好"走马故事"这个国家级非物质文化遗产品牌，将成为本届旅游节的亮点。

主题：这是一个产生故事的地方；

口号：九龙坛主打擂台，龙门阵里听故事；

　　　山水都市上演"巴人踏歌"，激情重庆大摆"龙门阵"；

　　　"巴人踏歌"唱响山城，"龙门阵"传遍街头巷尾；

　　　唱起"巴人歌"，摆起"龙门阵"。

故事会目标：将非物质文化物质化，让走马故事成为可想（国家非物质文化遗产品牌）可观（古镇文物建筑）可游（驿道驿站桃花庙宇）可享（听故事看表演）可乐（民俗和民间歌舞体验）可买（民间故事影碟磁带杂志书籍土特产）可普及（电视广播杂志报纸）的地方核心吸引资源物。使"龙门阵主题公园"与"走马故事"同时扬名天下。

（二）时间

7月28日（星期日）

（三）地点

主会场：龙门阵景区

分会场：走马古镇

（四）组织形式

主办：重庆市九龙坡区旅游局

承办：龙门阵景区、某执行公司

协办：重庆市文化广播电视局、重庆市九龙坡区文化局

（五）组织机构

成立"故事节"组委会，本届故事节由组委会负责重大事项的决策和协调。组委会办公室作为工作机构，下设秘书组、活动组、安保组、展览组、宣传组、后勤组六个工作组。

（六）活动目录

（1）"重庆龙门阵国际旅游度假区"开园仪式。

（2）走马中小学生故事创作和培训基地挂牌，中小学生故事大奖赛启动，走马中小学生部分选手表演赛。

（3）全国民间故事研究会成立，故事研究论坛坛主确定，龙门阵故事坛开讲。

（4）广播栏目"安梦故事园——走马故事篓子"开播。

（5）综艺晚会"走马踏歌会"（打莲响、秧歌、花鼓、踩龙船、舞狮子、玩龙灯）。

附属产品：民间故事影碟、民间故事磁带、民间故事人物（如安世敏）泥塑纪念品、民间故事茶馆、民间故事博物馆、民间故事创作与讲演培训、民间故事道具纪念品（折扇、醒木、茶壶、纸脸壳、金钱板等）、著名民间故事家纪念雕塑（安放在古镇作景观雕塑）。

二、主要活动

（一）龙门阵故事坛

时间：2009 年 7 月 28 日（星期日）15：00～17：00

地点：九个分主题或分会场，各坛设一坛主（全国或本土知名人士），推选比赛选手

（二）故事坛主擂台赛

故事坛主擂台赛大赛

时间：19：00～20：00

地点：主会场舞台

比赛项目：走马中小学生部分选手表演赛；由九个坛主推选比赛选手进行比赛

表6-7	流　程
序号	节目内容
1	开场舞蹈
2	魏显德收徒仪式
3	坛主、选手上台亮相
4	走马中小学生部分选手表演赛
5	比赛选手进行比赛
6	幸运门票抽奖
7	乡土舞蹈表演
8	颁奖

（三）综艺晚会"走马踏歌会"

第一部分　龙门阵主题公园仪式

时间：20：00～20：15

地点：主会场舞台

贵宾席领导：①分管领导；②组委会领导；③赞助企业领导

司仪：重庆电视台"龙门阵"节目主持人

主持人：重庆市九龙坡区领导

议程：

（1）司仪介绍主持人；

（2）主持人介绍出席开幕式的主席台领导；

（3）请组委会主任致开幕词并宣布：龙门阵故事节（会）开幕；

（4）主持人宣布开幕式结束，大型综艺晚会开始。

第二部分　"走马踏歌会"综艺晚会

时间：20：15～22：00

地点：主会场舞台

主持人：重庆电视台"龙门阵"节目主持人

节目流程表：（暂定）

表 6 - 8　　　　　　　　　　　　　　节目流程

序号	节目时间	节目名称	节目类型	演出团体（演员）
1	5 分钟	开场舞蹈：《现代摆手舞》	大型舞蹈	重庆工学院舞蹈队
2	6 分钟	《乡土乐器表演》	器乐演奏	重庆建设厂文工团
3	15 分钟	《唢呐表演》	男生组合	走马镇
4	7 分钟	《劳动号子》	歌舞表演	重庆艺校
5	10 分钟	宣布创新型九龙雕样式和大型雕塑的地点，并为得奖者颁奖		
6	15 分钟	《嬷秧歌》	女声独唱	重庆艺校
7	7 分钟	《楹联颂》	朗诵表演	九龙镇
8	5 分钟	《巴人竹枝歌——连箫舞》	大型歌舞	重庆艺校

注：总计 70 分钟

三、故事节深化

"故事"是一种古老的艺术形式，文化内蕴极其深厚。千百年来，"故事"上至天神祭祀，下到农耕军旅，渗透在社会生活的各个层面，影响广泛而深远。然而，当我们从历史文化传承的视角重新审视"故事"，却发现它正在逐渐演变为一种被人遗忘的民间艺术。在主流文化层面，它已经被边缘化。

由此，我们找到了一个"支点"——用正在失落的"故事"，来撬动一种文化现象。让散落的各种形式的优秀"故事高手"，在全国媒体的聚焦下，竞逐"中华故事大王"，重新焕发这一古老艺术的迷人风采。

形式美感的产生需要内涵扩充：

第一，内容扩充：除了民间故事，还包括历史故事、电影故事、童话故事、言情故事、武打故事、创业故事、九龙故事、佛教故事、涂鸦故事。

第二，策划名人：琼瑶——言情故事盟主；易中天——历史故事盟主；成龙——电影故事盟主；魏显德——民间故事盟主；安徒生的后代——童话故事传人；于丹——论语故事盟主等。

想办法制造事件，来使大家关注它，"故事盟主汇集九龙坡"、刘德华拜师易中天、魏显德收徒就是一个个引人关注的事件。

当然，以上设想不可能在本届故事节全部实现，但只要想到了就有可能实现，只有想不到，没有做不到。以下是故事节深化的一些构想。

（一）故事会的核心项目

项目一：走马全国民间故事大奖赛。首届为邀请擂台赛，同时启动电视、广播专栏节目，故事书发行。建议：先在重庆市范围内试行一届或两届，取得成功经验，时机成熟之后再提升为全国赛事。

分为两个层次：

（1）走马全国民间故事大奖赛。与文化部相关职能部门或全国民间故事协会机构联合举办。由全国各县到省层层选拔，最后在走马镇旅游节会期间举行讲演、评比、颁奖仪式，同时举办全国民间故事研究评论论坛。

（2）走马全国中小学生故事大奖赛。与教育部相关职能部门或全国少工委、共青团中央职能部门联合举办。由全国各中小学、县到省层层选拔，最后在走马镇旅游节会期间举行比赛、讲演、研究评论和颁奖仪式。

两个类别：创作奖；表演奖。

在赛事名称前冠名"××杯"吸引企业赞助，解决运作经费来源。

项目二：走马观花（桃花会）与故事会结合。

项目三：走马踏歌会（打莲响、秧歌、花鼓、踩龙船、舞狮子、玩龙灯）。

项目四：走马民间体育游戏赛（五子棋、陀螺、弹弓、滚铁环、劈甘蔗、拖板凳）。

项目五："重走古驿道"健身活动。

（二）故事会1235发展战略

一品牌：龙门阵全国民间故事大奖赛。

二节会：走马桃花节（3月）；走马民间故事节（七月）。

三资源（民间故事、驿道文化、主题公园）。

五个一工程（一个全国大奖赛事——中国民间故事大奖赛；一个全国中小学生素质教育基地；一个电视栏目"龙门阵民间故事大赛台"；一个广播栏目"安梦故事园——走马故事篓子"；一本故事书——不定期出版物《走马故事大奖赛专集》）。

1. 未来九龙故事坛主题活动畅想（如表6－9所示）

表6－9　　　　　　　　　　　　主题活动畅想

分主题或分会场	故事内容	口号	坛主
重庆森林登山故事会	健身	想和你去爬爬山 山在那里，无尽故事	田亮
温泉故事会 （天赐温泉等）	相声、言子（一般是泡温泉听音乐看表演，我们来个听段子，大家乐）	想和你去泡泡澡 泡在温暖故事里	吴文
乡村故事会 （农家园）	重庆老龙门阵、乡村逸闻故事、重庆掌故等）	听妈妈讲那过去的事情	魏显德
桃花故事会 （走马观花等）	节庆故事、花卉故事等	想和你去看看花 桃花朵朵，春天故事	蒋大为
华岩故事会 （华岩寺）	佛教故事，心灵智慧等	听方丈讲故事	于丹
陶然故事会	美食故事	美食无言，下自成蹊	严崎
创意故事会 （黄桷坪）	创意故事，创业故事	创意之花盛开在故事里	罗中立
江岸故事会	长江故事，码头故事	滚滚长江东逝水，故事淘尽英雄	刘德一
阳光故事会 （城乡休闲场所）	休闲故事、爱情故事、情感故事	走，到后花园去晒太阳、听故事	李静、戴军

　　每年一个分会场，九年一个轮回，将重庆市的旅游活动和故事一一联姻，成为了解九龙坡旅游的窗口。

　　2. 未来龙门阵故事坛文艺表演畅想——从"九龙滩"到"九龙魂"

　　"九龙滩"是九龙坡区诞生的传说，2008年以舞台剧的形式表演。把历史与现在、理想与现实相结合；表现九龙坡景区现在的美丽和魅力。

　　未来这台节目可以深化，更名为《九龙魂》，内容包括：纤夫比武、劳动号子赛、乡土乐器表演、吹打赛、唢呐赛、百位老人跳民俗舞，百对青年情歌对唱，千人合唱薅秧歌、打薅草锣鼓。

借助龙门阵主题公园的场地和名声，扩大影响。

舞台表演设想：在铺展《九龙传说》长画的山坡上，布满装扮成各种动物的众多演员，由各乡镇的农民扮演。随着舞台上情节的进展，众多演员从山上冲下来，进入广场参加演出。正对主席台的场内、山上，有数千名举着彩色纸翻板的演员。翻板上写各种宣传语句，随着舞台上的演出，连续不断地翻动画板，构成巨幅背景画面。

《九龙魂》参与演员人数可逐年扩大。可以把走马故事中的经典故事经过改编搬上舞台，用现代人的思维把历史与现在、理想与现实相结合，讲述巴渝先民从诞生、与自然和谐相处、辛勤劳作创造幸福生活，到战胜自然灾害的历史画面。展现对生命的礼赞、对自然的崇尚、对团结协作的重视、对美好生活的渴望。

第七章　辅助材料

第一节　不同年龄层的休闲活动

休闲活动策划是一种程序，它是利用一个团体的人员、财务和其他有形的资源，提供休闲活动和休闲服务，并且确定哪些活动是尽可能受人欢迎的、引人兴趣的、健康的、有道德的、符合社会需求的和有创意的。本节就年龄将休闲市场分为几个板块进行讨论，首先参看表7-1的心理社会发展阶段。

表7-1　Erikson 不同心理社会发展的 8 个阶段

期别	发展重点	发展关键	发展顺利	发展障碍
儿童早期	动作、语言社会依附	对人信赖↔对人不信赖	对人信赖，有安全感	与人交往，焦虑不安
儿童中期	口语发展良好，性别开始分化，爱好团体游戏，完成入学预备	活泼自动↔羞愧怀疑	能自我控制，行动有信心	自我怀疑，行动畏首畏尾
儿童晚期	认知发展，动作技能与社会技能发展	自主自发↔退缩内疚	有目的方向，能独立进取	畏惧退缩，无自我价值感
青春期	认知发展，人格渐独立，两性关系建立	勤奋进取↔自贬自卑	具有求学、做事、待人的基本能力	缺乏生活基本能力，充满失败感
青年期	职业与家庭、父母角色、社会角色实现	自我统合↔角色混乱	自我观念明确，追寻方向肯定	生活缺乏目标，时感彷徨迷失
成年期	事业发展到顶点，考虑重新调整生活	友爱亲密↔孤独疏离	成功的感情生活，奠定事业基础	孤独寂寞，无法与人亲密相处

续　表

期别	发展重点	发展关键	发展顺利	发展障碍
中年期	享受家庭生活，自主休闲与工作	精力充沛↔颓废迟滞	热爱家庭，培养后代	自我放纵，不顾未来
老年期	面对无可避免问题的身心适应	完美无憾↔悲观绝望	随心所欲，安享天年	悔恨旧事，徒呼负责

资料来源：《女性文化研究》第 70 期

一、儿童休闲活动

儿童是国家未来的主人，生活中的活动对其生理、心理社交各方面的发展相当重要。对儿童而言，生活即是游戏，没有游戏生活即无趣。儿童都喜欢玩，玩几乎成了小孩子生活中不可或缺的一部分，由于在儿童阶段早期，休闲认知的观点尚未建立，因此儿童只是出自于自然而单纯的玩游戏，并非要具体的达到某种目标，此外，通过游戏的从事参与，无形中可以让儿童与其所接触的环境产生互动，进而从游戏生活中学习与他人沟通、交际、合作等事宜。

儿童时期一般又可以分为婴儿期、学龄前期（4~5 岁）、儿童中期（6~8 岁）、儿童晚期（9~12 岁）等不同阶段，在婴儿期、学龄前时期的游戏主要以家庭、托儿所、幼儿园为中心，然而在现代社会中，儿童的照顾与生活往往受父母的工作因素影响。随着年龄的增长，到了儿童中、晚期阶段，许多家长逐渐重视孩子的发展。对于儿童阶段而言，必须了解此时期是人生发展的最重要阶段之一，活动内容应该注意锻炼和培养儿童基础的运动能力和基本的社交技巧，也就是儿童时期的休闲活动重点应该着重于提供适当的活动机会，帮助儿童与同伴之间建立正面的互动行为及发展运动的相关能力；此外，老师、家长在引导儿童从事活动时，当以符合儿童的思维逻辑方式加以引导，而不应使用强制的方法；要留意儿童的注意力较成年人为短。因此，在游戏解说的过程中应力求简要，以使活动内容与时间充裕有趣，避免影响儿童的活动兴趣。

二、青少年休闲活动

青少年时期是人类生活、心理发育成长的主要阶段，也是成长过程中容易造成角色混淆的时期，因为有时父母亲或长辈会期待青少年行为举止如同成人一般，然而有时又盼望他们保有儿童的天真活泼，因此这段成长过程是属于最具挑战性的时期。由于青少年时期的发展是一种渐进式的过程，青少年会通过各种方法来满足其生理心理与社交方面的需求，友情对青少年阶段而言是相当重要的，朋友间相互的认知接受、认同、支持与鼓励，通过彼此的联系无形中便建立共同的兴趣与价值观，在同伴团体中能够被肯定与接纳，是建立青少年人格发展与社会关系的重要因素。休闲学者将青少年主要参与的休闲活动分成两大类，其中第一类是社交活动，第二类是动态体能活动类。由于青少年时期生活重心以学校为主，因此，其休闲机会往往与学校及同学间的关联性较高；针对该年龄阶段的休闲活动应以建立社交活动，促进个人发展以及培养独立自主的精神为主要的重点（Edginton，Jordan，Degraaf）使其由休闲活动得到身、心的均衡发展。对于青少年时期的休闲活动除了上述要求之外，休闲活动应当了解青少年喜欢尝试各种类型的活动，因此，所提供的活动不要只仅局限于固定的地点、对象或活动性质，而应在活动内容与设施方面具有创新变化的特性，以吸引青少年的参与动机。

（一）青少年休闲活动种类

青少年正处于成长期，活动需求度较高，因此休闲活动规划以身体活动为主：

（1）运动类：各项球类、技击运动、个人、双人和团体项目、铁人三项、五项运动、慢跑、游泳、马术等。

（2）冒险类：高空弹跳、定向追踪、滑翔翼等。

（3）挑战类：攀岩、溯溪等。

（4）水上（中）活动：划船、潜水、浮潜、水上摩托车、帆船等。

（5）健身类：登山、重量训练、体能活动等。

（6）舞蹈类：街舞、爵士舞、运动舞蹈、有氧舞蹈、有氧拳击等。

（7）艺文类：电影欣赏、音乐、参观活动、演唱会、阅读等。

（8）其他：撞球、直排轮、溜冰、滑板、旅游、特技风筝、民俗运动等。

（二）青少年喜欢的休闲活动

青少年喜欢的休闲活动依次是"看电视"、"体育活动"、"阅读书报"等。

（1）看电视。高信息量的电视节目已是家庭中作消闲、获取信息的主要媒体，青少年也从中接受社会文化的影响。

（2）体育活动。其中，溜冰、羽毛球、足球这三项活动最受欢迎，它们共同特点是活动量大，由于技巧性高和竞技性强因而刺激性强，较吸引青少年参与。

（3）阅读书报。其中最喜欢的是"漫画"，其次是"童话、民间故事、寓言"，青少年在休闲时间阅读书报是为了神经得到松弛，求得身心愉快。

（4）技艺性活动。下棋既能益智，发展思维，又带竞争性；绘画既描摹景象人物，使形似，又能发挥想象力，令神在其中。这两项活动都有较强的自主性、创造性，反映出青少年愿意动脑，希望展现自己的创造性才能。

（5）游乐性项目。其中"打电脑游戏机"是最喜欢的项目。现代科技的发展和外来文化的影响，也迅速反映到一般家庭，青少年通过图像千变万化的新鲜感和不断逾越的成功感、满足感，追求心理刺激。

三、成人休闲活动

成年时期是人生中最长的时期，大约从 21 岁到 65 岁间，通常人们将其视为早、中、晚三个时期来探讨。

成年早期的年轻人生活主要以社交和工作为主，随着工作环境的改变，可能促使年轻人必须离开双亲，远赴外乡建立自我独立的生活。在成年早期阶段，两个主要的因素将直接影响年轻人的休闲生活追求，第一为选择异性伴侣或结婚，第二为子女的出生。选择异性伴侣或结婚，是一个人倾向于拥有安定家庭生活的开始。在家庭早期的建立阶段，夫妇大多有学龄前子女，休闲安排较少自由，同时必须配合工作及年幼子女的需求，因此已婚者大部分的休闲活动大多以家庭为主，或是与子女有关的活动，为人父母阶段，通常没有足够时间从事休闲活动，过多的家庭义务成为休闲的主要障碍。

　　成年中期一般是进入为人父母的时期，子女长大成人离家，代表家庭的第二次转换，家庭义务的减轻，使休闲的兴趣可能又再度活跃起来，对某些人而言，中年代表休闲的重新开始，许多人参加休闲活动。有人对中年期休闲活动的研究中指出，工作时间缩短、家庭成员的减少、家庭收入增加、较多的教育机会，都使现代中年人有更好的休闲参与状况，而大多数成年中期者参加休闲是基于关心健康的动机，中年的休闲模式随着子女逐渐独立而改变，许多中年人的休闲兴趣由家庭为主的休闲，转为为发展其自身的休闲兴趣为主（Kraus）。成年中期是事业上最有竞争的时期，休闲兴趣也会包括竞争性的活动和以家人为主的活动，这个阶段产生了一个休闲行为的消费模式，如有计划的旅行、参加体育活动、各种社团活动等，成年中期的后阶段，由于子女离家，夫妇的休闲兴趣更集中于两个人共同从事的活动，职业的兴趣也集中在嗜好和志愿性的活动（Godbey）。

　　成年晚期的休闲生活强调以提高个人内在需求为主，在休闲活动设计上应鼓励成人养成自我导向的休闲行为，并善用自由时间增进其从事个人终身性的休闲运动或活动，在活动上要适当的鼓励成年人多接触与休闲相关的活动，好让自己到了退休时期有多样化的休闲生活形态。

　　随着全球一体化进程的加快，中国加入世贸后，企业面临着境外资本集团抢占中国大陆市场而演变的愈来愈烈的竞争。与此同步的是对人的素质要求越来越高，成年人的工作压力不断加大，工作节奏和生活节奏也在加快，很多成年人感到紧张和疲惫，产生一系列身心疾病，破坏人体平衡，导致免疫力下降，消化性溃疡、偏头痛、高血压和神经衰弱等身心性疾病，恶劣情绪还被称为癌症的"催化剂"。所以更须学会心理减压，学会适度"发泄"。成年人缓解压力、调节身心最有效的途径是旅游、度假、体育运动、娱乐活动，把自己疲劳的身心置于大海、森林、原野等，寻找回归自然的惬意和人与自然的和谐。

　　文化方面的休闲活动有读书、绘画，绘画分铅笔、水彩、油画、制陶、人像、园艺、风景、插花艺术等，种类繁多。各种舞蹈课，华尔兹、爵士、芭蕾、乡村、甚至中东的肚皮舞，可夫妻一起参加，也可单人参加。成年人的活动以减压、健身为主，如气功和太极拳、游泳。另外，还有各种体育运动、网球、壁球、高尔夫球、台球、水球、自行车、滑雪、排球、登山、野营、骑马、举重、击剑、体操等。

了解休闲活动的正面特质与成年人的休闲需求，有关适合成年人从事的休闲活动，主要有以下几项：

1. 运动性休闲活动

如台球、网球、排球、羽毛球，其他如慢跑、游泳、体操、武术、瑜伽、静坐等。"水能载舟亦能覆舟"，运动一旦超出自己体能的负荷，反而只有百害而无一利。因此，进行运动性休闲活动要衡量自己的体能，避免剧烈运动，练习时须循序渐进，并安排适当的休息、补充必要的营养，才能达到休闲与健身的目的。

2. 户外性休闲活动

这是最普遍的大众化休闲活动，利用假日全家扶老携幼外出寻幽访胜，参观名胜古迹，不仅怡情养性，亦能增进家人的亲密关系，享受天伦之乐。此外，旅游、爬山、赏鸟、钓鱼、露营、游览动物园等也是一般人最常过的休闲生活。

3. 文艺性休闲活动

此类休闲活动主要在于启发其他兴趣与潜能，培养欣赏能力，并借参与的机会扩展各个不同领域的人际脉络。活动项目有：演唱、演奏、歌剧、演讲、聊天、写作、品茗、棋艺、盆栽、阅读书报杂志、观赏电视电影、绘画、摄影、雕塑、陶艺等。

4. 学习性休闲活动

工作之余进修与益智性休闲活动结合，强调专业知识或各种生活技能的充实，也是成年人最经常的休闲方式，不但可增长见识、有助工作，亦可借此发展生涯的第二春。适合参与的活动有：钻研科学新知、机械电子产品的修护、金融经济信息的研读、社会民俗采风等。

5. 服务性休闲活动

近年来，由于生活水平的提高，大家都更有余力来关心社会的事务，许多人利用休闲时间从事社会服务工作，通过精神或物质的助人历程，不但可以肯定自我的价值，满足自尊、自我实现的心理需求，亦可借由"助人为快乐之本"的真谛，提高自己的生活内涵与品质。积极参与社会服务工作，自愿担任义务工作，为需要协助的社会大众提供一己之力，不仅达到本身休闲的目的，同时也能示范与带动民众参与社会服务工作。最常见的社会服务工作有：推展戒烟、反毒、环保，妇女等活动，协助社会中的弱势群体解决生存的威胁与障碍，重新开发个人潜能，开创幸福美满的新生活。

【阅读材料】

最受欢迎的十项休闲活动

据香港的一份杂志介绍，当今最受欢迎的十项休闲活动是：钓鱼、爬山、击剑、耕田、出海、骑马、跳舞、驾驶飞机、学习画画、打高尔夫球。

钓鱼是一种训练个人耐力的消闲活动，普通的装备很简单，一支钓竿，一把鱼饵加一个水桶就可以出发了。登山也是一种时尚的运动，既可以锻炼意志和体魄，又同时欣赏大自然的美景和呼吸新鲜空气。击剑本是中世纪欧洲贵族爱好的一种武艺训练运动。耕田是一种返璞归真的时尚，在空气污染严重、生活节奏紧张的都市待久了，难免怀念乡村的生活方式。扬帆出海是西方很时髦的玩意儿，同时也是颇为讲究技巧的运动。在绿草茵茵的草地上策马奔驰，实在是都市人惬意、浪漫的享受。跳舞是陶冶性情、愉悦身心的一种活动，也是一种易学难精的技艺，无论是舞蹈还是交谊舞，一旦爱上，的确让人难舍难弃。驾驶飞机翱翔蓝天，可能是每一个人的梦想。但是由于客观条件的限制，只有很少人有机会实现这个梦想。琴棋书画是古代衡量一个人是否受过良好教育的标志，在当今生活节奏紧张的条件下，抽空学学画画、写毛笔字是既高雅又怡情养性的活动。高尔夫球已被人们熟知了，但由于消费过于高昂，被人们称为贵族运动。

四、老年人休闲活动

市场细分的目的是为了针对性地设计老年旅游产品，从旅游经营者角度讲，旅游产品品种的创新就是旅游资源、旅游设施、旅游服务重新组合，改进原有产品，打造新产品，使旅游产品在品种上最大限度地满足老年人的需求。包括：以医疗健身为主要目的的旅游形式；适合老年人的游览娱乐型旅游形式；旅行社与社区联合的社区旅游产品；全新养老理念的老年生态旅游产品以及适应老年人兴趣与爱好的知识型旅游产品。

(一) 老年旅游市场细分

(1) 按照年龄分 (一般以 70 岁), 高龄老人市场和低龄老人市场。70 岁以下老年人往往身体状况要明显好于高龄老人, 而且是在 1995 年以后退休, 经济条件也较好, 20 世纪 80 年代的改革开放对他们影响很大, 旅游观念比较超前。

(2) 按照旅游方式分, 团体老年市场、散客老年市场和自组团体老年市场。老年旅游还是以团队旅行活动为主, 往往老两口结伴而行, 对旅程中各种活动的安排, 要求以舒适、休闲和旅游机构的高质量服务为标准。这之中, 健全的医疗安全保障体系和明晰的法律保障体系, 是老年旅行团完成旅行的一个极其重要的组成部分, 这也是老年旅行团不同于一般旅行团的一个显著特点。

(3) 按照交通方式分, 汽车、火车、飞机和轮船旅游市场。汽车门到门的便捷, 火车行加住的组合, 飞机是快速, 轮船是活动空间大、滞留时间长, 充分利用这些旅游交通工具的特点便是我们的特色营销方式。

(4) 按照旅游距离分, 短途旅游、国内旅游和出国旅游。短途旅游是老年旅游的主流形式, 但从我国自古有尊老爱老的习俗来看, 据对北京几家大的旅行社办理中国公民出国旅游老人情况的调查, 其中相当数量的人是子女出钱为老人实现"出国梦"。我国许多高收入老年人依靠自身储蓄, 也可出国旅游。

(5) 按照旅游目的分, 观光、探亲、宗教、养生、度假旅游市场。老年旅游以纯旅游活动为主, 区别于青少年组的休闲旅游活动, 更不同于中年组的带有特定商务目的的旅游活动。与此相对应, 在旅游消费支出中, 基本上全部用于旅程中的吃、住、行、游、娱, 很少购物。相比之下, 其他年龄组的购物支出往往占到整个旅程总消费的 50% 左右。美丽的自然风光和独特的传统文化, 是对老年游客吸引力最大的两类旅游产品。

(6) 按照地域来分, 国外老年市场、国内老年市场。从国际市场看, 由于不同经济发展水平地区老年人的出游比例不同, 在开发老年市场时应采取"全面出击, 重点突破"的策略。继续巩固我国在西欧和北美的市场, 大力开拓周边和大洋洲的老年旅游市场, 适当发展非洲和东欧的市场。从国内市场来看, 我国东部沿海地区经济比较发达, 老年人出游比例高, 西北地区经济比较落后，老年人出游比例比较低；城市经济比较发达，老年人出游比例较高，乡村经济相对落后，老年人出游比例较低。所以，我们在开拓国内老年市场时，要考虑到我国的国情，一方面重点开发经济发达地区的老年旅游市场，积极为这部分老年人的出游提供方便；另一方面适当开发经济不发达地区的旅游市场，鼓励经济不发达地区老年人出游，并对这部分老年人采取相应的优惠政策。

（二）老年休闲活动内容

老年人的生理机能已逐渐退化，其休闲活动规划应以本身参与意愿及心灵层面为考虑重点，其休闲生活与娱乐方式一般说来约有下列五种：

（1）社交活动：人是群体动物，而且有一种互属心理；每一个人都需要追求他人与自己的友谊，此一活动可以使参加的人相互认识，进而交往。这种活动，也属合作的团体活动。通常以聚餐、桥棋、联吟、茶会、酒会等方式进行。

（2）文化活动：文化是人类社会的特产，借此特产所做的休闲活动，就称为文化活动。这类活动大部分是基于各人的兴趣与爱好设计而成。对老年人来说，大都是祭典、节庆活动的参与，以及展览、音乐、戏剧、广播、电视、电影的欣赏等。

（3）体育活动：这是一种比较剧烈的活动，专指运动而言；因此要特别注意安全的预防，有时还要利用各种器材。不过对老年人来说，通常包括了散步、羽球、槌球、太极拳、八段锦、土风舞、元极舞等。

（4）郊游活动：这是一种在户外的、自然的环境中进行的休闲活动；完全随个人或团体的意思进行；既不要器材，也无须设备。对老年人来说，通常包括了垂钓、旅游等。身体健壮者，登山也是一项很好的活动。

（5）其他活动：部分老年人喜欢年轻人向他们请教，担任咨商的工作，或从事社会服务、经验传承的工作，这些也是有益于其身心健康的活动。

至于他们活动的场所，除郊外与娱乐场所外，在乡村大多在庙门外的广场，都市则在公园、老年人活动中心，有的地区则在小区活动中心。

（三）老年休闲活动的展望

调查显示，国内老年游客中，出游率持续增加，从 1997 年的 4.3‰，到

2002 年的 7.5‰，年均增幅达到 11.8‰；出游天数稳中有升，从 1997 年的 7.3‰，到 2000 年的 7.9‰；每次出游花费增加迅速，从 1997 年的 581.4 元，到 2002 年的 646.5 元，年均增幅达到 2.2‰。入境老年游客中，每年来华的老年游客比重大致维持在 5.9‰的水平，但是由于入境游客的数量增加，所以老年游客数量还是呈现增加态势的；人均每天花费有明显增加，从 1999 年 105.08 美元/人天，到 2002 年的 132.43 美元/人天，年均增幅达到 8.1‰。老年游客的增长和老年旅游消费的增长已经明显超出了 3‰的年增幅，因而表现出了良好的发展势头。

老年旅游群体是旅游需求旺盛、接待要求更高、更复杂的群体，需要在传统服务上不断创新。老年旅游消费具有多元化、个性化的突出特点，旅游企业要在不断提升传统项目及服务水平的基础上，进一步拓宽服务领域和创新服务方式。有条件的企业可以建立客户需求信息系统，成立专门的老年人旅游服务站，开办热线服务，积极开展上门服务、电话订购、网上订购等方式。服务创新就是强调不断改进和提高服务水平和服务质量，不断推出新的服务项目和服务措施，力图使老年消费者满意。

老年人的休闲活动是不可或缺的，其活动的类型也是多元的。我国对老年人休闲活动虽然相当重视，然而实际状况与先进国家相比，仍有努力的空间。以上的展望，作为老年人福利服务机构推行老年人休闲活动的参考。同时，还要注意老年人活动的安全的维护，最好能有医护人员的陪伴，使他们得以高高兴兴地活动，平平安安地回家。其实，更重要的是老年人休闲活动时要有家人的陪伴，由于家人能适时与长辈一起娱乐，既能增加天伦之乐，也能提高其活动意愿。

总之，老年人休闲与娱乐是其生活的一部分，也是老年人的基本人权。既能有助于老年人的身心均衡发展，也能使其晚年生活更愉快、更充实。

第二节　不同性别的休闲活动

我们的社会是一个"性构社会"，社会都是由男性与女性角色构建出来的，女性在其生活的大多数领域，包括休闲领域，都受到社会角色的限制，与男性相比处于不利地位。因此，男女休闲有别。

一、性别休闲的特点

1. 男女性别群体休闲时间占有量分析

无论工作日还是休息日，男性的休闲时间都高于女性，形成这种差别的原因是男女传统型的分工模式造成的。在中国女性保持较高的就业率，女性虽然比男性的平均职业工作时间支出少些，但家务劳动耗时却大大高于男性，导致女性的休闲时间少于男性，还可补充说明这一点的是在休闲时间内从事有收入的活动方面，男性高于女性，女性平均每天比男性多从事两个小时，再加上女性每天的工作时间，可以看出女性要比男性辛苦得多。（如表7－2所示）

表7－2　　　　　　　　　　　　男女一天的时间分配情况

项　目	工作日					
	男　性			女　性		
	四川	陕西	天津	四川	陕西	天津
用于工作和上下班路途时间	8：50	8：48	8：51	8：41	8：30	8：42
用于个人生活必需	9：44	10：34	9：33	9：51	10：32	9：32
用于家务劳动时间	2：00	1：34	2：54	3：08	2：44	3：40
用于自由支配时间	3：26	3：03	2：42	2：20	2：14	2：06
（1）业余学习时间	0：44	0：32	0：42	0：26	0：23	0：29
（2）文体活动时间	1：38	1：45	1：17	1：05	1：17	1：05
（3）社交活动时间	0：10	0：15	0：26	0：11	0：11	0：17
（4）教育子女时间	0：12	0：06	0：17	0：11	0：05	0：15
（5）其他自由支配时间	0：42	0：25	0：00	0：27	0：18	0：00

资料来源：《中国妇女统计资料》，2001

2. 在社会互动上男性注重交往，女性注重沟通

调查数据显示：在社会交往和人际互动上，男性用于聚会型的社会交往活动如聚会、聚餐等的时间比女性高，每个工作日男性和女性平均用于社会交往的时间分别为11.14分钟和12.64分钟，休息日分别为38.57分钟和31.64分钟，但用于电话聊天和与人聊天上的时间却是女性高于男性。这反映

了在社会互动方式上男性更注重聚会式的"交往"，女性更注重人际间的"沟通"。另外，无论是工作还是休息日，在消遣活动上男性更多选择玩，女性更多选择逛，在各种消遣活动上男性在下棋、打牌、养花鸟鱼虫、玩电脑、看录像与影碟等项活动上均高于女性。总之男性的消遣方式突出在玩。

3. 休闲内容的性别差异

休闲是个人选择的表达，也是个人能力的一种反映。第二期《中国妇女社会地位抽样调查》结果显示，女性休闲方式趋向多元化，尽管如此，与男性相比，女性的休闲形式仍然不够丰富多样，且被动接受性活动多（如看电视），积极主动性活动少（如下棋等）；休闲活动范围较窄，半径小，社交活动对象多是较为固定的家人、朋友，休闲场所多是在家庭内部。相比而言，男性参加更多的体育和社交活动，活动范围广。就某些休闲活动来讲，女性与男性在时间上几乎是没有差别的，如看电视。然而，电视节目的类型却表明了一种性别差异。有调查显示女性最喜欢的电视节目类型依次是：电视剧、访谈类、新闻、综合文艺、戏曲；而男性最喜欢的电视节目类型依次是：新闻、电视剧、访谈类、戏曲、法律知识。可以看出，男性喜欢知识性节目的人数比女性多，注重获取信息，增长知识；女性则更喜欢消遣性、娱乐性节目，注重放松心情，与家人交流感情。第二期《中国妇女社会地位抽样调查》结果还显示，最近两个月里，看过书报的女性低于男性20.8个百分点。不难看出，男性休闲与女性休闲在内容上存在差距，男性更侧重社会交往型、学习提高型这种积极的休闲，以达到发展自我、完善自我的目的。

4. 休闲质量的性别差异

美国学者戈比认为，休闲活动存在着五个不同的层次：放松、消遣、发展、创造及感觉超越。目前，我国公众的休闲意识还不强，休闲层次仍主要是放松身心，还处于比较低的层次。而女性休闲质量更是大打折扣。女性在休闲过程中普遍觉得无法像男性一样获得完全的休闲感觉，常常是一边看电视，一边照看孩子或者做家务，休闲和工作在很多时候是同时进行的。

二、休闲性别差异产生的原因

1. 传统社会角色期待的限制

社会中"男主外，女主内"的传统社会角色分工是造成男女两性之间休闲差距的主要文化因素和社会因素。第二期《中国妇女社会地位抽样调查》结果显示，对"男人以社会为主，女人以家庭为主"的传统性别分工模式，有53.9%的男性和50.4%的女性表示赞同，男性支持率比1990年还高了2.1个百分点。女性的社会角色被认为是操持家务、照料老人、孩子。妇女在工作之余被局限于家庭，并主要承担家务劳动，且其劳动是不计时、无报酬的，家庭妇女往往被称之为"在家闲着"，反正是在家闲着，就不需要什么休闲了；职业女性下班后便赶紧回家做家务，否则就会被认为没有尽到应尽的义务。因此，女性背负的社会期待在很大程度上限制了女性的休闲，使得女性在休闲生活上与男性之间存在差距。

2. 收入的影响

许多休闲活动如旅行、听演唱会、参观博物馆等，通常需要较强的经济实力的支持。第二期《中国妇女社会地位抽样调查》结果显示，男女两性收入差距呈扩大趋势。1999年，城镇在业女性包括各种收入在内的年均收入为7409.7元，是男性收入的70.1%，男女两性的收入差距比1990年增加了7.4个百分点；以农林牧渔业为主的女性1999年的年均收入为2368.7元，仅是男性收入的59.6%，差距比1990年增加了19.4个百分点。女性还往往将自己收入的较大部分用在化妆品、服装的购买上，从而导致用于休闲活动的资金更少。女性在经济收入上与男性存在的较大差距限制了女性休闲活动的选择。

3. 受教育程度的影响

受教育程度是两性社会地位取得的重要相关因素。第二期《中国妇女社会地位调查》结果显示，妇女文化教育水平越高，她们的社会地位越高，在家庭中与丈夫共同决定家庭中日常事务的比例越高，与丈夫花费水平越接近，休闲活动形式越丰富，交往空间越大。而调查结果也显示，虽然女性的受教育水平有了进一步提高，但仍存在性别差异，男高女低。特别是在农村，教育投资上存在重男轻女的性别偏向，男性占有更多的教育机会和教育资源。

4. 休闲设施的制约

休闲活动中，女性有更多的需求（如对安全的需求、方便照顾小孩的需求）。女性普遍有"畏惧暴力"的心理，对休闲场所的安全、交通的便捷有更高的要求，带小孩的女性还希望休闲场所能够提供方便照看小孩的设施与服务。目前，社会休闲场所没有很好地针对女性的这些需求提供设施和服务，使得女性只能更多地选择在家中休闲，导致女性在休闲资源的占有上较男性有差距，限制了女性的休闲活动。

【阅读材料】

女性休闲项目

（1）动态的运动：羽毛球、保龄球、撞球、高尔夫、网球、桌球、排球、槌球、徒手操、游泳、登山、健行、元极舞、气功、太极拳等。

（2）社交活动：餐会、茶会、烤肉、野餐、社交舞、下棋等。

（3）音乐活动：歌唱、唱诗班、合唱班、音乐晚会、收音机、录像带、电影电视欣赏、乐器等。

（4）艺术及手工：书法、烹饪、绘画、编织、剪纸、摄影、插花、缝纫等。

（5）舞蹈：运动舞、土风舞、韵律舞、现代舞、交际舞、爵士舞、有氧舞蹈、瑜伽等。

（6）自然及户外活动：参观、旅行、露营、采水果、森林浴、泡温泉、SPA、踏青等。

（7）文艺活动：可参加各类型的推广学分班或民间的补习班，如外语班、书法班、美容班、烹饪班、易经班等读书会、座谈会、研习班。

（8）收集及收藏：依个人兴趣收集，如口红、香水、衣服、鞋子、帽子、珠宝首饰、书签、书籍、古董、明信片、陶器、字画、照片、硬币、玻璃器皿等。

（9）社会服务：担任医院、小区义工等。

第三节　家庭的休闲行为与特征

家庭是社会的细胞，家庭的生活虽然拥有较为固定的空间和时间，但因个别差异与不同的心理需求，需要不同种类的休闲活动方可满足。休闲行为是休闲主体（休闲利用者或使用者）利用时间和收入等条件，为了满足休闲需要，自发参与并得到满足的能动的过程。家庭休闲行为的内容和形式具有动态性，随着外部环境和人的成长周期而不断变化。

一、无子女家庭

无子女家庭一般表现为两种情况，一种是结婚不久的小夫妻，暂时不考虑生养小孩，享受甜蜜的二人世界。另一类是因为工作的缘故，或者是其他原因，不准备要小孩，比如现代流行的丁克一族。随着社会的进步，人们的家庭观念发生着革命性的变化，两个人的家庭结构有增多的趋势。

（一）22～40 岁期间无子女家庭休闲活动

这个年龄段的人们开始参与社会活动，担当社会责任，适应充满竞争的社会环境，同时也增加了权利和义务。这段时期的休闲追求积极的活动，喜欢自我发现，追求时尚前卫的娱乐，懂得愉快地度过余暇时间的方法和金钱的支出方法。但是此阶段属于事业打拼期，由于工作时间较长，以及金钱的制约，休闲活动以户外运动和社交活动为主。

（1）运动：羽毛球、网球、桌球、足球、潜水、游泳、冲浪、登山、武术等。

（2）冒险类：高空弹跳、定向追踪、滑翔伞等。

（3）挑战类：攀岩、溪降、漂流等。

（4）舞蹈：体育舞蹈、现代舞、爵士舞、民族舞蹈、瑜伽等。

（5）社交活动：餐会、茶会、烤肉、野餐、社交舞、下棋等。

（6）文艺类：K 歌、音乐会、电影电视欣赏、乐器、旅游等。

（二）40～60 岁的无子女家庭休闲活动

40～60 岁的无子女家庭。他们一般都有较稳定的收入，较充裕的时间，并认识到休闲对人生幸福的重要作用，因此消遣活动也以家人的共同参与为主。中年人一般都有那种希望从单调的日常工作和无聊的生活环境中逃脱出来的冲动，选择旅游、趣味生活、休养等内容的休闲活动，并且关心解除压力、烦恼、痛苦、纠纷和有利于健康的投资方式。

（1）艺术及手工：书法、烹饪、绘画、编织、剪纸、摄影、插花、缝纫等。

（2）舞蹈：民族舞蹈、瑜伽等。

（3）自然及户外活动：参观、旅行、露营、泡温泉、SPA、踏青等。

（4）收集及收藏：依个人兴趣收集，如香水、服饰、珠宝、书籍、古董、字画、汽车等。

（5）社会服务：担任医院、小区义工等。

到了成年期，由于工作及家务的负担，休闲时间减少很多，兴趣的范围也愈来愈狭窄，重点也有所转变，由耗体力，社交较广转为轻松、较单独的活动，重视生活哲学与文化的追寻。成年期休闲活动时应兼顾动静两者，并适当扩大休闲范围。

二、有子女家庭

中国实行了多年的计划生育，一般城市家庭多为三口之家。三口之家，孩子是家庭生活的重心，所以有子女家庭的休闲活动多以孩子为考虑的重点。

（一）幼儿家庭

幼儿期的任务是身体的发展、象征性玩耍和具有社会性形态的有规则的玩耍。儿童因自主能力及心智发展均未成熟，休闲活动的参与须家长陪伴。儿童一般适宜以下休闲活动：

（1）亲子类：放风筝、郊游、森林探索、参观、烤地瓜、捏黏土、登山、聚会、拜访亲友等。

（2）体能类：球类运动、散步、游泳、溜冰、舞蹈等。

（3）美术类：书画、砂画、折纸、书法、乡土文物欣赏等。

（4）音乐视听类：电影欣赏（卡通）、音乐欣赏、唱歌、乐器等。

（5）民俗类：扯铃、踢毽子、跳绳、舞狮、打陀螺、竹蜻蜓等。

（6）艺文类：阅读、写字等。

（二）青少年家庭

青少年年龄在10岁~20岁之间，正处于成长期，自身比较重视生活和休闲，活动需求度较高，精神和体力是满足他们需求和达到目的的唯一的工具和资本。除了在学校和家庭体育锻炼之外，还应给他们提供各种娱乐活动的机会，如嬉水、漂流、冲浪、滑冰、探险、生存游戏、越野识途比赛、滑翔、原始森林探索、农村生活体验、绿色旅游等。

（三）空巢家庭

空巢家庭指儿女一长大成人，离家工作，家里只有父母两个老人。到了老年期，随着视力、感官能力的衰退以及语言、听力、记忆力等生理功能的减退，老年人兴趣的范围也愈来愈狭窄，重点也有所转变，由耗体力、社交较广转为轻松、较单独的活动，重视生活哲学与文化的追寻。

健康和移动性（可以行动的能力）是决定老年期休闲的数量和质量的重要因素。对健康的老人来说，退休是享受更多的自由时间和各种休闲的新机会，老年人之生理机能已逐渐退化，其休闲活动规划应以本身参与意愿及心灵层面为考虑重点：

（1）休闲娱乐：如郊游、散步、慢跑、喝茶、钓鱼、下棋、太极拳等。

（2）艺术活动：如音乐、陶艺、绘画、雕刻、书法、合唱、园艺等皆可以增进生活情趣。

（3）宗教信仰：老年人可寻求自己适合的宗教，使心灵有所寄托。

（4）参与公益事业：如到医院当义工，到小区服务，到慈善机构贡献一己之力，不仅服务大众，而且可获得成就感和自我肯定。

【阅读材料】

残疾人休闲活动

根据《中华人民共和国残疾人保障法》，残疾人是指在心理、生理、人体结构上，某种组织、功能丧失或者不正常，全部或者部分丧失以正常方式从事某种活动能力的人。包括视力残疾、听力残疾、言语残疾、肢体残疾、智力残疾、精神残疾、多重残疾和其他残疾的人。据有关数据显示，我国现有各类残疾人总数约 6000 万人，占全国总人口的 4.62%，其中听力言语残疾2057 万人；智力残疾 1182 万人；肢体残疾 877 万人；视力残疾 877 万人；精神残疾 225 万人；多重及其他残疾 782 万人。

一、残疾人休闲活动引导

目前，全球 6 亿多名残疾人中，有 4 亿人在亚太地区，占世界残疾人总数的 2/3，其中，中国有 6000 多万名残疾人，这一市场潜力巨大。在国外，特别是发达国家，残疾人旅游市场正在越来越受到政府和社会的关注。美国 71% 的残疾成年人每年至少做一次旅行，用于旅行的花费高达 135 亿美元。除此之外，意大利等国对此问题相当的重视。国家旅游部门专门为残疾人旅游爱好者开通了提供服务的旅游网站，为残疾人旅游者提供了更多的便利条件，以带动残疾人旅游市场的进一步发展。

考虑到残疾人的不方便，国家和社会也应采取措施，丰富残疾人的精神文化生活。可通过以下方式：

（1）通过广播、电影、电视、报刊、图书等形式，反映残疾人生活，为残疾人服务。

（2）组织和扶持盲文读物、盲人有声读物、聋人读物、弱智人读物的编写和出版，开办电视手语节目，在部分影视作品中增加字幕、解说。

（3）组织和扶持残疾人开展群众性文化、体育、娱乐活动，举办特殊艺术演出和特殊体育运动会，参加重大国际性比赛和交流；比如桥牌、棋类等就是适合于肢体残疾人的休闲方式。

（4）文化、体育、娱乐和其他公共活动场所，为残疾人提供方便和照顾。有计划地兴办残疾人活动场所；相对于普通的大众读物和传播方式，特殊读物和特殊的文艺演出、体育活动，对于丰富残疾人的精神文化生活具有不可替代的重要作用。

残疾人的休闲活动在设计时要能设身处地地想到残疾人的不方便及心理感受，避免出现不合适的休闲项目伤及他们的自尊心、打击他们的自信心。

现在，一些旅行社和旅游景点开始把对残疾人的关爱付诸实施。重庆中旅"五一"期间已经开出了专门针对残疾人的旅游专线，组织第一个残疾人旅游团游览了红岩村、渣滓洞等景点，引起的社会反响非常热烈。在古城西安，秦兵马俑博物馆也已开设了触摸式语音介绍系统，当地政府还决定投入专项资金，在西安钟鼓楼、大雁塔、碑林、华清池等名胜古迹、旅游景点和重要街区增设盲文指示、导游台，并专门建设盲道指引。随着社会文明程度的不断提高，社会保障体系的不断完善，希望有更多的旅游界人士认识到：发展特殊群体的旅游事业不仅是新时代旅游产业的呼唤，更是建设和谐社会的有效载体，我国旅游界有责任、更有义务让所有人能够通过不同的方式畅游祖国的大好河山，见识外面美好的世界。

二、残疾人休闲活动

"打桥牌"，人们称之为"智慧体操"。桥牌起源于欧洲，1925年，美国人范德尔把桥牌改为约定桥牌，使其更具缜密性、科学性和趣味性。桥牌使用的是52张扑克牌（不要大小王）。发牌以后，每人13张。打牌时，每轮各出一张，4张合在一起为一墩，13轮共计13墩。比赛分两个阶段进行：叫牌阶段，双方根据自己牌的特点，报出一个数字和某种花式（或无将），轮转叫牌，同伴间可互通信息，最后达成一个于己方有利而对对方不利的、有一定数字和花式（或无花式、无将）的决定，这个决定就是定约。打牌阶段双方各自发挥熟练的打牌技巧，努力完成己方的定约或者击败对方的定约。作为有定约的一方，除了定约的墩数以外，还要拿6墩的基本数，如超过或相等均为胜利，反之为失败（宕墩）。打桥牌需要参与者独立思考，并具有较好的记忆与逻辑思维能力。希望有更多的残疾朋友参与其中，开发智力、增强记忆力和判断力的功能，从而更好地参与社会生活。

第四节　休闲活动营销

一、休闲活动营销的目的

休闲活动营销需要有目的性，其目的即是要保障休闲活动的各种效益的实现。因此营销策划需要以利益为导向，而目前国内的休闲活动的营销策划，往往缺乏利益收效的监测。这里我们谈的利益，并不是指钱，而是指一种收效，一种效果，一种产出。利益通常含有以下三层含义[1]：一场期望的实现与心理体验的满足；对于个体，群体，社会或者其他实体的一种有益的变化；

---

① Denald G degrafaf, Debra J. Jordan, Kathy H. degraaf, *Programming for Parks, Recreation, and leisure Services—a servant leadership approach.* PA, Venture Publishing 1999.

防止状态的恶化。因此，对于休闲活动策划来说，理解活动潜在的与长期的利益是非常必要的。

1. 个体利益

世界各地的人们都在不断地提高生活质量，人们也需要更高的生活满意度（幸福与快乐感）。在 20 世纪 80 年代 CNN 与 TIMES 的抽样调查中发现，7/10 的人们希望降低他们的生活节奏，人们认为挣钱需要太多的努力，几乎没有时间享受生活了。而休闲能够满足人们提高生活质量的需求，增加人们的幸福感。休闲活动对于人的幸福感的增强体现在以下方面：促进心理健康，保持心理健康；促进个人的发展与成长；提高个体自我欣赏与满足感；促进生理健康发展。

2. 社会利益

除了满足个体需求以外，休闲能够带来更多的社会效益。休闲活动往往依赖于良好的自然环境，休闲活动可促进参与者环保意识的增强，促进公众参与讨论与解决环境问题；促进特殊自然景观的维护；促进人文景观与生态系统的保护。休闲活动对社区的发展具有重要促进作用。可促进社区融合，促进良好家庭关系、社区关系的形成与发展，增强社区自豪感、社会满足感；丰富多彩的休闲活动可减少青少年犯罪，促进其身心健康发展；可促进文化感知与影响。

3. 经济利益

休闲活动可带来巨大的经济效益。其直接经济效益表现在促进生产力发展，促进国家经济发展，促进国际收支平衡（旅游业），提高居民收入。休闲活动也可带来巨大的间接的经济效益，如社会医疗成本降低、跳槽频率降低、工作事故发生频率的降低等。

应该注意的是，以上三种利益是相辅相成、互为条件的。休闲活动策划时片面强调其中一个方面是不对的，往往会带来巨大的负面效应。我国休闲活动策划普遍存在过于注重经济效益的倾向，对休闲活动促进个体的发展，特别是促进社区的发展的重视程度不够，这大大约束了休闲活动策划水平的提高。实际上，在许多发展中国家，以个体发展、社区发展为主要目的地休闲活动策划已成为一个主要内容，如美国社区教堂在每年暑期组织的非营利性的青少年夏令营，如针对癌症患者组织的各种训练营等。

→ 小贴士

万花筒原理

组合法源于万花筒原理。据美国广告学教授詹姆斯·扬（James Young）说："创意（idea）不仅是靠灵感而发生的，纵使有了灵感，也是由于思考而获得的结果。"他对创意思考举出两个原则：①创意是一种既存因素的组合——以万花筒为例，万花筒转动后，筒内的玻璃片可呈现出很多图案，筒内玻璃片数越多其所呈现的图案就越多，创意的产生和这种原理是相同的。②创意是引导既存因素使其发展，创造成一种新的事实——例如可从大标题中，把词句的排列顺序变更一下，就能产生一种新的事实，发挥更有效的广告效果。

1. 拼图游戏

将不相干的事物像做拼图游戏那样组合起来，成了创意最常见的来源。如"音乐＋时钟＝音乐时钟"，"走路＋音乐＝随身听"，"牛仔形象＋万宝路香烟＝（广告中的）伟大意念"。

2. 创造性组合

所谓的创造性组合，就是把原有旧元素、各成分重新配置，进行再创造，使之形成具有自己独特结构和特定内容的完整的新形象的创意过程。

3. 说明性组合

说明性组合就是把旧元素，在形式的层次上做简单的重组，使之形成具有说明性、图解性新形象的创意方法。这种组合不是简单的加总，而是摆脱旧经验和旧观念的束缚，组合后是一种新的创造（综合也是创造）。就像同一万花筒中这些碎片的数量和质量是不变的，但只要转动万花筒，使碎片发生新的组合，就会有新图案和新花样。

【阅读材料】

创意思考的阶段

美国广告学教授詹姆斯·扬（James Young）认为思考过程可分下列五

阶段：

（1）准备期——研究所收集的资料，根据旧经验，启发新创意，资料分为一般资料与特殊资料，所谓特殊资料，是指专为某一活动而收集的有关资料。

（2）孵化期——在孵化期间，把所收集的资料加以咀嚼消化，在有意或无意之中，使意识自由发展，并使其结合。因为一切创意的产生，都是在偶然的机会突然发现的。

（3）启发期——大多数的心理学家认为：印象（image）是产生启示（hint）的源泉。所以本阶段是在意识发展与结合中，产生各种创意。

（4）验证期——把所产生的创意予以检讨修正，使其更臻完美。

（5）形成期——以文字或图形将创意具体化。

思考创意的各阶段，没有明确的准绳，有时这些阶段会重叠，甚至前后顺序是颠倒的。

【阅读材料】

体验式休闲活动

创意活动一：移动 party 亲近夜上海

"外放式音响、跳舞、游戏、大笑、放肆生活，我们有我们的新主张。"这是申城一个网友狂欢会的招募词。组织人"九分迷幻"鼓动一群素不相识又"相知良久"的网友，带着音乐，集体坐上旅游巴士1号线，尽情享受夜上海之魅，"这是我们第二次组织类似活动，第一次聚会好多人参加，大家一起过马路，结果把警察都招来了。"

旅游巴士1号线是双层敞篷车，途经徐家汇、新天地、衡山路、淮海路、城隍庙、外滩等知名景点，一帮网友不时细品上海的老味道，不时又感受繁华的申城大街，一些勇敢者还对着路上的美女帅哥大声示好，"就是静静坐在车顶，俯瞰行走的人群，感受树叶一片片划过脸庞，也惬意极了。"

创意活动二：8分钟交友感受浪漫温情

这是一个美国式的交友方式，却在网友中广为流传。按规则，所有男士、女士都要编号，男士单数女士双数，然后按顺序对应，如：1 对 2，3 对 4，5 对 6……但是每对男女只能交流 8 分钟，8 分钟一过，当前交流的男士和女士将反向移动，如：1 对 12，3 对 10，5 对 8……

据说，美国人曾做过一个心理学研究，结果显示，陌生人初次见面，三十秒内大脑皮层就会对对方产生初步印象，而"8 分钟"是人与人初次交往时长度最佳的时间，人们往往会在这段时间里将最好的自己展现出来。

一位准备尝试 8 分钟交友的网友说："我也不知道 8 分钟究竟能否成就一份人人渴望的爱情。可还是希望有人能在这弥漫的咖啡香、柔和的钢琴伴奏、柠檬茶的高脚杯子里找到属于自己的幸福……"

创意活动三：深夜街头拍照怀旧

很多白领和学生都有一种爱好：影像记录。他们喜欢拿着相机在城市的各个角落记录细节，捕捉生活，他们还有一个专有称呼——口袋相机族。"很喜欢昏暗灯光下空旷的马路，可以肆无忌惮地笑闹，"深谙此道的网友"水月"说，"安静地拍照，快乐地跳房子，丢沙包；累了再去找茶坊玩杀人游戏、大富翁；有条件的话，罗曼蒂克地去看日出，这就是我们喜爱的生活方式。"

喜欢这种怀旧味道的不止一个人，有网民在论坛中热切呼喊："让我们带上滚轴，操起扫把，打一场旱地冰球吧！"还有人在讨论最适合夜间拍照的路线，"我们希望这个活动变成一个不受人数、地点、时间限制的长期活动。大家哪天晚上想出去走走了，就可以发帖号召，找个大家都方便的地方散散步，拍拍照，做做游戏，不用再想工作生活中的烦心事，这何尝不是一件人生快事。"

【案例精选】

常州恐龙乐园的未知主题联想

中华恐龙园坐落在常州新区现代旅游休闲区。中华恐龙馆创意的新颖独特、"欢乐世界"的激情沸腾、飞宏国际联谊中心的高雅精致，加之植物园小桥流水、曲径通幽的优美环境，已成为华东旅游一道新的风景线。

中华恐龙馆共分展示、游乐、科研三大功能区，馆内陈列有永川龙、马门溪龙、山东龙、巴刻龙、霸王龙等36架各个地质年代的恐龙化石骨架，中华龙鸟化石以其珍贵的学术研究价值已成为恐龙馆的镇馆之宝。各展示厅通过逻辑路线，互相关联，运用高科技声、光、电以及影视成像、卡通动画、网络游戏、科技制作等手段，使中华恐龙馆突破了传统的"博物"观念；设计师以生物演变史为背景，重点突出恐龙从生存、繁衍、演化直至毁灭的发展历程，揭示出人类必须保护生态、保护环境这一生态主题；别具匠心的运用瀑布、山岩、海洋、丛林、洞窟等仿真手段，再现古地质年代特有的生存环境，由此构筑各展厅独特的艺术氛围。此外，模仿美国好莱坞影城侏罗纪公园的"穿越侏罗纪"和48座6维立体动感电影"恐龙毁灭"等内容使全馆成为集博物、科普、观赏、游乐、动感参与为一体的现代新型恐龙博物馆。此外，围绕恐龙主题及馆内各厅次主题的各类专业展示和大型文艺演出，已经在园内上演，成为一连串抑扬顿挫的音符，不断延续恐龙园的生命活力。

案例评析：休闲活动主题的选择除了挖掘身边的现实生活，还可以对未知生活进行探索，对未来生活进行联想。通过情境再现，在过去和现在的生活之间建立有机的联系，让人们进行有意义的观察、感受、体验、想象。未来的世界极具挑战性和诱惑力，对于一个自然人、社会人，必须具有对未来的思考和展望。休闲活动的开展应适时适度渗透一些对未来的关注，以此唤醒、激活在竞争和压力如此之大的社会中生存的人们心中潜藏的对美好生活的向往、憧憬，激发人们为此不懈努力和追求。

恐龙生活在遥远的古代，谁也没有见过，但是，现代人对恐龙这种神秘的动物又充满了好奇，这也为休闲活动的策划提供了良好的时机。可以通过网络查找相关资料，了解恐龙的诞生和灭绝原因，了解恐龙的种类和形态、恐龙的习性和演变，再结合现代的高科技手段制造一些逼真的情景，使活动内容不断丰富，不断完善。这样的休闲活动主题把人们带入了一个虚拟的、妙趣横生的、引人入胜的世界。

【案例精选】

圣亚海底争霸赛

大连圣亚海洋世界于2006年推出了"圣亚海底争霸赛"，比赛项目设在圣亚海洋世界内，参赛选手不但要具备良好的潜水技能，更需要勇气、智慧和胆识，与海底凶猛的鲨鱼周旋，与机智的海豹过招，同时也有机会与温柔的海豚、可爱的白鲸同游竞技。比赛已面向全国征集海洋爱好者参赛，参赛选手将经过资格赛、选拔赛、淘汰赛、决赛、总决赛五个环节竞技，最终产生本次大赛的总霸主，全程将历时 2 个半月。2007 年，"圣亚海底争霸赛"再度重磅推出，开赛以来就吸引了国内外 3000 多人报名参加，更有众多当红娱乐明星和奥运冠军的全情参与，像李宇春、罗中旭、高敏、刘璇等，都在圣亚留下了征战海底的身影。2007 年圣亚海底争霸赛鼎力推出的主打项目"哈瓦那海盗"，充分考验选手的口才、智慧、意志力。此外，要求选手们装扮成海盗，在极具古巴风情的哈瓦那大道里售卖独具特色的海洋商品，在人流中寻找美人鱼，使出浑身解数努力赢得美人鱼的芳心。

案例评析：海底争霸的概念源起于国外刚刚兴起的海底运动项目，在中国于 2006 年由大连圣亚海洋世界首次推出。该案例创意非常巧妙，圣亚海洋世界将"看点"从海面搬到了海底，创造性地提出"海底争霸"，通过惊险刺激、妙趣横生的海洋娱乐竞技项目，深入海底与海洋动物同游互动的绝妙形式，彻底颠覆了大连滨城乃至全国人民的娱乐体验方式，迅速引爆旅游市场。

【阅读材料】

头脑映射

这个头脑风暴练习是在 20 世纪 60 年代由托尼·部赞（Tony Buzan）以及部赞公司创造出来的。这个练习包括把词汇和图像结合起来展示想法和概念，然后让你的头脑在这些想法和概念的基础上面进行扩展。这是一个非常好的工具，它能帮助你的头脑提炼出信息然后用一种创造性的方法利用这些信息。头脑映射可以用便笺和笔来完成，也可以使用专用的软件，你可以单独一个人也可以一群人一起练习这项技能。头脑映射能让你清楚看到关键点子或是概念的结构，以及各个点与各个概念之间的联系。这是在解决一个问题，巩固信息，以及展示细节的时候作创意笔记的一个非常有效的方法。

在进行简单头脑映射的时候，应遵循下面几点：

开始的时候在纸的中间写上标题（关键词）。在这个词或词组上面画一个圈。

每个副标题或是从属概念都是从主题中延伸出来的线（从纸上正中间的圆圈发射出来的线），然后在线上写上副标题。头脑映射的非线性特色让头脑能够把不同的元素和观点简单地进行连接和交叉引用。

然后，你可以从副标题出发画一些线。根据部赞公司的介绍"如果你只有一个想法，这个想法似乎毫无用处，那就把这个想法作为头脑映射的中心，那些分支激发你在另一个层次的创意，一个结构图就出现了，很快那个想法就成了一个完整的概念。头脑映射图把你所有的创意清晰地呈现在你眼前，每个新创意都是另外新创意的中心思想。"

让你的大脑从中心思想出发向不同的方向前进，然后把各个创意进行连接。记住尽量使用单词或是很短的短语。

用颜色笔区分一些关键的创意。

做情节串联图板：取一张纸，在上面画上大小相同的4个、6个或者8个方框。从第一个方框开始，画上一些图画，填上文字帮助你传达你的想法或是故事。情节串联图板在广告界是一个经常使用的工具，当广告创意人员为一个电视广告进行头脑风暴时常常用这个来表达他们的创意。当然，你可以用它来辅助头脑创意过程中任何正在进行的事情。情节串联图板上面的图画不需要很详细或是很精美，就是一些简笔画就可以了，看到自己的想法用图像的方式出现在纸上可以帮助你更加顺利地想出新创意，或是在原有创意上面进行加工。

二、休闲活动营销策略

在休闲经济时代，消费者的需求必将随着生活水平的提高和闲暇时间的增加而发生变化，随着情感需求日趋重要，个性需求明显增强，他们会变得越来越感性化、个性化、情感化，不仅重视产品和服务给他们带来的功能利益，而且重视所购买的产品或服务是否符合自身的审美情趣和心理需要，以及购买和消费产品或服务的过程中所获得的体验和感受。正如格雷厄姆·莫利托所说的那样：休闲经济会给人们带来许多新的生活态度、观点和活动。这既要求企业不断开辟新的经营领域，提供新的产品和服务以满足人们的休闲需求，也对企业的营销方式提出了新的挑战。如果企业仍然执迷于传统的营销方式，将营销重点仍放在产品的功能、质量和实用性方面，恐怕很难得到消费者的青睐。这样，以满足消费者的休闲消费需求为核心，适应休闲经济时代特征的新营销方式就应运而生。

1. 文化营销

文化营销是利用文化力进行营销，企业向消费者推销的产品在满足消费者物质需求的同时，还满足消费者精神上的需求，给消费者以文化上的享受，满足他们高品位的消费。除了审慎的市场细分外，满足购买者的服务需求还需要定制一个能把服务政策、价格、分销和促销策略结合起来以产生整合效应的营销组合策略。文化营销的具体含义包含四方面内容：一是企业须适应并借助不同的环境文化开展营销活动；二是企业在制订市场营销战略时，需综合运用文化因素；三是企业须将文化因素渗透到市场营销组合中，制订出具有文化特色的营销组合；四是企业应充分利用 CIS 战略与 CS 战略，全面构筑企业文化。

近几年来，我国企业已逐渐认识到了文化营销的魅力，通过文化营销的模式取得成功的企业也不胜枚举。2002 年，南京菲亚特就曾大打"文化营销"攻势，不断推出充满异国文化情调、令人耳目一新的市场推广活动：如在南京理工大学、暨南大学、华南理工大学等高等学府相继举办关于意大利汽车文化的演讲；在北京亚运村汽车交易市场、广州中华广场、深圳帝王广场开展充满意大利风情的活动。

2. 体验营销

体验营销是指企业以服务为重心，以商品为素材，在营销推广的过程中，塑造感官体验以及思维认同，以此吸引消费者的消费行为。体验营销不同于传统营销，传统营销过于强调产品的功能利益，而忽视了消费者所需要的感受和体验。体验营销的核心观念是，不仅为顾客提供满意的产品和服务，还要为他们创造和提供有价值的体验。在这里，体验是指当一个人达到情绪、体力、智力甚至精神的某一特定水平时，其意识中所产生的美好感觉，或者说，是个体对某些刺激产生回应的个别化感受。而这种感受或美好感觉，正是消费者的休闲消费需求的重要体现，是休闲经济时代人们所追求的情感享受。作为一种重要的休闲消费需求，体验具有多种存在形态，它既可以依附于产品和服务而存在，也可以作为单独的出售物而存在。体验存在形态的多重性和体验内容的丰富性为企业开展体验营销提供了多种途径。

首先，企业可以设计体验式的产品或服务，创造新的体验业务来满足消费者不断增长的休闲需求，如近几年来我国旅游市场上兴起的"当一天农民"的体验旅游，正在吸引着越来越多的城市人，是城市居民在工作之余亲近自然、休闲健身的理想模式。

其次，企业可以在产品的营业推广活动和广告宣传、附加服务等方面，融入更多的体验成分，既推动自身产品的销售，又使消费者的休闲需求得到更好地满足。

星巴克咖啡连锁店就是体验营销的成功范例。从美国西雅图起家，现已风靡全球的星巴克咖啡连锁店，也是以体验营销制胜的成功典范。早在1997年，星巴克每星期就要接待约500万顾客，而这些顾客平均每个月都要光顾18次。星巴克成功的原因，可以用其总裁霍华德·舒尔茨的一句话来总结：星巴克出售的不是咖啡，而是对于咖啡的体验。因为，星巴克的咖啡与其他咖啡店的咖啡并没有太大的差别，但星巴克咖啡店内弥漫的高雅、亲切、欢快、舒适的氛围是别的咖啡店所没有的。店内起居室般的家具摆设、典雅的色调、浓浓的咖啡香和咖啡机煮咖啡时发出的嘶嘶声，让每一位光顾者都沉浸在舒心、自在的享受中，体验到一种独特的格调和氛围。

3. 感官营销

感官营销的诉求目标是创造知觉（视觉、听觉、触觉、味觉和嗅觉）体验，它令消费者识别产品、引发购买动机。如北京天坛旁边有一家球迷餐馆，这家餐馆房顶上挂有十几个足球，四面墙上贴着世界球星的照片；餐厅备有一个大签名册，凡来这里的球迷都可以签自己的名字；不时还会有足球运动员、教练员被请到这里露脸，吸引球迷在这里待上一天。这家餐馆生意红火，一个重要原因在于它成功地实施了感官营销策略，以个性化的主题、布置及活动安排为球迷创造了一个不同于日常生活、工作空间的视听新环境，使球迷们在享受可口饭菜的同时，体验到了和志趣相投、有共同语言的同道中人痛快侃球的舒畅与和谐。

4. 体育营销

体育营销是以体育活动为载体来推广自己的产品和品牌的一种市场营销活动，是市场营销的一种手段。体育营销有两种理解：一种是将体育作为商品销售的体育产业营销，另外一种是借助体育活动而进行的其他产业的营销。

本书所述的体育营销是指第二种，即按照市场规律，结合企业需要，整合企业优势资源，通过所赞助的体育活动来树立企业形象、推广企业品牌、创造消费需求、营造良好外部发展环境的一种独特的营销方式。运动是人类的天性，体育运动是从原始的人类生存活动演变而来的，没有文化和种族的差异，最能够使人类获得心理沟通。现代社会把人们从沉重的劳动中解放出来，人们有了更多的时间去观赏体育并参与其中。另外，电视的普及和传播技术的进步，又打破了体育比赛的时空局限性，使体育对社会的影响力大大增强。毋庸置疑，体育运动在人们的休闲生活中将扮演越来越重要的角色，它已不仅是一种竞技运动，更是人们健康和休闲的重要内容。精明的商家早已认识到体育背后蕴藏的无限商机。借助体育赛事开展的营销活动不仅能吸引消费者的目光，达到提高销售额和利润的目标，更重要的是体育运动所推崇的公正、公平、追求卓越、不断进取的精神，能使厂商的宣传效果和品牌价值得以提升。

在2002年度世界100大品牌的评选中，韩国三星电子的品牌价值为83亿美元，比2001年上升了30%，居世界100大品牌的第34位，是全球品牌价值提升速度最快的公司。三星电子大中华区总裁金泽熙表示：三星电子的这一成绩主要是通过赞助奥运会、亚运会等国际重大体育赛事，开展体育营销活动而得来的。过去十多年来，在国际重大的体育赛事中，都可以看到三星电子的身影：从1988年汉城奥运会开始，三星就与奥林匹克运动结缘，在2000年悉尼奥运会、2002年盐湖城冬奥会和2004年雅典奥运会上，三星也通过赞助大出风头。作为无线通信制造商，三星把对体育的追求、对体育文化的理解融入到了产品之中，并以高质量的产品实现了与奥林匹克精神的完美结合。

5. 知识营销

知识营销即指休闲企业在营销过程中，注入知识含量，帮助广大消费者增加产品知识和提高消费者素质，从而达到销售产品、树立品牌形象、开拓市场的目的。特征如下：

（1）增加营销活动的知识含量。

（2）注重与顾客建立一种结构层次性的营销关系。即产品与顾客之间在技术结构、知识结构、习惯结构上建立起的最稳固的关系。

（3）强调顾客让渡价值的最大化，主要着眼于消除顾客信息搜寻成本。

（4）重视营销队伍建设，以培训知识为中介，使营销活动更适应文化科技产品的销售和产品智能化、个性化发展的需要。

6. 情感营销

情感营销诉求的是消费者内在的感情与情绪，目标是创造情感体验。情感营销的运作需要了解什么刺激可以引起某种情绪，以及能使消费者自然地受感染，并融入到这种情景中来。即将目标对象内心深处最珍贵的、最难以忘怀的那份情、那份人生体验和感受，或将目标对象所追求、所向往的生活行为，通过大众熟知的生活形态表现出来，同时赋予品牌特定的内涵和象征意义，建立目标对象对产品的品牌联想，从而达到与消费者产生情感上的共鸣的效果。

世界上有一些让人类永远为之感动的画面与话题，如生机勃勃的大自然、爱心的奉献、亲情的呼唤等，都可以成为休闲企业运用情感营销策略的基本诉求。

7. 娱乐营销

娱乐营销以消费者的休闲、娱乐需求为核心，运用音乐、舞蹈、影视、游戏、卡通等娱乐因素，以捕捉消费者的注意力，达到刺激消费者购买和消费的目的。在休闲经济时代，人们的需求层次逐渐提高，不但注重产品提供的物质享受，更希望这种产品能够带来轻松休闲的娱乐享受，对他们来说，购物已从一种简单的交换行为变成了一种合情合理的休闲方式；坐飞机也不再是简单地从 A 地飞到 B 地，而是要在途中做做按摩、看看电影，甚至体会一下在空中玩老虎机的感觉；坐火车、汽车，要有广播听，有电视看；在信用卡、咖啡杯上，要能看到喜爱的影视明星；手机也不只是一种通信产品，还要可以听音乐、玩游戏。所以，运用娱乐营销的方式，将娱乐因素与商品销售"黏合"在一起，尽量提高产品的附加价值，特别是休闲娱乐方面的附加价值，就成了现代企业吸引顾客的重要法宝。美国娱乐业顾问、著名经济学家迈克尔·J. 沃尔夫指出："娱乐因素已经成为产品与服务的重要的增值内容，是市场细分的关键。"把产品做得富有娱乐性、把娱乐做成产品，是许多国际公司采取的营销策略，如喜力、耐克、诺基亚、百事可乐、麦当劳都是凭借明星、时尚和游戏之类的娱乐因素，叩开中国市场大门的。如麦当劳就曾公开声称："我们不是餐饮业，我们是娱乐业"。因为麦当劳不仅是一个就餐的地方，更是一处娱乐、休闲的场所，对那些喜欢麦当劳的孩子们来说，吸引他们的不仅是麦当劳提供的食物，更重要的是，他们可以在麦当劳乐园里尽情玩耍，可以参加充满趣味的各种游戏，还可以和麦当劳的哥哥、姐姐一起唱歌、跳舞。

8. 关联营销

关联营销的诉求是自我改进的个人渴望，要别人对自己产生好感；让人与一个较广泛的社会系统产生关联，从而建立个人对某种品牌的偏好，并让使用该品牌的人们形成一个群体。比如英派斯健身俱乐部，在提供健身服务的同时，还面向全体会员组织英语角活动，周末开英语晚会，邀请会员上台用英语做主持或演讲等，不仅给会员们提供了锻炼英语口语的机会，还让他们体验到一种轻松、活泼、积极向上的氛围。因此，"英派斯"不仅仅是一个健身俱乐部的名称，更是一个高级白领们的休闲符号；它所提供的服务也不仅满足了顾客对健康的需求，更满足了他们自我发展、尊重与被尊重的需求。

9. 科技营销

科技发展不再仅仅为物质生产与人类生存服务，而是为人类发展和享受服务。休闲企业当以新技术为核心，配合多种营销手段，对休闲活动的每个环节进行营销的提升。通过科技营销给休闲消费者留下创新、专业、进取的品牌形象。而且，休闲科技产品也将获得巨大的发展空间，如科技玩具、科技游乐、动感电影、网络游戏等；同时，社会各种科技资源将成为休闲学习的素材，科技休闲产品变得越来越富有吸引力。

10. 思考营销

思考营销诉求的是智力，以创意的方式引起消费者的惊奇、兴趣、对问题集中或分散的思考，为消费者创造认识和解决问题的体验。电影《指环王》的营销策划正是采用了思考营销的策略：无论是前期还是中、后期的影片宣传，既突出了影片的"奇幻"色彩，又不时地提醒人们思考——影片中的奇幻世界与我们日常生活的世界有联系吗？有什么样的联系？该影片到底还有哪些更深刻的寓意？这种思考营销方式把影片的神秘性演绎得淋漓尽致，使人们在领略电影里超现实情境的同时，进行创造性思考进一步增强了影片的影响力。

11. 行动营销

行动营销的目标是影响身体的有形体验、生活形态与互动，丰富消费者的生活，将消费者的角色由被动接受转换为主动参与。行动营销在旅游业、娱乐节目中的应用屡见不鲜，但笔者认为像博物馆这类参与性较低的休闲领域也不妨考虑实施行动营销的可能性。如在服装博物馆中，把少部分服装给观众试穿、拍照，并在馆内搭建一个 T 型舞台，欢迎观众自己当模特，进行"古"装表演，并配以化妆、摄像等服务，这样不仅能让顾客充分表现自我、展现个性，还能让他们体会到多维发展的满足与喜悦。

【案例精选】

荆州国际龙舟节的营销策划

1. 营销宗旨

使龙舟节成为一个地方标志性的节庆活动，突出龙舟竞渡，特别是龙舟文化，以营造古城荆州充满生机和活力的整体氛围，放弃第一，追求唯一。

2. 问题分析与市场机会

体育节事活动的营销是一种公共产品的生产行为，而我国的政府旅游营销发展的不成熟性较为明显。政府营销在体育节事中的主要任务是对举办地所进行的城市形象营销，其过程往往比较复杂而效果往往比较间接。在两次龙舟节的营销活动中，荆州市政府部门在这一方面都表现出了严重的不足。例如，龙舟竞渡比赛、龙舟庙会、龙舟歌会等的门票分销，对于古城荆州城市形象的经营十分欠缺。另一方面由于缺乏有效的政府监督机制，营销过程中的财政支出难以监测，令政府对营销效果的评估十分困难。这也是很多政府较少进行整体城市形象营销的原因之一。

大多数体育节事的策划者容易将节事的营销简单等同于促销，从而缺乏完整的整体活动营销规划。在现实操作中，他们主要从节事产品的角度出发，考虑更多的是尽可能地增加门票及相关收入，忽略了从市场需求的角度来进行旅游城市的经营和社区整体功能的系统性策划。并且，在采用广告和公共关系等多种促销手段的同时，往往不太重视潜在旅游市场的细分，对于体育节事产品的价格定位也比较模糊。缺乏与消费者的联系沟通，导致营销行为的不完整性。

根据产品的特性、吸引力及交通状况，我们将荆州龙舟节赛事活动的客源市场细分为：

一级市场：湖北省内旅游者。省内居民本身对于龙舟和屈原就有着浓厚的情感，通过适当的宣传促销容易激发起他们潜在的旅游动机，且路程较短，交通方便，易于成行。虽然此类旅游者的旅游消费可能较少，但是他们的到来可以有效的积聚人气，形成节庆氛围。

二级市场：湖北省周边省市和地区的旅游者。湖北地处华中腹地，交通便利，具有较强的进入性，且消费水平与周边省市相当。在龙舟节举办的"五一"期间吸引这些中短途的旅游者进行2~4天的旅行活动，无论是在消费或是时间上都较为适当。

机会市场：海外华人华侨。龙舟节除了国际性的参赛队伍之外，由于文化的差异，要吸引更多的境外游客似乎比较困难。但是作为长年生活在海外的华人，本身就具有强烈的民族情感，那么龙舟节以此作为卖点，应该可以吸引一部分高消费水平的华人华侨，一方面增加节庆收入，一方面也可以扩大海外影响。

3. 营销方案

由于体育节事产品的公共性特点，在市场营销总体方式上也应分为两个层面来进行。一是以政府为主导的城市形象宣传；二是由承办企业或旅行社跟进的项目产品促销。通过前面产品市场机会与问题的分析，初步形成以下策略建议。

（1）产品。将龙舟节定位于"五一"期间的休闲大餐，既不会旅游劳累、爬山涉水，又能真切感受到具有国际性的趣味赛事和山清水秀的古城风采。并通过每年的连续举办，使其成为一个知名品牌，在体育活动的基础上，进行相关概念品和娱乐活动的开发，让举办体育节事的场所、城市社区和目的地共同赢得市场优势。更为重要的是，在总体风格下，每年举办的龙舟节都要有鲜明的特色，其总体规模和影响力要有逐年上升的趋势，具体的活动项目要围绕风格和主题来选择，且各项目档次质量要一致。

（2）价格。以体育节事的具体运作成本为基础，参考省内三、四日游的旅游价格，在门票定价上尽量拉大批零差价，调动旅行社的积极性，并给予适当数量的折扣，鼓励多购。这样既能保证较为稳定的门票收入，又能较好的聚集体育赛事的人气。并可实行分等级制，将头等或贵宾票保留给机会市场和豪华旅游团的客人。在其他附属产品的定价上则可根据市场原则，参考同类型产品的价格，在保证质量的基础上不做更多的限制。

（3）分销渠道。主办方可保留一部分项目的门票用于政府接待，大部分则可通过市内、省内的旅行社进行销售，并将龙舟举办以外的时间与之结合起来，承诺给予在其他时间来古城荆州旅游的客人以更多的优惠接待政策。

（4）促销。交由企业或旅行社的各个分项目促销应服从整体营销宣传策略，树立龙舟节形象，同时特别注重树立举办地古城荆州的城市形象。从长远上看，以城市形象为主题的宣传不宜变动过大，应冠以一致的口号，如"龙舟情、三国结、荆楚风"等，但在细节上力求新颖，强调每年节事活动项目的改进，突出三城的旧时风貌和时代变迁，力求同时给予新、老旅游者以新鲜感和亲切感。一般认为，旅游广告要在消费者做出购买决策的时间进行，而不是真正开始购买的时候。因此，此类宣传应着力在重点时段，即每年长假特别是春节前后，在各大报刊及电视台投入一定预算，刊登一致的广告宣传。

而短期的促销则应掌握适当的时机，建议在 3 月底 4 月初，首先在省内报刊前期推出具有本届龙舟节特色的形象广告，稍后在"五一"黄金周前的旅游专版广告中以各代理旅行社的名义进行具体宣传。同时积极利用新闻媒介，召开"龙舟歌会"等类似活动的新闻发布会，通过明星效应，创造新闻事件以提高节事活动的知名度。在体育节事的促销活动中，应充分利用 SWOT 分析的结论来进行策划，建立良好的市场情报和研究信息库，更好的了解到举办地的消费者的特点、目的和需求，对所有的促销活动进行有效的监控，以达到预期的效果。

第五节　休闲活动组织

一、休闲活动策划领域

休闲活动策划涵盖休闲活动的多种领域，包括：

- 运动与竞赛

群体性体育比赛，如足球、篮球；

个人体育比赛，如高尔夫；

双人体育比赛，如网球、羽毛球。

- 健身

体操、舞蹈等健身活动；

营养教育；

器械力量训练；

有氧运动。

• 亲水活动

游泳；

水球；

潜水；

游泳池聚会；

水中健身操。

• 环境友好

环境教育；

野营/驴友；

自然物品发现（如奇石）；

野外生存训练；

野生动物观察；

赏鸟。

• 社会交往休闲

聚会；

棋牌游戏；

野餐。

• 服务与志愿者活动

服务学习；

导路服务；

教练；

基金筹集；

翻译。

• 舞蹈

民族舞；

现代舞；

交谊舞；

踢踏舞；

坝坝舞；

芭蕾；

街舞；

拉丁舞。

• 探险

徒步旅行；

洞穴探险；

拓展训练（如高空绳网）；

攀岩。

• 极限运动

蹦极；

滑雪；

轮滑；

越野摩托。

• 业余爱好

收藏；

业余发明；

园艺；

烹饪。

• 戏剧与影视

电影；

戏剧；

讲故事；

朗诵会。

• 音乐

器乐；

表演；

欣赏；

作曲；

练习与培训；

合唱。

• 艺术

陶艺；

摄像/摄影；　　　　　　　　游记；

编织/刺绣；　　　　　　　　探险旅游；

折纸；　　　　　　　　　　　郊野旅游。

绘画；　　　　　　　　　● 知识认知

工艺品制作；　　　　　　　　创作；

雕塑。　　　　　　　　　　　辩论；

● 旅游　　　　　　　　　　　书吧；

观光；　　　　　　　　　　　博物馆参观。

职位分类是指将所有的职位，按其业务性质分为若干职组、职系（从横向讲）；然后按责任大小、工作难易、所受教育程度及技术高低分为若干职等、职级（从纵向讲），对每一个职位给予准确的定义和描述，制成职位描述，以此作为对聘任人员管理的依据。

职位分类的特征，从职位分类的含义中我们可以看出，职位分类具有以下几个特征：

第一，职位分类是以"事"为中心的分类，即"因事择人"。根据工作的需要进行职位设置和分类，保证"事事有人做"而非"人人有事做"，坚决杜绝人浮于事的情况。

第二，职位分类所依据的基本要素是职位的工作性质、难易程度、责任大小及所需资格条件。根据工作需要来决定招聘什么条件的人，具备什么资格的人才能胜任这一类工作。

第三，职位分类并不是硬性规定何类职位应办什么事，而是对各个职位所干的事进行客观分析与评价，由此确定职位在职位分类结构中所处的位置，从而达到分类管理的目的。

第四，职位分类不是固定不变的，可随着职位工作的变化而变化，但不因工作人员的变动而变动。

第五，职位分类本身不是目的，而只是人事管理的一种。

职位分类的优点在于：①因事设人而避免了因人设事、滥竽充数现象；②可以使考试和考核标准客观，有利于事得其人，人尽其才；③便于实行公平合理的工资待遇和制订工作人员的培训计划；④可以做到职责分明，减少不必要的推诿纠纷，有利于获得职位的最佳人选，解决机构重叠、层次过多、授权不清、人浮于事等问题，提高组织机构的科学化、系统化水平，使组织机构经常处于合理高效的状态。

职位分类的缺点主要表现在：①在适用范围上，职位分类较适用于专业性较强的工作和职位，而对高级行政职位、机密性职位，临时性职位和通用性较强的职位，则不太适用；②实施职位分类的程序烦琐复杂，需要动用大量的人力、物力并需要有经验的专家参与，否则难以达到科学和准确；③职位分类重事不重人，强调"职位面前人人平等"，因此严格限制了每个职位的工作数量、质量、责任，严格规定了人员的升迁、调转途径，有碍于人的全面发展和人才流动，个人积极性不容易得到充分发挥；④职位分类在考核方面过于注重公开化和量化指标，使人感到烦琐、死板、不易推行。

【案例精选】

重庆童鹰特训周末体验家庭美味烧烤日

一学期的学习终于结束了，重庆童鹰特训周末体验营的小朋友们选择了一种非常愉快的方式来放松这一学期紧张的学习。

"童鹰特训"开展了新年伊始的第一个周末体验营活动——家庭美味烧烤日。这一期周末体验营与其他活动项目不同的是，小朋友们要和自己的家长一起参加今天的体验活动。与往常一样，周末体验营的小朋友及各位家长在少年宫童鹰特训指导老师的带领下，乘车前往今天的活动目的地——磁器口古镇。活动过程中，天上虽然飘着濛濛细雨，似乎为了把这深冬装扮得更加寒冷，但十六位准童鹰及二十几位家长的热情依然。活动开始后，每一位小朋友及家长们认真地听着童鹰特训专职指导老师精彩的讲解，指导老师给他们边讲解边示范直接烧烤的基本知识及基础技能。小朋友们听完后，感觉到原以为很简单的烧烤里面却有着这么多的学问。在老师讲解完之后，今天的活动进入了第一个主题，和爸爸妈妈一起制作烧烤，同时也是为了实践老师刚刚所讲解的知识与技能，更是为下一个考核课程奠定基础。每一位小朋友从第一步的选炭到最后烤制成熟，他们和自己的爸爸妈妈做得非常的快乐。将近中午，指导老师宣布开始进入今天的考核时间，每一位小朋友将现场烤制一个鸡翅，四位老师将从烧烤架的清洁、烤制过程、菜品的色泽度以及菜品味道这四个标准考核他们今天的学习成果。

经过二十分钟的现场演示时间，最后有三位小朋友获得了由重庆童鹰特训营所颁发的烧烤技能勋章一枚，对他们今天所获得的成绩表示肯定。这次童鹰训练组织的烧烤活动，增加了孩子们的阅历与知识，提高了孩子的动手能力，并且增进了家长与孩子的了解与感情。

二、非营利组织的发展

（一）发展趋势

中国非营利组织经历了一个高速发展期以后，遭遇到瓶颈限制。到底是什么地方出了问题？中国非营利组织未来的发展趋势在哪里？王忠平和王德海在他们的论文《中国非营利组织的发展趋势探讨》中认为，中国非营利组织必须职业化、专业化、网络化和结盟化才能成熟或者以社会企业的方式运作才能可持续。

1. 职业化

国外的非营利行业是一个产业，为国民经济做出了很大的贡献，也为大量的民众提供了就业的机会。NPO 的从业人员也把自身的工作视为一种职业，与企业没有本质的区别。然而，中国的 NPO 从业人员讲的最多的是"奉献"和"付出"，如果你工资高，不加班，就不是一个"好人"。而且在这个行业里不乏有一部分自己都不能好好养活自己，天天高喊着口号去做好事，道德优越感很高的人。最可怕的是他按照他的标准去要求别人，认为自己做的是好事情，别人就应该支持，与很多利益相关群体的关系保持的不好，而且事实证明这些机构本身发展确实存在问题。

NPO 确实是需要依靠使命和价值观激励员工，长时期的仅仅靠着热情和付出是不可能支撑机构长远地发展。NPO 是一个职业，归根到底都是为社会提供服务，没有任何的差别，职业化是非营利组织的出路。而且中国非营利组织的行业工资水平相对较低，这与行业一直遵循的"奉献"有很大关系，结果却是找不到合适的人、留不住有能力的人。人才是行业发展的基础和核心，如果缺乏有能力的人，就不能很好的发展，组织能力不足，就得不到捐赠方的信任，也就得不到资金的支持，到头来没有资金去雇用有能力的人，形成一个恶性循环。因此，一定要采用与能力相配套的薪金水平，找到并留住有能力的人，才能保证非营利组织的长远发展。

2. 专业化

与职业化紧密相关的就是专业化，既然 NPO 是一个职业，就必须加强其专业性。现阶段，中国很多 NPO 的从业人员都是半路出家，因为很少的高校会涉及相关的课程。被称为中国 NPO 标志性转折的"怒江水电站"事件，最终靠 NPO 的力量取得了成功。非营利组织想要得到大众和媒体的认可，必须从加强自身的专业能力入手，才能让其他利益相关群体信任你，才能继续为之提供资源。

3. 网络化

中国现阶段的 NPO 相对于政府和企业来讲，处于非常弱小的地位，在和他们争夺资源的时候，处于非常不利的地方，精英联盟才能取得博弈的优势。中国非营利组织需要成立不同的网络，比如目前存在的小额信贷网络，把一些有着共同目标的组织团结起来，争取自身利益最大化，或者联合起来去开展一些有影响力的项目。同时，由于整个行业的发展还很初级，竞争化程度不高，不具备网络化的基础。

4. 结盟化

中国非营利组织的孕育和成长不是靠自身发展起来的，而是主要靠外力推动的，因此天生有着很多不完善的地方，而且资源相对也比较稀缺，在一个部门相对比较弱小的阶段，与其他部门结盟也不失为一个好的办法。现实中也证明了这一点，很多与政府、企业有着紧密关系的 NPO 发展的相对比较理想。

5. 社会企业

社会企业作为目前最流行的词汇，指任何可以产生公共利益的私人活动，具有企业精神策略，以达成特定经济或社会目标，而非以利润极大化为主要追求，且有助于解决社会排斥及失业问题的组织。实际上就是企业和非营利组织一个最好的结合。从世界各国 NPO 的发展历程分析，NPO 与市场的关系越来越密切。首先，由于外部资源越来越少，迫使 NPO 自己不得不解决可持续发展的问题，通过市场化的操作，它不仅可以解决自身发展的成本，甚至会有一些盈余，因此，他们可以摆脱单纯依赖政府补贴或慈善捐赠获得资金的限制。其次，在资金盈余的情况下，它们可以进入私人资本市场，为其长远的目标进行融资。因此，社会企业的经营方式在效率、稳定性和可持续性上的优点是非常显著的。另一方面，私人企业在此时期也大量投入于社会福利领域，以本身市场机制的竞争优势，争取更多的政府补助方案；同时面对未来经济如何发展的问题，很多发达国家都开始引入"可持续发展"的理念，即企业在创造利润的同时，更要注重社会的发展和环境的承载能力。[①]

（二）非营利组织与休闲业

非营利组织作为休闲活动组织的一种形式，本质在于非营利组织的精神和休闲活动的精神是一致的。非营利组织虽然必须产生收益，但它的运作并不是为了产生利益，而是主要开展各种志愿性的公益或互益活动的非政府的社会组织。许多私人非营利组织主要向青少年提供休闲服务，其中许多都与"性格培养"关系；另一类专门为顾客提供服务的休闲组织是职员娱乐组织，它们一般向大中型公司的职员提供娱乐和休闲服务，这些非营利组织是政府行为的一种补充。非营利组织经常利用大量的志愿者和受过培训的专业人员开展广泛的活动，中国的许多文化类、旅游类社团、协会、俱乐部等都属此范畴。在人们生活水平不断提高和闲暇时间增多的今天，一个树立全新休闲观念，开发多样休闲产品，全面提高休闲质量，提供必要休闲教育，迎接未来休闲社会，创造人类休闲文明的大众化休闲时代正在到来。

经济体制改革和政府职能转变为 NPO 的发展提供了较为广大的空间，中国的非营利组织得到了长足的发展，尤其是在促进"和谐社会"的建设中发挥着重要的作用，也都得到了大家的公认。近几年的一些相对大型的 NPO，如香港乐施会支持的"贵州发展论坛"和"云南发展交流网"；上海 NPO 信息咨询中心支持的"NPO 孵化器"；四川东区志愿者协会支持的"孵化器"；北京富平学校支持"富平民间组织发展基金"等类似的项目很多，但从四川、甘肃、云南、北京、贵州等地的调研发现，实际上活跃的 NPO 还非常少，而且在中国 NPO 中占核心地位的环保组织数量非常有限，而且大量的都还是学生社团。

---

① 王忠平，王德海：《中国非赢利组织的发展趋势探讨》，载《商场现代化》，2008（26），17－19.

【案例精选】

志愿者协会志愿服务培训①

志愿服务基础知识培训目的：本课程是为了与大家分享志愿工作的基础知识而设的，通过大家一起学习志愿工作的职责、概念、志愿者应有的素质、服务技巧等，使大家在志愿工作上得到更多的满足感和成效。

培训安排：

时间：×××

地点：×××

主持人：×××

主讲人：×××

参加培训人员：×××

形式：互动交流营

内容：互动游戏、概念、服务技巧、分享感受

资料搜集：×××

参加培训人员：准志愿者约120人分两批

第一节课

（一）全体人员作自我简介（15分钟）7：30~7：45

每人只讲两句简短的话推介自己。

（二）热身游戏（10分钟）7：45~7：55

（1）名称：武林英雄

（2）目的：加强参加人员对自我的认识，以帮助大家建立正面的自我形象

（3）对象：准志愿者

（4）人数：全体参加人员

---

① 中国共产主义青年团东莞市委员会，http：//online. dgouth. gd. cn，"青年志愿者协会志愿服务培训营（基础知识）"。

285

（5）时间：共 10 分钟

（6）用具：六种动物图片、贴纸

（7）玩法

①先让组员围圈而坐，工作人员在壁报板贴上六种不同动物，包括猪、羊、鹿、兔、鸡、马。

②各位组员可选择其中一种可代表自己的动物。

③然后只可以动作模仿可代表自己的动物，并一起走在圆圈的中央与同类相认。

④当找到自己同类后，便可围圈坐下，然后彼此分享觉得自己类似这类动物之原因，由其他组员讲述对对方的印象。

⑤最后每组均要创作一个小广告去介绍他们的长处或特征。

（三）志愿者概念（5 分钟）7：55 ~ 8：00

志愿者是一个没有国界的名称。指的是在不为任何物质报酬的情况下，为改进社会而提供服务，贡献个人的时间及精神的人。志愿者是不受私人利益的驱使、不受法律的强制，是基于道义、信念、良知、同情心和责任感而从事公益事业的人或人群。

（四）青年志愿者概念（5 分钟）8：00 ~ 8：05

青年志愿者指具有一定的素质或特长、技能，自愿通过一定的程序和手续加入志愿者组织的青年或青年群体，他们主要参与专业性、技能性、经常性的志愿服务活动。需要指出的是，中国青年志愿者并不能代表所有的中国志愿者，它是中国志愿者的组成部分之一，当然，它是中国志愿服务事业的突出代表和最大的志愿服务群体。

（五）志愿服务概念（5 分钟）8：05 ~ 8：10

泛指利用自己的时间、自己的技能、自己的资源、自己的善心为邻居、社区提供非营利、无偿、非职业化援助的行为。

（六）青年志愿者精神（5 分钟）8：10 ~ 8：15

广大青年志愿者奉献给社会的不仅仅是服务，同时也向全社会昭示了一种精神，那就是奉献、友爱、互助、进步的青年志愿者精神。

（七）志愿服务意义（5 分钟）8：15 ~ 8：20

志愿工作是一项表达爱与关怀的行动，把社会服务机构及个人（志愿者及服务对象）串连起来，透过服务社会做出贡献。贡献大略可分为四个方面：

第一，社会方面——爱与关怀得以表达；第二，机构方面——服务素质提高；第三，志愿者方面——个人得以成长；第四，服务对象——获得高素质的服务。

（八）互动游戏（10分钟）8：20～8：30

（1）名称：壹角伍分

（2）目的：鼓励参加人员积极主动为自己争取每一个自我增值的机会，努力与其他队员保持密切联系，充分利用友谊的力量，强化团队，并且让参加人员认识到：虽然每个人都有着他们自己的角色和责任，但是他们还应当具备一定的灵活性来面对变化

（3）对象：准志愿者

（4）人数：全体参加人员

（5）时间：共10分钟

（6）用具：可免

（7）玩法：先让组员分成男、女各一排，男的假设为壹角，女的假设为伍分

①按主持人指令的金额，组员马上选择可与自己组合而成的其他组员，然后手拉手来确认数额的正确性。

②最后每组均要委派代表做心得分享。

第一节课下课小休（5分钟）8：30～8：35

第二节课

（一）志愿工作的目标（5分钟）8：35～8：40

志愿者行动的出发点和立足点，就是要上为政府分忧，下为人们解难，为人们、为社会办好事、办实事。将工作落实到具体人、具体事，真正成为志愿者的经常行为，使志愿者工作更有生命力和发展前途，使志愿者工作在实践中让社会和人们体验和享受到志愿服务的成效。

（二）志愿工作的类别（5分钟）8：40～8：45

基本上任何一项有利于改善社会的公益服务，都属于志愿工作的范畴。志愿工作的服务范围：直接服务、间接服务。现在常见的服务内容：扶贫济困、帮孤助残、助学助弱、支教扫盲、科技推广、医疗保健、环境保护、心理咨询、青少年维权等。

（三）推动注册志愿者制度的意义（5 分钟）8：45～8：50

注册志愿者对志愿者精神有着较高的追求，能够较长时期的坚持志愿服务。在全国范围内逐步推行注册志愿者制度，能够建设一支以注册志愿者为骨干，规模庞大的志愿者队伍，为青年志愿服务事业在新世纪的更大发展创造条件。

（四）注册志愿者的基本条件（5 分钟）8：50～8：55

要成为一名注册志愿者的基本条件包括：

（1）在所在地团组织或青年志愿者组织登记注册；

（2）具备参加志愿服务的基本身体、技能素质；

（3）遵纪守法；

（4）每年至少参加 48 小时志愿服务。程序：准志愿者参与志愿工作 3 个月，服务时数累计达 48 小时，向注册机构提出申请，审核通过，宣誓，成为注册志愿者，年度审核。

（五）志愿者的节日（5 分钟）8：55～9：00

（1）国际志愿者日：1985 年联合国代表大会把每年的 12 月 5 日规定为国际志愿者日。

（2）中国青年志愿者协会：于 1994 年 12 月 5 日成立。

（3）中国青年志愿者服务日：从 2000 年开始，中国青年志愿者协会把每年的 3 月 5 日确定为"中国青年志愿者服务日"。

（4）青年志愿者协会：于×年×月×日成立。

（六）中国青年志愿者的标志（5 分钟）9：00～9：05

展示标志，解释寓意：标志的整体构图为心的造型。心的中央是手的造型，也是鸽子的造型。标志寓意为"中国青年志愿者向社会上所有需要帮助的人们奉献出一片爱心，伸出友爱之手，表达爱心献社会，真情暖人心"的志愿者主题。

（七）志愿行动原则（5 分钟）9：05～9：10

坚持自愿参加、量力而行、讲求实效、持之以恒、严格保密。

（八）如何适应志愿工作

（1）健康的处世观：广交而不滥交，选择而不排斥，主动而不消极等待，稳重而不自恃清高，热情而不轻浮，灵活而不圆滑，谦虚而不自卑，乐观而不自负。

（2）了解团队工作：了解目标，分析团队任务，发挥潜力，集体创造，建立信任，完满完成。

（3）战胜压力：端正态度，设计策略，积极行动，工作部署，安排时间，增进沟通，建立平衡，放松身体，观察他人，分析个性，帮助他人。

（九）互动游戏（10分钟）9：10～9：20

（1）名称：解人结。

（2）目的：增加对自我的认识，增强团队合作性，增进彼此沟通。

（3）对象：准志愿者。

（4）人数：全体参加人员。

（5）时间：共10分钟。

（6）用具：免。

（7）玩法：

①先让全体参加人员分成8人或10人小组围圈。

②组员与组员之间手挽手，但不能将两人的一双手同时对挽。

③然后开始解结，手指可在原位转动，但不能离位。

④最后每组均要派出一名代表讲述经验及心得。

（十）志愿者形象（5分钟）9：20～9：25

帽：3元；自费衫：短袖15元；风衣20元；自费章：1元；自费午餐：每人每餐控制10元以内，以自费形式，以节俭为主。

（十一）分享感受（30分钟）9：25～9：55

资深志愿者：每人5分钟　共10分钟；准志愿者：共20分钟。

结束语

愿每一位准志愿者都学会：去关怀、去谅解、去帮助。

愿每一位准志愿者都学会：欣赏每一种文化、每一个个体、每一件事情。

愿每一位准志愿者都学会：与大家共享、共荣，且因而得到更多人的爱护。

愿每一位准志愿者都学会：发光发热，迎向开阔的人生。

【案例精选】

深圳明思克春季攀岩比赛市场分析

1. 地域文化

作为特区的深圳，生活节奏快、工作压力大是最突出的特点。在这种状况下，任何活动都不能以团体的形式进行。围绕自由个体是活动顺利开展的前提。

2. 攀岩吸引

深圳人以 18 ~ 35 这个年龄段为主要构成，普遍对新事物有强烈的好奇心和尝试欲。

3. 时尚追逐

深圳现工作人群多为智力型工作，普遍受过高等教育，小资情绪相对浓重。攀岩作为一种西方人的休闲运动，在国内逐渐流行但并没有形成普及，对这一人群有一定吸引力。

4. 制造亮点

攀岩具有的时尚性和全民参与性，突出"挑战自我、强化体能"等健康口号，呼唤公众支持，符合企业发展的需要。

5. 热心公益

公益宣传是现今社会彰显企业文化、强化品牌的唯一方式，也是一个全新概念。而明思克从主题性质和产品特性都凸显了科学教育、国防军事、前卫运动等特色，拥有足够优势。

案例点评：深圳明思克春季攀岩比赛策划案就充分地进行了市场分析，也很好地考虑到市场竞争的因素。

明思克一直以海洋军事为主题，活动内容相对单一，而以侨城集团为代表的西部景区主题丰富且投入巨大，给我们造成一定压力。明思克自然要回避侨城以高端科技产品的强势，挖掘自身优势来竞争品牌。明思克春季攀岩比赛充分体现海滨休闲、独一无二、时尚运动的优势，提升明思克的知名度和美誉度，有利于强化品牌宣传。

【案例精选】

澳大利亚 Macquarie 沼泽休闲活动设计

1. 活动目的

Macquarie 沼泽是位于新南威尔士中部 Macquarie 河畔的一片湿地地带。沼泽过滤掉了 Macquarie 河的泥沙，是一个重要的鸟类栖息地。为了把公众的注意力吸引到该地区，西罗科音乐小组和当地的国家公园及野生生物官员组织了一个很有创意的活动。另外，有一点也很重要，即活动应该包括当地农夫的利益——棉花和牛，以及环境保护主义者的利益。

2. 活动主题

活动主办者为活动确定了三个主题要素，分别为：

- 澳大利亚美丽的环境以及保护环境的必要性；
- 高品质的文化表演，它从优美的环境中获得灵感；
- 澳大利亚的最新科技，以便向世界展示本地区的重要性以及该地区和世界的联系。

3. 活动内容

- 一场由西罗科音乐小组创作的原创音乐会，利用音乐对 Macquarie 地区进行了描绘；
- 形式多样的表演节目，包括两名化装成圣鹭的演员踩着高跷翩翩起舞；
- 野营过夜；
- 在导游的带领下步行穿过沼泽地带。

由于活动的举办地是野生生物遗产公园，一般不对公众开放，所以只允许 1000 名参加者进入该地区。星期天，国家公园和野生生物官员会带领旅游小组穿过湿地。旅行途中，观光者会蹚过齐腰深的清澈的河水。这段经历令观光者终身难忘。活动中制作的录像带和 CD 也采用了和以上类似的主题。CD 的封皮上印有大柄苇的图片，录像带展示了澳大利亚湿地的美丽风光。录像带以活动的镜头收尾。

4. 活动地点

活动地点是根据活动的主题要素进行选择和布置。活动演出地点定在靠近沼泽地带的澳州橡树和赤桉林地。林地可以提供充足的旱地露营场所，而且可以使游客依然有置身于沼泽地带的感觉。舞台的不远处是清澈的河水，鸟儿的叫声也烘托出活动的氛围。在夜间，袋鼠在沼泽点中跳跃时发出的"扑通"、"扑通"双响声音（第一声是双腿发出的，接着是尾巴发出的）清晰可辨。活动的主办者搭建起舞台，这样观众可以看到树木前面的表演，这些树木被从底部照亮。在这一切的后面是巨大的、指向繁星的 ITERRA 碟形卫星天线，在观众眼里清晰可见。在晚会的某个时刻，令观众十分惊奇的是两个四米高的圣鹭（身着戏装的踩高跷者）从湿地后面走出来，并伴着音乐翩翩起舞。

5. 活动宣传

活动的徽标是一张大柄苇——一种湿地植物的精美绝伦的彩色图片。

活动宣传在举办活动的一个月前，媒体宣传活动在悉尼市内的雨林中展开。宣传中的所有艺术品都具有很高的品质，不会破坏环境，而且可以回收。回收的纸可以用来制作门票。宣传中所采用的音乐是用高品质数码录音所录下的湿地中鸟类和其他野生动物的声音。

音乐会通过卫星在澳大利亚和亚太地区进行现场转播。

6. 活动设施

参观者住宿的地方是传统的丛林徒步旅行式的小帐篷，这些帐篷散布在赤桉树林地中。在某种意义上说，不提供住宿设施也正是活动设计中的一部分。活动的食物是由当地农民提供的，当地的学校也因此获益。为了把对自然环境带来的影响减少到最小，停车场地被单独划出来，组织者通过卡车运来用水，并租用了移动式厕所。发电机的选择遵循严格的方针——使用从悉尼购置来的最新无声发电机。用于活动电视转播的直升机摄像也增强了活动的高科技含量。

案例点评：活动的设计围绕着主题展开，这样就可以使游客沉浸在活动的氛围中。活动的各个方面，包括宣传、娱乐节目、游客的到来、住宿、食物和礼品销售等，都是以活动的主题为指导进行安排。由于这是一个性质很敏感的活动，包括各方面可能的利益冲突，所以必须对活动的各个环节进行周密的计划，以便庆祝这片最终属于全世界的土地。

【案例精选】

2007 年"群英汇紫阁'七夕'共浪漫"的活动行程

百人活动，七大亮点，七支队伍（由网友自发和组委会协调安排分为 7 队，每队由队长带领十多人），进行各个环节的竞争和才艺表演。具体行程如下：

8 月 18 日：

- 15：30　在省体南门集合。
- 16：00　出发，沿途观赏秦岭风光。
- 17：00　下车徒步一小时。
- 18：00　抵达宿营地，开始清理营地，搭建帐篷。晚餐。

通过游戏分配做饭原材料，由于各个队获得的原材料不同，做饭时必须和其他队协商交换，抢到食物少的队还可以通过队员（美女，帅哥）交换食物，增加各个队之间的互动性。

- 19：30　经典爱情电影展播：

经典爱情电影展播，感受在野外看露天电影的感觉，回顾经典爱情故事。

- 21：00　篝火晚会，"真情宣言大募集"：

给情人们创造一个发泄感情的空间和场地。参加者把您对他（她）的宣言填写在我们为您专门制作的卡片上，我们将在活动结束评选出最有创意宣言、最感动人宣言、最浪漫宣言。一定注意要留下您的他（她）的联系方式哦！我们会帮您把您的深情传达给您的他（她）。

- 22：00　篝火晚会，唱歌跳舞。

各个队进行才艺表演，如舞蹈、戏剧、婚纱秀表演，共享美味生活，融入大自然，感受无限乐趣，并设有各种奖项，奖品均超过百元。

- 23：00 熄灭篝火，休息。

野外露营，远离城市的喧闹，数着星星睡觉！

8 月 19 日：

- 8：00　起床，可以睡到自然醒。早餐，收拾营地。
- 9：00　集体活动，七夕乞巧。

传说织女的手艺极巧，能织出云彩一般美丽的天衣。为了使自己也能拥有织女一般的巧手，在少女之间，遂发展出了"乞巧"的习俗。乞巧的习俗大约早在汉代形成。

乞巧用的针分双眼、五孔、七孔、九孔之多。七夕晚上，手拿丝线，看谁先穿过就是"得巧"。另一种丢针卜巧的方法，放一盆水在太阳下曝晒，过一段时间后，空气中的尘土会在水面上结成一层薄膜。这时把针丢在水里，有了薄膜的支撑，针会浮在水面上。再看看水中所呈现的针影，如果成为云彩、花朵、鸟兽之形，就是得巧。反之，若呈现细如线、粗如槌的影子，就是未能得巧。

让大家亲身感受了作为民间传统的七夕文化的精确内涵，展现女人心灵手巧的一面，通过比赛，评选本次活动的最高大奖。

● 9：50　穿越紫阁峪。

紫阁峪集溪、瀑、潭、洞、泉、文物古迹、秀岭峻峰于一身，是秦岭北麓最美丽的景观区之一。包括：大圆寺（前195年西汉时期）、广福禅寺（隋唐）、宝林寺遗址（唐代）、敬德塔、涌钵泉、祖师洞（黄公洞）、三叠洞、凉风洞、瓦窑坡风光、石门、土寨、摩崖石刻、紫阁瀑布、剑插沟冰瀑（70米三级间歇性瀑布）。

● 14：00　返回西安。

案例点评：西安网友 yiming 发布的"七夕"共浪漫的活动行程采用主要行程项的方式，采用列表形式加以说明及表现的活动内容，虽看似简单，但清晰流畅，特别是对其中爬山、露天电影、篝火晚会、野营、乞巧游戏、真情宣言大募集等六大亮点的表述酣畅淋漓，引人入胜。

【阅读材料】

"美好明天，憧憬未来"大型主题歌舞会策划案[①]

一、活动举办要素

（一）主标题

"美好明天，憧憬未来"

[①] 贵州夏豪广告传媒有限公司制作的为聋哑学生募捐"美好明天，憧憬未来"大型主题歌舞会策划案（有删减修改）。

（二）副标题

为聋哑学生募捐"美好明天，憧憬未来"大型主题歌舞会

（三）策划名称

为聋哑学生募捐"美好明天，憧憬未来"大型主题歌舞会策划案

（四）策划目标

聋哑学生作为社会的一个群体，是最需要各级政府、社会各界关心和帮助的特殊困难群体。此次活动将大力提倡全社会关爱聋哑学生群体，大力激发社会各界助贫济弱的高尚行为，激发和弘扬中华传统美德，从而在全社会开创关爱聋哑学生的新局面，在更大范围推动聋哑学生的生存环境、学习环境及发展环境的不断改善和提高。

通过此次活动树立扶残助残的良好社会风气，把全社会的精神文明程度提到新的高度。社会需要爱心，献爱心需要真诚，真诚的爱心，需要强大的社会声势，让我们在社会各界的鼎力支持下，高举关爱旗帜，不断地推动我省残疾人事业向前发展。

（五）地点要求

露天广场

（六）参与人数

造成足够影响力需 1 万至 2 万人

（七）会场布置

（1）大募捐箱 1 个，置于主会场舞台侧

（2）小募捐箱 10 个，置于主会场观众席左右两侧

（3）主会场舞台搭建

（4）主会场舞台背景搭建

（5）空飘若干置于主会场四周

（6）广告标语要求字样

（7）展板布局

二、组织机构

主办单位：贵州省人民政府、贵州省委宣传部、贵州省精神文明办、贵州省残联、贵阳市人民政府、贵阳市委宣传部、贵阳市精神文明办、贵阳市残联

协办单位：志愿者协会、医药企业协会、贵州大学

策划单位：贵州夏豪广告传媒有限公司

执行单位：贵州夏豪广告传媒有限公司

媒体单位：贵州省电视台、贵阳市电视台、联通公司、移动公司

三、资金来源与使用

（一）资金来源

（1）冠名单位赞助

（2）赞助单位赞助

（3）参与单位赞助

（4）现场募捐

（5）单位募捐

（二）资金使用

（1）为聋哑学生募捐

（2）本次活动费用

（3）募捐活动及其资金受国家相关法律监督和保护

（三）募捐策划及回报企业

（1）场地公益广告

（2）企业家发言

（3）后期的光盘宣传策划

（4）纪念品宣传

（5）平面媒体宣传

（6）网络媒体宣传

（7）电视专题宣传

四、媒体专题策划

（一）平面媒体宣传

（1）参与媒体，贵州日报、贵阳晚报、都市报等

（2）文章资源三十篇至五十篇

（3）分拨次刊登在参与媒体上

（4）可与媒体单位共同策划

（二）网络媒体宣传

（1）参与媒体多彩网、贵州数码、新浪、网易、相关网站等

（2）文章资源三十篇至五十篇

（3）图片资源三十幅至一百幅

（4）分拨次刊登在参与媒体上

（5）可与媒体单位共同策划

（三）电视专题宣传

（1）贵州电视台

（2）贵阳电视台"龙永图论道：关爱聋哑学生"

（3）聋哑学生现状专题系列

（4）社会关注专题系列

（5）企业家与聋哑学生

（6）政府与聋哑学生

（四）手机短信宣传

（五）广播电台宣传

五、时间安排及工作内容

表 7 - 3　　　　　　　　　　工作内容安排

时间安排	工作内容
2007 年 11 月 8 日 ~ 2008 年 11 月 10 日	制作歌舞会策划案
2007 年 11 月 8 日 ~ 2008 年 11 月 30 日	拉赞助
2007 年 11 月 8 日 ~ 2008 年 11 月 10 日	确定参与组织机构和人员
2007 年 11 月 15 日 ~ 2008 年 11 月 19 日	发邀请函
2007 年 11 月 10 日 ~ 2008 年 11 月 20 日	准备文章资源
2007 年 11 月 10 日 ~ 2008 年 11 月 20 日	确定地点：人民广场，需 1 万至 2 万人
2007 年 11 月 10 日 ~ 2008 年 11 月 13 日	与媒体单位沟通并共同策划
2007 年 11 月 15 日 ~ 2008 年 11 月 21 日	募捐箱、搭建舞台、空飘、拱门、布景、摄影、照相并布局
2007 年 11 月 21 日 ~ 2008 年 11 月 23 日	布置会场、协调公安、城管、保安等
2007 年 11 月 10 日 ~ 2008 年 11 月 20 日	联系并确定演员阵容
2007 年 11 月 10 日 ~ 2008 年 11 月 20 日	进行专题策划设计
2008 年 11 月 24 日早晨 8：30	全员到现场应急

六、团队分工

以上工作均为主持单位负责完成。

【阅读材料】

昭通华曦生态农庄游园活动

——"仲夏"五月首次活动策划方案

一、活动目的

为使光临昭通华曦生态农庄的游客能在丰富多彩的文娱活动中度过"双休日",共同营造喜庆祥和、文明健康、和谐生态的乡村游乐气氛,活跃广大市民的假日生活,生态农庄将陆续策划系列活动节目。

于5月30日~6月30日,分期推出各色乡村游乐节目。活动游戏项目30项,内容丰富、形式多样、易于参加,活动场地设置在昭通华曦生态农庄。

5月30日,以"快乐六一,欢乐仲夏"为主题,首先面向学生及其家长,特举办"庆端午,迎六一"游园系列活动,为学生及家长奉上一道假日大餐。本次游园活动,安排活动项目九项。同时,通过本次活动的尝试,探索今后的主打活动项目。

二、游园活动游戏的基本要求

(1) 选材内容健康、活泼,符合儿童生理、心理特点。

(2) 游戏内容及玩法具有趣味性、娱乐性、可操作性。

(3) 游戏规则明确,儿童与家长互动气息浓烈,儿童有强烈的参与欲望。

三、活动日程安排

(一) 开幕式 时间:14:30

(1) 领导讲话。

(2) 昭通华曦生态农庄总经理致辞。

（3）现代健身舞之"热情的沙漠"（演出单位：昭通市健身操协会）。

昭通市健身操协会简介：昭通市健身操协会成立以来，已发展会员 200 余人。会员中有公务员、工人、教师、企业家等各界人士。协会成立后，本着"跳出健康、跳出美丽、跳出快乐"的宗旨，经常组织会员集体活动，定期或不定期的培训健身爱好者，工作有声有色，团队不断壮大。

（4）自古英雄出少年之初级长拳（演出单位：李文仲武术文化中心）。

（5）互动节目："植树造林"。

表演人员为 10～16 人，必须男女配对。男同志端坐，女同志在男同志头上用橡皮筋扎头发绺绺。在规定的两分钟内，扎得最多者获得三等奖（男女各一份）。

（二）游园活动　时间：15：00～17：00

1. 周扒皮沙滩捉鸡

（1）参赛方式：选手 5 名（成人 2 名、儿童 3 名），每次 1 人，共五次。

（2）比赛规则：在圈定范围内和规定时间（成人限时 3 分钟，儿童限时 5 分钟）内，参赛选手在围栏内徒手捉鸡，捉到者获奖。

（3）奖项设置：逮到一只鸡，就送一只鸡。当晚在生态农庄订餐者，昭通华曦生态农庄免费为获胜者加工价值为 80 元的特色菜（青椒童子鸡、酸汤鸡火锅等）一道，不在生态农庄就餐者，可视作二等奖；

表演节目：攻鸡。选出四名选手，选手的右手从背后与右脚（或左手从背后与左脚）用柔软布条拴住，左手（或右手）自由活动，相互用膝盖向其他选手发起攻击，摔倒者或被踩爆气球者即被淘汰。表演者为昭通华曦生态农庄员工，现场奖励桂冠一顶，卤鸡蛋咸鸭蛋各五枚（准备一串气球约 100 个）。

2. 盲人击鼓——声东击西

（1）参赛方式：选手 10 名，每次 1 人，共 10 次。

（2）比赛规则：在距响鼓 5 米的地方，主持人用红布蒙住参赛者的眼睛，选手转 3 圈后，向着响鼓探索前进（不能用手摸，最多允许击打 3 次），两分钟内击中响鼓者为胜。观众可以呐喊助威，但是不能为选手指示方向。

（3）奖项设置：

胜出一位，现场奖励价值 6 元的生态板栗一袋。

表演节目：高跷踩气球。表演者：昭通华曦生态农庄员工。游戏规则：

表演者自己踏上高跷，在三分钟内，沿着沙滩上各自的走道，踩踏预先拴好的一串气球。踩爆气球最多者现场获得桂冠一顶，卤鸡蛋、咸鸭蛋五枚（准备三串气球，每串约80个）。

3. 地（气）球保卫战

（1）参赛方式：选手18人，每组3人（一男一女一儿童），共六组，一次决胜负。

（2）比赛规则：

首先，在5分钟内，各组中一名队员吹气球，第二名队员把气球拴在儿童腿上（要求必须是赤脚上阵），拴得越多越好，时间到就停止。

然后，腿上已拴有若干气球的儿童，一边踩踏其他队员腿上的气球，一边尽力保护自己腿上的气球。最后以所剩完好气球数最多组为胜。

（3）奖项设置：

①腿上气球最多者获得二等奖（奖励价值19.8元的绿色鸡蛋1板）；

②腿上气球第二多者：现场奖励价值6元的生态板栗1袋；

③腿上还有完好气球者，现场奖励矿泉水1瓶。

温馨提示：拴气球的细线略长，让气球适当远离儿童脚背，以避免对手踩踏到儿童脚背。

4. 吃粽子比赛

（1）参赛方式：选手16人，每组8人，分两次比赛。

（2）比赛规则：在规定时间内，吃下最多粽子为胜。

（3）奖项设置：吃下粽子最多者获得二等奖：奖励价值19.8元的绿色鸡蛋一板；

温馨提示：不提倡肠胃功能欠佳者参赛，鼓励观看、助威。

5. 沙滩寻宝

（1）参赛方式：全体游客，不论大人孩子均可参加。

（2）比赛规则：在规定时间（10分钟）内，选手在藏宝沙滩区域徒手扒刨，寻找藏匿于沙滩中标明序号的绿色小卡片折叠成的小三角形（主持人向观众展示小三角形式样），不论找到多少张，以序号兑奖的均在领奖台前按卡片上的序号揭晓奖项。

（3）奖项设置：

①一等奖（1名）：现场送价值200元的20平方米耕地一块或可选价值

168 元的华曦组装礼盒一盒；

②二等奖（2 名）：价值 68 元的华曦组装礼盒一盒；

③三等奖（4 名）：价值 19.8 元的华曦有机鸡蛋一板；

④四等奖（10 名）：价值 6 元的华曦无公害板栗一袋；

⑤实物奖（约 40 名）：藏宝区域内的各种小礼品。

凡是获得一、二、三等奖的游客，都要求先表演（如公鸡叫、青蛙跳、四脚走路、唱歌、跳舞、现场致电一位亲朋好友告之正在昭通华曦生态农庄参加游园活动等）后领奖。

（三）生态产品现场拍卖会　时间：17：00 ~ 17：30

拍卖产品和方式：

（1）起价 1 元，卖给竞卖加价最高者；

（2）拍卖产品：华曦有机鸡蛋 2 板，华曦绿色鸡蛋 2 板，华曦无公害鸡蛋 2 板。

（四）闭幕式　时间：17：30 ~ 18：00

1. 青春靓丽活力健身操（演出单位：昭通市健身操协会）

2. 自古英雄出少年之少年英手棍（演出单位：李文仲武术文化中心）

3. 颁奖仪式

（1）礼仪小姐为一等奖获得者戴桂冠，然后到主席台与昭通华曦生态牧业有限公司总经理助理签订承包合同；

（2）颁发一等奖；

（3）颁发二等奖。

四、需要准备的道具

（1）响鼓一对，鼓槌两对，哨子 6 只；

（2）飞"鸡"五只；

（3）不少于 300 个的气球，扎线 100 根；

（4）大小比较均匀的粽子 100 ~ 200 个，糖水若干；

（5）话筒、音箱、功放等一套；

（6）主席台桌椅若干；

（7）蒙眼红布一张（不能透明）。

五、需要准备的奖品

(1) 青椒童子鸡4只（餐厅用）；

(2) 一等奖：价值168元的华曦组装礼盒1盒；

(3) 二等奖：价值68元的华曦组装礼盒3盒；

(4) 三等奖：价值19.8元的华曦有机鸡蛋7板；

(5) 四等奖：价值6元的华曦无公害板栗25袋；

(6) 矿泉水120瓶；

(7) 卤鸡蛋咸鸭蛋10枚；

(8) 桂冠2顶。

六、礼品赠送范围

(1) 健身操表演者、记者以及武术教练、领队各赠送华曦礼品组合装一盒、矿泉水一瓶；

(2) 武术中心学员，各赠送生态板栗一袋、矿泉水一瓶。

七、宣传

(1) 昭通日报社记者采访及新闻报道

(2) 昭阳频道记者采访及新闻报道

(3) 悬挂标语（四幅）

"庆端午，迎六一"沙滩游园大联欢！——昭通华曦生态农庄

昭通华曦生态农庄，你心灵的故乡！——昭通华曦生态农庄

全民健身，有你更精彩！——昭通市健身操协会

弘扬中华武术，关爱儿童健康！——李文仲武术文化中心

八、关于"我的自留地"

昭通华曦生态农庄力争打造全市最生态的乡村旅游品牌。为了让所有游客都可以在菜地里采摘新鲜蔬菜、宰杀土鸡，自己亲手进厨房做菜，也可以在自己的承包地种植蔬菜，还可以烹饪自己从鱼塘里钓上来的鱼，感受劳动的快乐，昭通华曦生态农庄从本期开始，推出20平方米"自留地"50块，每块年租赁费200元，挂牌耕耘。

"我的自留地"由游客与生态农庄承包经营，游客参与采收、耕种等农事活动，在劳动中享受休闲快乐。儿童可以在家长带领下，定期或不定期到昭通华曦生态农庄进行劳动，家长和儿童可以在辅导员的免费指导下进行田间锄草、施肥、浇水、病虫害防治和采摘等田间管理工作，在双休日愉快的劳动和休闲生活中培养儿童不怕苦、不怕累、积极肯干的精神，同时让城里的孩子在劳动中增长农业知识，锻炼动手能力，培养吃苦耐劳的良好品格。

九、员工安排

（1）保安组：负责维持现场秩序，安排车辆停放以及游客安全；

（2）人事行政部：负责准备道具，悬挂标语以及相关筹备工作；

（3）生态农庄：负责奖品礼品的准备、藏宝以及安排游客的餐饮；

（4）协调组：马助理、张经理、杨副经理，负责配合主持人安排活动；

（5）工作人员：生态农庄安排4～8人参加表演以及现场服务。

【阅读材料】

休闲活动策划文本基本结构

一、××活动前期调研

1. 前××届经验与教训总结

2. ××活动优劣势分析

3. ××活动目标市场与目标群体细分

4. ××经济环境与发展环境分析

二、××活动定位

5. ××形象定位

6. ××活动形象定位

7. ××活动市场定位

8. ××活动运作定位

9. ××活动管理定位

三、××活动商业运作模式

10. 运作机制

11. 管理机制

12. 赢利机制

13. 成本控制

14. 支持系统

四、××活动活动项目

15. 核心品牌项目

16. 轰动性活动项目

17. 辅助性活动项目

18. 配套性活动项目

五、××活动运作计划

19. 市场目标

20. 组织机构与人员分工

21. 成本预算与融资渠道和方法设计

22. 活动组织与活动邀请

23. 运作前造势运作

24. 开、闭幕式设计

25. 环境布置与活动场地布置

26. 宣传印刷品设计与制作

27. 展览、会议安排

28. 配套接待服务安排

29. 活动期间执行工作安排

30. 安全保卫及紧急事件处理安排

31. 活动期间新闻发布与报道

32. 活动后新闻传播

33. 活动后跟踪监测与效果分析

34. 活动后跟踪服务

复习思考题答案

第一章　复习思考题答案要点

1. 旅游企业活动策划的概念、特征是什么？

【答案要点】旅游企业活动是指旅游企业主办的活动，包括饭店、景区、旅行社等旅游企业进行的活动。

旅游企业活动的特征主要包括以下八个方面：经济性、文化性、经常性、参与性、创新性、可持续性、地方性、休闲性。

2. 什么是旅游企业活动策划？旅游企业活动策划通常分为哪几种类型？

【答案要点】简单的说，旅游企业活动策划是指对旅游企业活动进行谋划和构思的一个运筹过程。主要包括饭店活动策划、景区活动策划以及旅行社活动策划等。

旅游企业活动策划可以根据不同的分类方法分为多种类型，比较常见的有按照活动内容分类及按照活动的目的和性质分类。比如，按照活动内容可把旅游企业活动策划分为餐饮美食型活动策划、娱乐艺术型活动策划、会议展览型活动策划和康乐休闲型活动策划等；按活动的目的和性质则可把旅游企业活动策划分为营销主导型活动策划、船舶主导型活动策划和混合型活动策划。现在比较多的是后一种策划活动。

3. 旅游企业活动策划的基本工作流程是什么？

【答案要点】旅游企业活动策划的基本工作流程概括为十个步骤：①明确活动策划问题；②成立活动策划小组；③调查与分析；④STP策划；⑤拟订初步方案；⑥可行性分析；⑦筛选最优策划方案；⑧撰写策划书；⑨现场实施方案；⑩效果评估与总结。

4. 请结合案例一《鸡冠洞的故事》，简单叙述景区活动策划的指导方针。

【答案要点】一个成功的景区活动策划，必须贯彻"晓之以情、动之以理、攻之以心、诱之以利"的十六字指导方针。这十六字方针在《鸡冠洞的故事》这一景区活动中得到了很好的体现：首先，举办"热吻大赛"这个主题就绝对添加了"情感"这一首要要素；其次，仅是"热吻大赛"这个主题就足以成为让旅游者心动和参与的理由；再次，"千年一吻"这个标题非常符合当代青年敢秀、爱秀的特征，直击青年市场，赶超时代潮流，因此能征服广大青年男女，同时吸引很多其他群体，这就是"攻之以心"；最后，"诱之以利"则体现在活动开展的利益引诱方面，任何一个活动的成功开展都是必须有一定的利益作为诱导的，但一定要把握好这个诱饵的份量。

5. 请结合案例三《重庆云阳大南三峡景区活动设计》，谈谈你对景区活动策划成功的要点的认识。

【答案要点】一个景区活动要获得成功，策划是关键。而策划要成功，则需要做到以下几点：

要点1：主题要鲜明。云阳大南三峡活动设计中，四个活动主题都很鲜明，且不重复，让旅游者一目了然，可以选择参与适合自己的主题活动而避免被动接受自己不喜欢的活动。

要点2：内容要丰富。云阳大南三峡活动设计中，每个主题活动中都有很多可供选择的旅游项目，旅游者可根据自己的喜好选择不同的旅游项目，体验不一样的感觉。

要点3：产品有差异。云阳大南三峡活动设计中，每个主题活动风格迥异，而每个主题活动中的旅游项目也会带给旅游者完全不一样的感觉，旅游者可以通过参与不同的活动而体验不同的风格，从而带给他们差异寻求的满足感。

要点4：活动要新颖。活动要新颖也就是要求活动设计必须有吸引力，比如在云阳大南三峡活动设计中，漂流主题活动就必须有适合漂流的场所，而且不能和一般的漂流活动等价，必须有其不一样的地方，足以吸引旅游者到这里来漂流；而探险活动则必须突出其"险"的特征，却要注意避免只"险"而无趣的情况的发生。

6. 请对一个你熟悉的旅游企业进行一项活动策划。

【答案要点】

要点1：分析要进行的是什么性质的活动，目的是什么；

要点2：确定目标群体，进行相关问题的调查分析；

要点 3：制订活动方案并筛选出最佳方案；

要点 4：方案的预实施和实施。

第二章　复习思考题答案要点

1. 为什么说"节事活动是旅游资源"？

【答案要点】随着旅游的多元化发展，节事活动的举行已经成为打造城市名片、提高城市吸引力的重要方式，因此，节事活动也逐渐成为城市旅游的一大热点和亮点，各种盛事、节日的庆祝活动也越来越具有其独特的吸引力和竞争力，很多人会因为某个节事活动而专程于某个时间到某个地方去旅游，节事活动演变成为一些旅游城市的代表性吸引物，因此，节事活动就演变成为一种具有特殊吸引力的旅游资源。

2. 请比较节事活动运作的四种典型模式，并分析各自的适用条件。

【答案要点】

要点 1：政府包办模式。活动的一切策划、安排全部由政府部门执行，其目的主要是宣传。这种模式适合比较正规、大型的节事活动的举办。

要点 2：各部委、局及协会主办或与政府、地区联合主办的模式。在政府包办模式中掺入一些商业运作的成分，但是主要举办方还是政府部门。这种模式也适合较正规、以对当地有较大的宣传和促进为目的的节事活动。

要点 3：市场化运作模式。政府办节，公司经济，社会参与的运行模式，以获得良好的经济效益和市场效果为目的。这种模式是现在比较常见的运作模式，也是节事活动走向市场的终极化模式。适合大多数节事活动的举办。

要点 4：政府引导，社会参与，市场运作的模式。即以政府为主办单位，借助政府的名义进行召集和对外宣传，充分调动社会各界的力量，而将举办过程交与市场来运作的活动模式。这种模式比较适合中国国情，一方面体现了社会主义中国的特色，另一方面又不与市场经济相违背，是一种较优越的运作模式。

3. 请用案例说明为什么要整合节事活动资源？如何整合节事活动资源？

【答案要点】

要点 1：节事活动资源很多，很多资源都可以成为举办节事活动的主题，如果不进行系统化的整合，就容易出现散、乱、差的现象，会导致举办的节事活动没有鲜明的主题、缺乏特色、活动内容雷同等情况。因此，必须对一个区域的节事活动资源进行整合，使其能够和谐共存，优势互补，减少它们的替代关系而加强合作，从而避免出现主题杂乱、内容重复的情况发生。

要点2：可以按以下方式整合节事活动资源：

按主题。即按照各种不同的风格、不同的文化把具有相似性的活动资源集合到一个主题之下，形成鲜明的主题特色，让人一目了然。

按内容。即区别活动资源的相似性和差异性而确定不同的内容范围，形成特定内容的主题形象，找出差异，寻找特色。

按时间。按活动举办的时间顺序对节事活动资源进行归类、整合，把适合在同一个季节举办的活动积聚起来，形成较有规模的活动，增强其吸引力。

4. 请结合案例《南宁茉莉花节开幕式》，分析节事活动开幕式吸引因素。

【答案要点】

要点1：从内部吸引因素讲，茉莉花节充分利用了茉莉花这一个众人皆知的产品，借用了茉莉花的名气而带动整个节日的名气，体现了特色性和焦点这个内部吸引因素；借助"欢乐中国行"节目的影响力来带动整个开幕式的进行，烘托其气氛，增强其参与性。

要点2：从外部吸引因素讲，开场以宋祖英的歌声带动整个氛围，体现了权威效应这个外部吸引因素，因为宋祖英的歌声可以说是最具权威的力量；特邀广西籍体操运动员"体操王子"李宁和"莫式空翻"的莫慧兰与合唱团一起演唱奥运歌曲《送你一朵东方茉莉》就充分利用了名人效应，也体现了广西人民的荣誉感和归属感。

5. 请策划一个节事活动的开幕式。

【答案要点】写出活动开幕式的举办方式、具体内容及吸引点和创意。

第三章 复习思考题答案要点

1. 什么是养生？请分析养生与休闲的关系。

【答案要点】

要点1：养生包括生理养生、心理养生两大方面，前者注重身体上的放松和康复，以及身体机能的维护；后者强调精神层面的内在休养和平衡祥和的心理状态。

要点2：现代社会的养生，不再仅仅是身体的康复和心理的放松，而是一种高品质生活的追求。养生和休闲结合，就是养生休闲，它是一种独特的休闲类型，它综合了养生和休闲的性质和特点，既可以修养身心，又可以达到愉悦的目的。养生是休闲活动的方式之一，休闲也成了养生的目的之一。在现代社会中，二者的结合越来越多，越来越明显。

2. 请结合书中案例分析居住养生产品的特点和未来发展趋势。

【答案要点】居住养生产品的特点：a. 以经营土地、经营城市的手法来围绕养生休闲进行开发；b. 向人们提供没有污染、没有公害的新鲜空气、有机食物和住宅条件；c. 不设置任何具有刺激性的或需剧烈运动的体育、游乐活动设施，而提倡人们去冥想静思，在恬静的气氛中修身养性。

居住养生产品的未来发展趋势：a. 和现代城市生活结合；b. 和医疗结合；c. 和度假结合。

3. 品茶休闲之乐表现在哪些方面？成都欲推出茶馆文化这张休闲名片，请从城市旅游的角度为其支招。

【答案要点】品茶休闲之乐主要体现在三个方面：品茶益于健康，品茶益于养颜，品茶益于静心。

4. 温泉疗养和温泉养生有何不同？请结合本章内容，为当地某温泉策划一系列夏季休闲活动。

【答案要点】温泉养生不只是温泉疗养。过去的温泉功能主要注重疗养，但是随着休闲旅游的发展，温泉也逐渐朝着养生休闲的方向发展。因此，温泉疗养是温泉养生，但是温泉养生不只是温泉疗养，它比温泉疗养更为深入、丰富、广泛。

第四章　复习思考题答案要点

1. 什么是休闲体育？请举例说明其类型。

【答案要点】休闲体育即是在余暇时间里用各种方法、手段进行身体锻炼，开展多种形式、各样内容的身体娱乐，并把它作为一种现代文明社会的交往方式和交际手段。人们以这种休闲方式主动地、愉快地从事某种身体活动，以实现自我价值，提高生活质量。体育休闲包括很多类型：如常见的球类运动、户外运动、健身运动、舞蹈运动及不太常见的空中运动和技击运动等。

2. 请分析中西方休闲体育的不同特点及其本质原因。

【答案要点】中：喜静不喜动；重视静养存神，"以气养身"；重节奏、韵律、神韵、内涵、和谐美；重朦胧、抽象、含蓄美，而削弱了体育运动中的竞争性，向着娱乐性、表演性、礼仪性方向发展。

西：崇尚运动，喜欢冒险、刺激的活动；始终向着竞争性、惊险性、公开性、健美性、超前性方向发展，并使体育形成体系，注重人的全面发展。

本质原因：中西方的文化差异。

3. 请简单阐述气功与体育休闲的关系。

【答案要点】

其一，气功是一种特殊的体育锻炼。

其二，气功具有很多养生休闲的功能。第一，练气功可以治病；第二，练气功可以健身；第三，练气功可以养心；第四，练气功可以休闲。

因此我们说，气功是体育休闲活动的一种。它兼具了体育和休闲的特点。

4. 请结合书中介绍的时尚休闲运动，简单分析现代时尚休闲运动的发展趋势。

【答案要点】我国的休闲体育运动很大程度受到西方体育休闲文化的影响，尤其对年轻一代而言。随着社会的进步、时代的发展以及中西方差距的缩小，中国的现代时尚休闲运动也朝着冒险、高贵、新颖的方向发展。人们越来越认识到，运动，不仅仅是流汗锻炼，它其实是享受生活的一种方式。

第五章　复习思考题答案要点

1. 中国儒家和道家休闲文化思想的主要内容是什么？你认为这两种休闲思想对现代休闲活动发展的影响表现在哪些方面？

【答案要点】儒家休闲文化思想的主要内容包括：安贫乐道的自适情怀；独善其身的生存法则；中和为美的悠游之道。道家休闲文化思想的主要内容包括：老子的"无为"和"不争"；庄子的"自在逍遥"。

现代休闲活动中，人们把休闲活动当做一种高品质生活的追求，一种人生境界的提升，这一点符合儒家休闲文化思想；而现代人类越来越倾向于去一些优美恬静、人稀事少的环境进行一些休闲活动，想体验与世无争的生活，逍遥自在，这点是受到道家休闲文化思想的影响，追求一种隐逸的生活。

2. 你如何看待包括春节、清明节、端午节、中秋节在内的中国传统节日被列入了国家级非物质文化遗产保护名录的意义？我们该如何保持传统节日文化休闲习俗？请举例说明。

【答案要点】这些传统节日被列入国家级非物质文化遗产保护名录，使民族文化遗产获得广泛、持久与必要的社会支持，有力推动了传统文化的有效运行与健康发展。

作为中国人，更应该加强对我国传统节日文化休闲习俗的保护，一方面，我们应该加强对我们国家传统节日文化习俗的重视程度，从多方面进行挖掘和保护；另一方面，也应该汲取国外一些国家发展节日文化的好经验，运用到我们自己的传统节日文化休闲中来。

3. 文化休闲活动包括哪些？举例说明。

【答案要点】文化休闲包括节日休闲，如中国传统的春节、清明节、端午节等；也包括怡情休闲，如琴棋书画、手工艺、养鸟、钓鱼，旅游等；还包括游戏休闲，如传统的跳皮筋、跳山羊以及比较大众化的麻将、放风筝等。

4. 现在的年轻人热衷于过洋节，请分析其中的原因，并谈谈你对此的看法。

【答案要点】一方面，国际化带来的影响以及媒体大肆宣传推广；另一方面，也说明了我们几十年只注重物质文明发展，忽略了精神文明，特别是一些传统非物质文化的保护和宣传。

5. 分析游戏的本质和休闲价值，并谈谈你对网络游戏的看法。

【答案要点】游戏的本质：游戏是无邪的，游戏是健康的。首先，游戏的休闲价值就主要在于它的娱乐特征，无论是大人还是小孩，都可以从游戏这种活动里面体验到放松和快乐的感觉；其次，游戏具有健身和学习的功效，健身和学习也逐渐演变成休闲活动的一种方式。

6. 什么是休闲活动的民族特点？民族风俗习惯的特点能否体现休闲活动的民族特点？

【答案要点】休闲活动的民族特点是指一个休闲活动项目的策划和展开是围绕着特定的民族特色展开，在休闲活动中融入了一个民族或者一个地区特有的文化和历史。休闲活动的民族特点不能完全和民族风俗习惯的特点相等同，但是它们一定会有相通或者相似的地方，休闲活动的民族特点是从民族风俗习惯的特点中筛选、提炼而来的。

参考文献

[1] 吴承照. 现代城市游憩规划设计理论与方法[M]. 北京：中国建筑工业出版社，1998.

[2] 保继刚，楚义芳. 旅游地理学[M]. 北京：高等教育出版社，1999.

[3] 张安，丁登山，沈思保. 南京城市游憩者时空分布规律与活动频率分析 [J]. 经济地理，1999（01）.

[4] 黄羊山. 游憩初探 [J]. 桂林旅游高等专科学校学报，2000，11（2）.

[5] 段兆麟. 都市农业在南台湾的发展——高雄市个案 [J]. 两岸"都市化与都市农业研讨会论文". 中国农业经营管理学会，1997：26-401.

[6] 吴明峰. 休闲农渔园区体验活动类型与体验行销策略之研究——体验活动观点 [J]. 屏东科技大学，2001.

[7] 马惠娣. 人类文化思想史中的休闲 [J]. 自然辩证法研究，2003.

[8] 卿前龙，胡跃红. 休闲产业：国内研究评述 [J]. 经济学家，2006（04）.

[9] 董芳. 休闲产品主题化发展与经营 [J]. 旅游科学，2004（06）.

[10] 杨芳. 休闲产品的经营管理研究 [J]. 商场现代化，2008（08）.

[11] 张桂华. 休闲经济时代的营销方式变革 [J]. 商业时代，2006（27）.

[12] 李莲华. 体验营销在休闲产业中的创新应用与实施 [J]. 江苏商论，2006（01）.

[13] 熊元斌，胡宇. 体育节事的旅游价值与营销策划 [J]. 武汉体育学院学报，2005（08）.

[14] 熊元斌. 旅游营销策划理论与实务[M]. 武汉：武汉大学出版社，2005.

[15] 邱招义. 奥林匹克营销[M]. 北京：人民体育出版社，2005.

[16] 刘松萍. 会展营销与策划[M]. 北京：首都经济贸易大学出版

社，2006.

[17] 薛辛光．营销策划[M]．杭州：浙江大学出版社，2004.

[18] 许传宏．会展策划[M]．上海：复旦大学出版社，2007.

[19] 毛军权，王海庄．会展文案[M]．上海：复旦大学出版社，2006.

[20] 卢晓．节事活动策划与管理[M]．上海：上海人民出版社，2006.

[21] 郭鲁芳．中国休闲消费结构：实证分析与优化对策［J］．浙江大学学报：人文社会科学报，2006（09）.

[22] 耿莉萍．论休闲消费的特征、发展趋势与企业商机［J］．商业经济与管理，2004.

[23] 宋瑞．休闲消费和休闲服务调查：国际经验与相关建议［J］．旅游学刊，2005.

[24] 杜学．大型活动的组织与管理[M]．北京：旅游教育出版社，2003.

[25] 林莉，胡红，刘丽娟．构建休闲服务体系的研究［J］．重庆大学学报：社会科学版，2007，13（04）.

[26] 王名，刘国翰，何建宇．中国社团改革——从政府选择到社会选择[M]．北京：社会科学文献出版社，2001.

[27] 康晓光．创造希望——中国青少年发展基金会研究[M]．南宁：广西师范大学出版社，1997.

[28] 王绍光．多元与统一：第三部门国际比较研究[M]．杭州：浙江人民出版社，1999.

[29] 孙林叶．我国女性休闲的分析与对策［J］．社会科学家，2008（04）.

[30] 王曼．试论不同年龄阶段与休闲活动的相关性［J］．湖北体育科技，2006（07）.

[31] 王小波．女性休闲——解析女性的新视角［J］．浙江学刊，2002（05）.

[32] 王雅林．城市休闲：上海、天津、哈尔滨城市居民时间分配的考察[M]．北京：社会科学文献出版社，2003.

[33] 田翠琴．农村妇女发展与闲暇时间的性别不平等研究［J］．妇女研究，2004（06）.

[34] 于光远．竞赛论[M]．北京：中国国际文化出版社，1995.

[35] 于光远．论普遍有闲的社会［J］．六合休闲文化研究资料，1996.

[36] 吴永江．中国传统休闲文化对现代休闲旅游的启示［J］．2009（06）.

[37] 杨伯峻．论语译注[M]．北京：中华书局，1980．

[38] 左丘明，李梦生．左传译注（下）[M]．上海：上海古籍出版社，2004：790．

[39] 方向东．《大学》《中庸》注评[M]．南京：凤凰出版社，2006：92．

[40] 陈鼓应．老子译注[M]．北京：中华书局，1983．

[41] 张忠利，宗文举．中西文化概论[M]．天津：天津大学出版社，2002．

[42] 卢元镇．中国体育社会学[M]．北京：北京体育大学出版社，1996．

[43] 易剑东．体育文化学[M]．北京：北京体育大学出版社，1999．

[44] 熊志冲．传统体育与传统文化[J]．体育文史，1989（3）：6－7．

[45] 马惠娣．休闲：人类美丽的精神家园[M]．北京：中国经济出版社，2004．

[46] 刘新光．文化视野下的中西休闲体育健身观[J]．健康必读·学术理论（学术月刊），2009．

[47] 苏令银．当代西方休闲伦理研究：历史、焦点与问题[H]．光明日报，2009－08－04．

[48] 沈金荣．社区教育的发展和展望[M]．上海：上海大学出版社，2000．

[49] 成素梅．休闲文化的历史演变[J]．中华读书报，2006．

[50] 吴文新，张乐．休闲：社会主义和谐社会的润滑剂[J]．山东科技大学学报：社科版，2005（04）．

[51] 吴文新．从科学发展观看休闲建制．黄海学术论坛（第4辑）[M]．上海：上海三联书店，2004．

[52] 王景全．论幸福的休闲维度[J]．中州学刊，2008（04）．

[53] 胡伟希．中国休闲哲学的特质及其开展[J]．湖南社会科学，2003（06）．

[54] 吴文新．休闲文化与先进文化：复杂关系辩证[J]．福建省委党校学报，2006（02）．

[55] 陈鲁直．民闲论[M]．北京：中国经济出版社，2004．

[56] 马惠娣．游戏在现代生活方式中的缺失及其后果[J]．全国城市生活方式转型与文化产业发展研讨会，2006（07）：20－23．

[57] 杨琳．中国传统节日文化[M]．北京：宗教文化出版社，2000．

[58] 萧放．岁时——传统中国民众的时间生活[J]．中华书局，2002．

[59] 中央宣传部，等．运用传统节日弘扬民族文化优秀传统［J］．人民日报，2005．

[60] 马惠娣．休闲经济、休闲产业和休闲文化［J］．浙江日报，2005（11）．

[61] 陈世斌．人性假设与休闲模式［J］．光明日报，2009．

[62] 李瑛．我国博物馆旅游产品的开发现状及发展对策［J］．人文地理，2004，19（04）：30－33．

[63] 张敏．博物馆与旅游［J］．中国博物馆，2004（01）：26－30．

[64] 何云波．天圆地方——围棋文化散文选［M］．北京：人民文学出版社，2003．

[65] 马惠娣．游戏在现代生活方式中的缺失及其后果——以中国社会为例［J］．中国艺术研究院中国休闲研究中心，2006．

[66] 刘小波．审美与人的自由［M］．北京：北京师范大学出版社，1988．

[67] 席勒．审美教育书简［J］．季节女神，1795．

[68] 马惠娣，张景安．中国公众休闲状况调查［M］．北京：中国经济出版社，2004．

[69] 黄进．论儿童游戏中游戏精神的衰落［J］．中国教育学刊，2003（09）．

[70] 傅广海，邓玲．会展与节事旅游管理概论［M］．北京：北京大学出版社，2007．

[71] 罗秋菊．事件旅游研究初探［J］．江西社会科学，2002（09）：218－219．

[72] 吴必虎．地方旅游开发与管理［M］．北京：科学出版社，2000：81－83．

[73] 文彤．城市旅游的理论与实践［M］．北京：科学出版社，2001．

[74] 顾树保，于连亭．旅游市场学［M］．天津：南开大学出版社，1995：57．

[75] 张锡东．论营销策划实施效果保障体系的建设［J］．辽宁省交通高等专科学校学报，2005（03）：84－85．

[76] 兰草．走出活动策划沼泽地［J］．中国会展，2005（16）：42－44．

[77]《销售与市场》杂志社．推动中国营销进程的100篇经典文章［M］．北京：机械工业出版社出版，2004．

[78] 罗世敏．山水沉香（南宁旅游话语）［M］．南宁：广西民族出版

社，2004.

[79] 廖军华，何平．略谈节事活动的运作策略 [J]．商场现代化，2008（07）．

[80] 李勇．对重庆都市圈城市形象理念的思考 [J]．城市，2005（03）：18-20.

[81] 梁明珠，陈小洁，廖慧娟．论城市文化与旅游城市品牌构建 [J]．商业经济文荟，2005（01）．

[82] 胡同泽．重庆城市形象设计探讨 [J]．经济管理，2004（08）：53-54.

[83] 陈放．品牌学——中国品牌实战原理 [M]．北京：时事出版社，2002.

[84] 戴光全．99中国丽江国际东巴文化艺术节及其旅游后续效应——节事活动的系列化运作 [J]．社会科学家，2004（3）．

[85] 蒋三棋．旅游策划 [M]．北京：首都贸易大学出版社，2002.

[86] 郑建瑜．大型活动策划与管理 [M]．重庆：重庆大学出版社，2007.

[87] 马聪玲．中国节事旅游研究 [M]．北京：中国旅游出版社，2009.

[88] 梁朝晖．TOP策划学经典教程 [M]．北京：北京出版社，1998.

[89] 陈多友．日本现代企划韬略 [M]．广州：广东旅游出版社，1998.

[90] 李通平，陈黎．企业形象策划 [M]．北京：中国商业出版社，1996.

[91] 游上，郭松林．饭店活动策划与管理 [M]．北京：旅游教育出版社，2008.

[92] 刘金山．大型节庆活动管理创新研究 [D]．青岛大学硕士学位论文，2005.

[93] 张海鹰，朱桐．活动策划的三种类型及其操作 [J]．生活报，2004（12）：83.

[94] 赵波，张倩．广告宣传与活动策划的关系 [J]．理论学习，2006（09）：30.

[95] 吴粲．策划经济学 [M]．北京：中国人民大学出版社，2005.

[96] 陈龙．零售企业市场活动策划模型 [J]．现代商业，2008（01）．

[97] 居延安．公共关系学（第四版） [M]．上海：复旦大学出版社，2008.

［98］庄贵军．企业营销策划［M］．北京：清华大学出版社，2005．

［99］樊传果．论节会活动与城市形象的塑造和提升［J］．学术交流，2006（12），109－112．

［100］李贵平．活动策划案的写作［J］．中国会展，2004（02），46－47．

［101］贾昌荣．大型公众活动策划与品牌管理［J］．管理之道，2006（02）：42－44．

［102］杨俊华．如何策划好一个大型活动［J］．中国广告，2006（07）：156－157．

［103］赵胜勇．成功促销活动的8个到位［J］．营销课堂，2004（04）：166－167．

［104］徐秀丽．活动策划与品牌推广［J］．新闻爱好者，2006（02）：52．

［105］陈诗．活动策划四两拨千斤［J］．中国西部科技，2006（02）：83．

［106］哈佛企业管理丛书编纂委员会．企业管理百科全书［M］．台湾：哈佛企业管理顾问公司出版部，1979：151－152．

［107］朱迪·艾伦．活动项目营销［M］．宿荣江，译．北京：旅游教育出版社，2006．

［108］菲利普·科特勒．旅游市场营销［M］．谢彦君，译．大连：东北财经大学出版社，2006．

［109］凯文·林奇．城市形态［M］．林庆怡，陈朝晖，邓华，译．北京：华夏出版社，2002．

［110］小伦纳德·霍伊尔．会展与节事营销［M］．怡宁，等译．北京：电子工业出版社，2003．

［111］约翰·赫伊津哈．游戏的人［M］．多人，译．北京：中国美术学院出版社，1996．

［112］约翰·凯利．走向自由——休闲社会学新论［M］．昆明：云南人民出版社，2000．

［113］杰弗瑞·戈比.21世纪的休闲与休闲服务［M］．昆明：云南人民出版社，2000．

［114］弗瑞德里希·席勒．审美教育书简（第15篇）［M］．北京：北京大学出版社，1985：76－82．

［115］威廉·奥图尔，菲利斯·米克莱提斯．公司活动项目管理［M］．冯

学刚，苏俊玲，译．北京：电子工业出版社，2003．

[116] 徐红罡．事件旅游及旅游目的地建设管理[M]．北京：中国旅游出版社，2004．

[117] 杨振之．旅游原创策划[M]．成都：四川大学出版社，2005．

[118] J．格雷戈里·迪斯．企业型非赢利组织[M]．颜德治，等译．北京：北京大学出版社，2008．

[119] 伊恩·约曼．节庆活动的组织管理与营销[M]．吴恒，等译．沈阳：辽宁科学技术出版社，2005．

[120] 乔·戈德布拉特．国际性大型活动管理[M]．陈加丰，王新，译．北京：机械工业出版社，2003．

[121] 亚伯拉罕·匹赞姆．旅游消费者行为研究[M]．舒伯阳，冯玮，译．大连：东北财经大学出版社，2005．

[122] 菲利普·科特勒．营销管理[M]．梅清豪，译．上海：上海人民出版社，2006．

[123] 约翰·艾伦．大型活动项目管理[M]．王增东，杨磊，译．北京：机械工业出版社，2002．

[124] 瓦根．活动项目策划与管理[M]．宿荣江，译．北京：旅游教育出版社，2004．

[125] KELLY, J. R. Leisure Behaviors and Styles: Social, Economic, and Cultural Factors [J]. In E. L. Jackson & T. L. Burton (Eds.), Leisure Studies, 1999.

[126] PINE, B. JOSEPH, H. GILMORE. The Experience Economy [M]. Harvard Business School Press, 1998.

[127] JAIN, SC. Marketing Planning and Strategy (5th Eden) [M]. Ohio: South – Western College Publishing, ITP Company, 1997.

[128] PHILIP, KOTLER. Strategic Brand Management [M]. Pearson Education, 2003.

[129] GLENN BOWDIN. Johnny Allen. William O'Toole. Rbo Harris. Lan McDonnell. Events Management (2nd Edition) [M]. Published by Elsevier Ltd, 2006.

[130] BRIGHT BILL, C. K. The Challenge of Leisure [M]. Englewood

Cliffs, NJ: Prentice – Hall, 1960.

[131] KAPLAN, M. Leisure: Theory and Policy [M]. N. Y.: Wiley, 1975.

[132] MURPHY J. F. Concepts of Leisure, Philosophical Implications [M]. Englewood Cliffs, NJ: Prentice – Hall, 1974.

[133] ROSSMAN, J. R. Recreation Programming: Designing Leisure Experiences [M]. IL: Sagamore Publishing, 2003.

[134] STEPHEN L. J. SMITH. Recreation Geography [M]. Longman, London, 1983.

[135] DENALD G DEGRAFAF, DEBRA J. JORDAN, KATHY H. DEGRAAF. Programming for Parks, Recreation, and Leisure Services – A Servant Leadership Approach [M]. PA: Venture Publishing, 1999.

[136] CURTIS, H. The Practical Conduct of Play [M]. New York: Macmillan, 1915.

[137] BODEN, W. P. , MITCHELL, E. D. The Theory of Organized Play [M]. New York: Barnes, 1923.

[138] CSIKSZENTMIHALY. M. Beyond Boredom and Anxiety [M]. San Francisco, CA: Jossey – Bass, 1975.